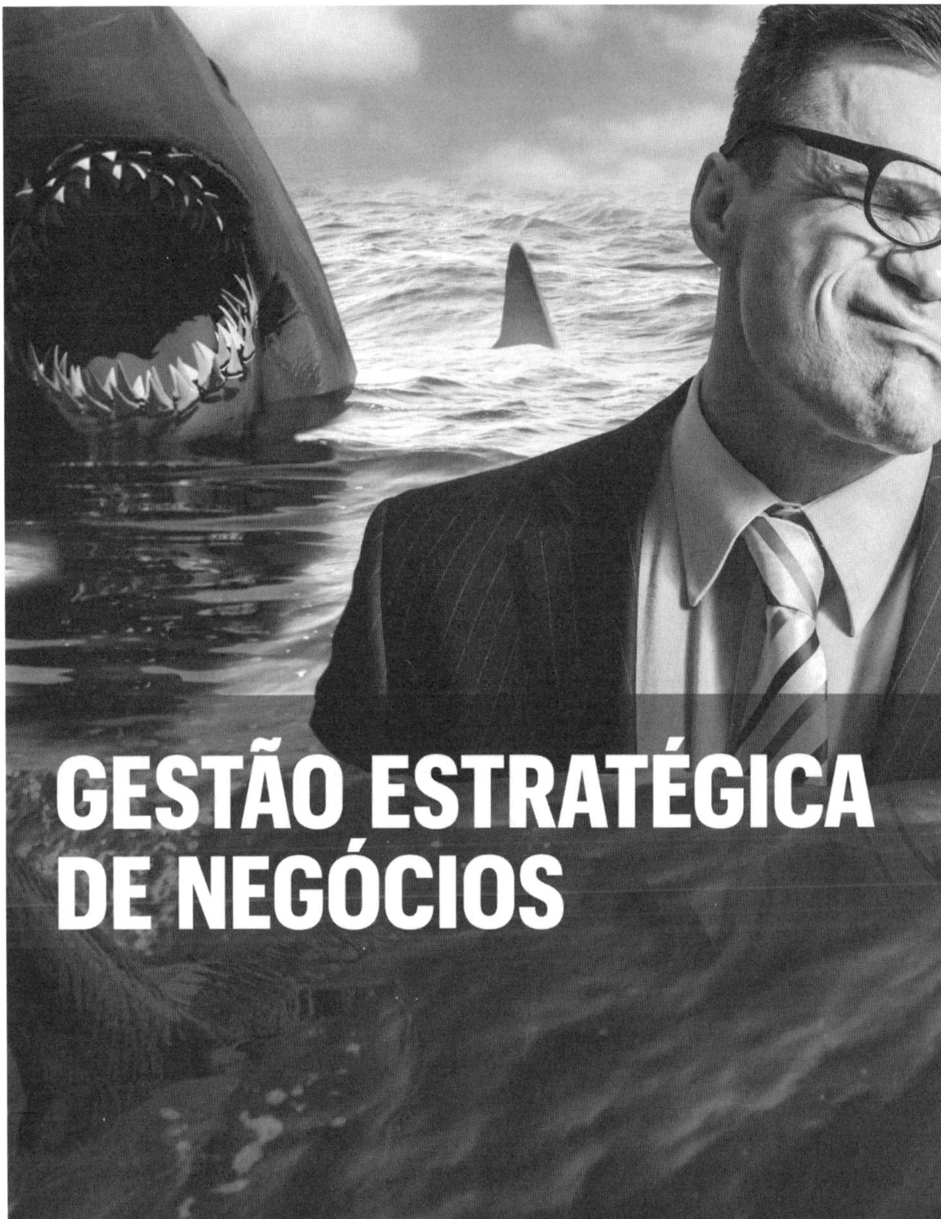

GESTÃO ESTRATÉGICA DE NEGÓCIOS

Dados Internacionais de Catalogação na Publicação (CIP)

G393 Gestão estratégica de negócios : estratégias de crescimento e sobrevivência empresarial / Marly Cavalcanti, Osvaldo Elias Farah, Luciana Passos Marcondes (organizadores). – 3. ed., rev. e ampl. – São Paulo, SP : Cengage, 2018.

328 p. : il. ; 23 cm.
ISBN 978-85-221-2788-7

1. Planejamento estratégico. 2. Administração de empresas. 3. Negócios. 4. Desenvolvimento organizacional. I. Cavalcanti, Marly. II. Farah, Osvaldo Elias. III. Marcondes, Luciana Passos.

CDU 658.012.2
CDD 658.4012

Índice para catálogo sistemático:
1. Planejamento estratégico 658.012.2
(Bibliotecária responsável: Sabrina Leal Araujo – CRB 10/1507)

CENGAGE

Austrália • Brasil • México • Cingapura • Reino Unido • Estados Unidos

CENGAGE

Gestão estratégica de negócios: estratégias de crescimento e sobrevivência empresarial
3ª edição revista e ampliada
Marly Cavalcanti, Osvaldo Elias Farah e Luciana Passos Marcondes (organizadores)

Gerente editorial: Noelma Brocanelli

Editora de desenvolvimento: Viviane Akemi Uemura

Supervisora de produção gráfica: Fabiana Alencar Albuquerque

Especialista em direitos autorais: Jenis Oh

Editora de aquisições: Guacira Simonelli

Copidesque: Erika Satie Kurihara

Revisão: Bel Ribeiro e Daniela Paula Bertolino Pita

Diagramação: Cia. Editorial

Capa: BuonoDisegno

Imagem da capa e abertura de capítulos: Denis Simonov/Shutterstock

ISBN 13: 978-85-221-2788-7
ISBN 10: 85-221-2788-3

Cengage Learning
Condomínio E-Business Park
Rua Werner Siemens, 111 – Prédio 11 – Torre A – Conjunto 12
Lapa de Baixo – CEP 05069-900 – São Paulo – SP

Tel.: (11) 3665-9900 Fax: 3665-9901

SAC: 0800 11 19 39

Para suas soluções de curso e aprendizado, visite **www.cengage.com.br**

Impresso no Brasil
Printed in Brazil
1ª impressão – 2018

Depois de ter criado a terra com seus mares e oceanos, o sol, a lua, todas as plantas e todos os animais, criou Deus o homem, à sua imagem e semelhança. Deu ao homem poder para dominar sobre tudo que se move na terra e deu-lhe tudo que precisava para sua subsistência. E assim fez. E viu Deus todas as coisas que tinha feito, e eram muito boas...

Gênesis, cap. 1, vers. 30-31

A nova concorrência não é mais entre empresas independentes, mas entre sistemas Complexos de marketing que se competem entre si para conseguir maior economia e melhor atendimento.

Philip Kotler

As soluções não estão no passado, nem tão pouco no futuro, as soluções dependem de uma análise intercultural do presente e desta multiprocessualidade que sinais do futuro e do passado provocaram; portanto as habilidades do administrador devem ir além da racionalicade técnica, devem balizar-se por um compromisso social de construção cujo norte seja a ética de uma vida melhor para todos.

Elisabete Stradiotto Siqueira

Diante das ameaças que pesam sobre os biomas brasileiros e suas populações – particularmente as mais pobres – a mensagem de Bento XVI é clara: não haverá um verdadeiro desenvolvimento econômico e social se os princípios da solidariedade e da responsabilidade não forem respeitados.

Francisco Borga Ribeiro Neto

Em um ambiente sujeito a um crescente número de transformações, as empresas lucrativas e não lucrativas estão sujeitas a pressões que comprometem o processo administrativo e, em última instância, a sua sobrevivência. Neste mundo cada vez mais turbulento não haverá mais lugar para organizações administradas na base da sorte ou acaso.

Osvaldo Elias Farah

Aos nossos queridos Renê e Rosely, inseparáveis amores de nossas vidas, a quem tudo devemos por serem nossos portos seguros, nosso apoio em todas as nossas decisões, companheiros na alegria e na tristeza, e perseverantes no caminho que, às vezes, se torna árduo, pois refrigera nosso andar. A Carlos Eduardo Francischeti, Antonio Carlos Giuliani, Giovana Escrivão, Luciana Helena Crnocovik, Ethel Cristina Chiari da Silva e Silvia Helena Ramos de Camargo Valladão, amigos verdadeiros e parceiros nesta obra, e a Salete Guerra e equipe maravilhosa da Cengage, pelos serviços que nos prestaram e auxílio incondicional nesta obra, nossos sinceros agradecimentos.

A todos que direta ou indiretamente nos auxiliaram, como coautores, empresários, colegas e amigos, nossa incomensurável gratidão.

Que Deus recompense a todos e que a Mãe Santa os proteja sempre.

Nosso imenso tributo a Henry Mintzberg, talvez o maior arquiteto da administração estratégica de nosso tempo; nossa profunda gratidão e admiração.

Agradecimentos

Nós, autores, agradecemos a nossas esposas, esposos, filhas, filhos, mães e pais o apoio ao longo da vida; a Deus, que iluminou nossos passos; aos inúmeros amigos e colegas; e, sobretudo, aos alunos, que nos inspiraram com muitas discussões estimulantes e *workshops* em salas de aula e palestras.

Somos gratos, ainda, à Cengage Learning, em especial à Guacira Simonelli, que apoiou nosso trabalho desde sua concepção inicial e, também agora, com a publicação desta 3ª edição.

Guia de utilização deste material

Este não é pura e simplesmente um livro. É, antes de tudo, uma obra elaborada segundo os mais modernos critérios editoriais. Segue uma tendência, na qual livros impressos também são editados na forma de *e-book*.

É uma obra ímpar, em que autores experientes e formação acadêmica e experiência de mercado, pertencentes a inúmeras instituições de ensino público e privado, localizadas no Brasil e exterior, se uniram para propiciar o melhor em termos de informações de várias áreas do conhecimento, como Economia, Ciências Sociais, Finanças, Engenharia de Produção, Tecnologia da Informação e, principalmente, Gestão, nos mais diversos segmentos: marketing, pessoas, controles gerenciais, produção.

Esta obra foi organizada em dois blocos. Um é o corpo do livro impresso ou *e-book*, no qual o leitor buscará os conceitos que envolvem todo o arcabouço de gestão estratégica no seu âmbito teórico, fruto de uma exaustiva pesquisa bibliográfica e do conhecimento acumulado ao longo dos anos de profissionais em áreas de consultoria, auditoria e assessoria empresarial.

Permeando a interlocução entre teoria e prática, os autores, em sua maioria também pesquisadores, enriquecem o trabalho com seus achados, os quais, por certo, contribuirão para a ampliação do conhecimento em gestão estratégica.

Além do assunto constante no corpo da obra, há conteúdos valiosos na página do livro, no *site* da Cengage, como exercícios para serem desenvolvidos em sala de aula e em treinamento empresarial, casos para análise, respostas de questões e arquivos em PowerPoint® (o acesso a estes dois últimos recursos é exclusivo para professores).

Leitor, você poderá também encontrar no *site* www.farahestrategiaeinovacao.com.br/gestaoestrategicadenegocios entrevistas com personalidades nacionais e internacionais, intelectuais da academia e profissionais do mercado, além de material sobre técnicas, metodologias e pesquisas desenvolvidas no meio acadêmico e no mundo dos negócios.

Portanto, leitor, não se atenha apenas ao texto. Deguste cada capítulo, cada texto, cada frase. Fomos além. Quisemos aguçar sua curiosidade. Vá ao *site* e busque a novidade. E não cesse de buscar o novo, o diferente, o difícil, o desafiante, o impossível. Só assim você estará à frente do seu tempo e formará um repertório pessoal de conhecimentos que seus concorrentes jamais alcançarão.

Lembre-se: o arroz com feijão todo mundo faz. A lasanha, o strogonoff, os pratos mais sofisticados, são para poucos. **Estes fazem a diferença.** Em um mundo de recursos cada vez mais escassos, os que sabem fazer o melhor com poucos recursos **são os que sobrevivem.** As empresas e outras instituições precisam desses dois tipos de profissional.

"Se te derem apenas um limão, faça uma limonada."

Os autores

O pulo do gato*

Grigorita Ko/Shutterstock

A raposa andava maluca para pegar o gato. Mas ela sabia, como todo mundo sabe, que o gato é o maior mestre pulador e nem adiantava tentar agarrá-lo. Com um salto de banda, o danado sempre se safava. Decidiu então a raposa usar da esperteza. Chegou-se para o gato e propôs a paz:

— Chega de correr atrás um do outro, mestre gato. Vamos agora viver em paz!

— Não é bem assim, comadre raposa — corrigiu o gato. — Não é um que corre atrás do outro, é uma que corre atrás do outro, é "uma", que é a senhora, corre atrás do "outro", que sou eu...

— Bom, de qualquer forma, vamos fazer as pazes, amigo gato. Como o senhor é mestre em pulos, proponho que, para celebrar nosso acordo de amizade, o senhor me dê um curso de pulos, para eu ficar tão puladora como o senhor. Pago-lhe cada lição com os mais saborosos filés de rato que o senhor já experimentou.

O gato aceitou e começaram as lições no mesmo dia. A raposa era aluna dedicada, e o gato, ótimo professor. Ensinou-lhe o salto de banda, o salto em espiral, cambalhota simples, cambalhota com pirueta, o duplo mortal, o triplo mortal e até o saca-rolha-composta. A raposa aprendia todos, praticava depois das aulas e, logo, já estava tão mestre em pulos quanto o gato. Decidiu então que já era chegada a hora de colocar em prática seu plano sinistro. No começo de outra aula, esgueirou-se por trás do gato e deu um bote, caprichando no salto mais certeiro que o mestre lhe tinha ensinado!

E o gato? Deu um volteio de banda, rolou no ar, e a raposa passou chispando por ele, indo esborrachar-se num toco de aroeira. Ainda tonta da queda, a raposa voltou-se para o gato e protestou:

— Mas mestre gato, esse pulo o senhor não me ensinou!

— Não ensinei, nem ensino! Esse é o segredo que me salva de malandros como a senhora, comadre raposa. ***Esse é o pulo do gato!***

---

* Bandeira, Pedro. O pulo do gato, *Nova Escola*, São Paulo, n. 48, 1991.

No mundo dos negócios, os pulos do gato são as estratégias realizadas por algumas empresas para se diferenciarem de suas concorrentes no mercado. E não é necessário que essas estratégias sejam de grande vulto. Damos, a seguir, pequenos exemplos de pulos do gato, recolhidos de consultorias junto a algumas empresas. O pulo do gato é presenciado tanto em empresas industriais como em prestadoras de serviço e no comércio em geral.

Em cada capítulo deste livro, foram selecionados dicas, conselhos, estratégias empresariais que são verdadeiros "pulos do gato":

- *A Inova Silk tem focado seu pulo do gato no* ***atendimento superior aos seus clientes, não apenas vendendo matéria-prima para profissionais de silk e sign, mas também dando soluções aos mesmos.***
- *Cansados de brigar com a concorrência, os dois irmãos Vivian e Alessandro Carnicelli, nascidos e criados dentro da gráfica de seu pai, resolveram dedicar-se de corpo e alma a produção de revistas técnicas. Hoje são mais de 40 revistas técnicas para os mais diversos segmentos. O carro-chefe são as revistas para o "mundo pet".*
- *Ricardo Jefferson, empreendedor do segmento de serviços, na cidade de Jundiaí, tem diversificado seus negócios. Acumula junto ao seu escritório de advocacia escolas de idiomas e informática e uma corretora de seguros. Assim, dribla a crise oferecendo seus serviços para vários públicos.*
- *Gobatto, quando da constituição de sua organização de despachos em serviços veiculares, não tivesse adotado a estratégia de agregar um Centro de Formação de Condutores, teria visto seu negócio se esgotar quando instalou-se uma unidade do Poupatempo na cidade de São Carlos.*
- *Nilton Leal, empreendedor rural no município de Cerqueira César, arrenda terras de seu sítio a uma usina produtora de álcool e açúcar. O seu sítio anterior, que abrigava algumas vacas de leite e era arrendado de vez em quando para algum meeiro para pequenas lavouras, não estava lhe trazendo rendas. Ao constatar que, na cidade, só havia salões de aluguel para festas, decidiu inovar. Fez uma pequena reforma na casa sede, dotou o lugar de alguns equipamentos, como piscina, campo de futebol, churrasqueira, cozinha caipira, banheiros e um local para pequenos almoços e jantares. Iniciou locando para pessoas conhecidas e, em pouco tempo, viu seu negócio prosperar a ponto de ter, sem gastos com divulgação na mídia, a agenda lotada para locação do sítio para aniversários, confraternizações de famílias, empresas e até casamentos.Com isso, construiu um salão de festas com capacidade para 350 pessoas equipado com palco, camarim, banheiros e cozinha. Segundo ele, as pessoas que alugam o espaço procuram algo*

diferente para o lazer, com aquele gostinho rural de paz e sossego junto à natureza. Seu filho, Victor Leal, é o administrador do local enquanto Nilton é o mentor e executor de novos projetos para a empresa que prospera cada vez mais.

Qual tem sido o "pulo do gato" de sua empresa?

Se não é empreendedor e sim colaborador em alguma empresa, qual é o seu "pulo do gato" para alavancar sua carreira?

Os autores

Prefácio

Em princípio, sendo da área de exatas (Matemática), senti-me lisonjeado em prefaciar a 3ª edição do livro da professora doutora Dra. Marly Cavalcanti, que é da área de Humanas, mais especificamente de Administração de Empresas. Porém, logo percebi que nossas considerações seriam de bom termo, pois apesar de o livro não ser da área em que milito e atuo, ele tem tudo a ver, pois, os conceitos, as ideias e os procedimentos constantes do seu contexto utilizam, com certeza, o aprendizado em Matemática e em Ciências Computacionais. O texto é extremamente atual e trabalha com situações que provocam e trazem indicações, contribuições e soluções para empresas, em uma época em que a tecnologia tem sido ferramenta para os avanços produtivos em benefícios do ser humano.

Outra riqueza do livro está em sua autoria, ou seja, seus diversos autores, cada um dentro da sua especialidade, mostrando não só uma diversidade interessante, mas também aprofundando o conhecimento e a capacidade da sua área de atuação. A obra mistura academia com mercado, mostrando que as ideias são compartilhadas por todos, cada um, ao mesmo tempo, ator e receptor, criando e recriando estratégias concebidas ao longo de toda a cadeia produtiva, seja no comércio, na indústria ou nos serviços. Também em empresas lucrativas ou não lucrativas, pequenas, médias ou grandes, em empresas públicas ou privadas, em uma pequena comunidade ou em um ou mais continentes. Esta obra é imprescindível na biblioteca das instituições universitárias, empresas lucrativas e organizações sem fins lucrativos. Um verdadeiro guia para CEOs, empreendedores, presidentes, diretores, gerentes, executivos, consultores, assessores, auditores, enfim, todos aqueles que contribuem para uma gestão mais eficaz e eficiente, principalmente na América Latina e em países em desenvolvimento, como é o caso do Brasil.

O "Capítulo 1 – A evolução do pensamento estratégico" apresenta a trajetória do pensamento estratégico e sua evolução. Traz o debate do tema, chegando ao exame do prisma do futuro. Ressalta a necessidade: de reavaliar a natureza, as características e a força dos fundamentos originais; de identificar os caminhos à frente; e, sobretudo, de demonstrar a vital necessidade do pensamento estratégico.

No "Capítulo 2 – Estratégia nos negócios", os autores demonstram que ter um plano é importante, mas não é suficiente. É preciso ter um plano com estratégia e que traga resultados às organizações, com informações corretas e que faça com que as pessoas pensem coletivamente. Assim, verifica-se que o planejamento, para permitir o sucesso, requer suportes político e social. Além disso, são analisados os diferentes aspectos do pensamento estratégico e as técnicas de análise ambiental traduzidas em cenários.

No "Capítulo 3 – Configuração de cenários futuros", a prospectiva estuda uma situação configurada em um horizonte no futuro distante, sem relação direta com o presente, enquanto a previsão ou prognóstico focaliza um horizonte de tempo próximo, relacionado com o presente e com o passado.

O "Capítulo 4 – Estratégias emergentes" reúne as principais ideias sobre o tema e as discute com o leitor, mostrando a discordância sobre o que realmente é uma estratégia e como desenvolvê-la. Tanto nos meios acadêmicos como nos empresariais não há duas pessoas que compartilhem a mesma definição de estratégia.

No "Capítulo 5 – Gestão estratégica da produção", é apresentada a gestão estratégica de produção com ênfase na automatização do sistema de apontamento do desempenho dos processos de fabricação e programação da produção. Pesquisas abordam inovações tecnológicas a partir da supervisão e controle dos recursos de manufatura a fim de buscar maior visibilidade de possíveis restrições do fluxo de produção, que podem ser minimizadas quando devidamente detectadas e ajustadas, de acordo com os *trade-off* requeridos entre as estratégicas corporativas e as estratégias da manufatura.

O "Capítulo 6 – Gestão estratégica de marketing" mostra que o planejamento estratégico de marketing pode desenvolver respostas eficazes aos ambientes em mudança por meio da definição de segmentos de mercado, desenvolvimento e posicionamento de ofertas de produtos para os mercados-alvo.

A estratégia de gestão de pessoas expressa no conjunto de políticas e práticas de gestão, conciliando as expectativas da organização com as de seus colaboradores, para que o resultado seja benéfico e positivo para ambas as partes, são mostrados no "Capítulo 7 – Gestão estratégica de pessoas".

No "Capítulo 8 – Gestão estratégica de finanças", os autores revelam que a gestão financeira está diretamente ligada à Contabilidade, tendo um papel estratégico, uma vez que cada processo de gestão e seu respectivo sistema de informação contábil geram subsídios para a realização de estudos que justifiquem a maximização dos recursos disponíveis e apontem as melhores decisões em relação à conjuntura econômica do mercado.

O "Capítulo 9 – Gestão estratégica do conhecimento" mostra a "visão da empresa baseada no conhecimento", que, na perspectiva da competitividade empresarial, prova que o conhecimento é cada vez mais relevante para a sociedade e as empresas.

A inovação, responsável pelos maiores avanços na sociedade em diversas áreas e no mundo empresarial é mostrada no "Capítulo 10 – Gestão estratégica da inovação".

No "Capítulo 11 – Estratégias de sobrevivência de pequenos negócios", os autores revelam que a pesquisa na área do empreendedorismo adquire um novo significado por oferecer ferramentas a um número cada vez maior de pessoas para que atuem em suas próprias condições, para que compartilhem essas ferramentas e exercitem, de forma consciente, a gestão estratégica. Nesse capítulo, são discutidos conceitos como empreendedorismo estratégico, empreendedor, *startup*, macroempreendedorismo, multiempreendedorismo e análise mutacional.

Os autores do "Capítulo 12 – Gestão estratégica da sustentabilidade" analisam a palavra "sustentabilidade" e como ela se relaciona às palavras "gestão" e "estratégica". Desde a década de 1970, o tema sustentabilidade tem estado em evidência nos principais fóruns mundiais e acadêmicos.

Finalizando, o "Capítulo 13 – Sonhar estrategicamente" traz conceitos atuais, como *business intelligence* (BI), método utilidade aditiva (UTA), redes neurais, teoria da utilidade e *analytic hierarchi process* (AHP), que envolvem a inteligência competitiva (CI), a gerência de conhecimento (KMS), a *internet business intelligence* (IBI), pesquisa e análise de mercado relacionadas à nova era da economia da informação, dedicada à captura de dados, informações e conhecimentos favoráveis à competição mais eficiente entre as organizações. Os autores mostram, ainda, que esse conjunto de ferramentas, utilizado para manipular uma massa de dados operacionais em busca de informações essenciais para o negócio, propicia metodologias imprescindíveis aos gestores para administrar negócios em ambientes cada vez mais turbulentos e em crises cada vez mais frequentes em todos os continentes. Com base na teoria estratégica, os autores induzem os leitores a viajar nos sonhos vividos pelos novos empreendedores.

Professor doutor Decio Botura Filho
Departamento de Matemática
Universidades Federal de São Carlos (UFSCar)

Sumário

Sobre os autores

Antonio Carlos Giuliani

Doutor, mestre e bacharel em Administração pela Universidade Metodista de Piracicaba; especialista em Marketing pela Escola de Administração de Empresas da Fundação Getúlio Vargas (FGV) e pela University of Califórnia Berkeley; coordenador do MBA em Marketing; docente do Programa de Pós-Graduação Mestrado Profissional e Doutorado em Administração da Universidade Metodista de Piracicaba ; ex-coordenador do Programa de Pós-graduação em Administração; professor visitante da Universidad Nacional de La Plata (Argentina), da Universidad Madero (México) e da Universidad Sevilla (Espanha; autor e coautor de 29 livros no Brasil, Argentina, México e Estados Unidos; consultor *ad hoc* do Ministério da Educação, Inep/Sinaes; membro pleno do Congresso de Marketing Latinoamericano (Latino.MKT); pesquisador associado da Associação Latino Americana de Marketing.

cgiuliani@unimep.br

Antonio Vico Mañas

Pós-doutor em Administração pela Faculdade de Economia e Administração da Universidade de São Paulo; doutor em Ciências Sociais, mestre em Administração pela Faculdade de Economia e Administração da Universidade de São Paulo (FEA-USP); docente pesquisador do curso de pós-graduação em Administração da Pontifícia Universidade Católica de São Paulo (PUC-SP) e da Universidade São Judas Tadeu (USJT).

avicomanas@gmail.com

Belmiro do Nascimento João

Pós-doutor em Administração pela Faculdade de Economia e Administração da Universidade de São Paulo (FEA-USP); doutor em Comunicação e Semiótica (Tecnologias de Informação); mestre em Administração pela Pontifícia Universidade Católica de São Paulo (PUC-SP); bacharel em Engenharia Mecânica e em Administração de Empresas pela Universidade Mackenzie; coordenador do curso de mestrado em Gestão de Negócios da Universidade Católica de Santos; Professor titular do Departamento de Administração da Faculdade de Economia, Administração, Contábeis e Atuariais da Pontifícia Universidade Católica de São Paulo (FEA-PUC-SP); ex-professor da Universidade São Judas Tadeu (USJT), do IBMEC e da Fundação Getúlio Vargas (FGV).

belmirojoao@usa.net.

Carlos Eduardo Francischetti

Doutor e mestre em Administração pela Universidade Metodista de Piracicaba; e conomista; *coach*; mentor financeiro; coordenador e docente dos cursos de Administração e Ciências Contábeis das Faculdades Integradas Einstein, de Limeira; auditor e consultor com aplicações de métodos quantitativos e da contabilometria na gestão financeira e na simulação de modelos matemáticos com análise multivariada de dados, nos planejamentos estratégico e econômico em empresas.
cefrancischetti@gmail.com

Claudio Lira Meirelles

Doutor em Engenharia de Produção e mestre em Administração pela Universidade Paulista (Unip); especialista em Gestão Empresarial pelo Centro Universitário de João Pessoa; bacharel em Economia pela Universidade Federal da Paraíba (UFPB).
meirellesclaudiolira@gmail.com

Clovis Luís Padoveze

Doutor em Controladoria e Contabilidade pela Universidade de São Paulo; mestre em Ciências Contábeis pela Pontifícia Universidade Católica de São Paulo (PUC-SP); bacharel em Administração de Empresas pela Pontifícia Universidade Católica de Campinas (PUC-Campinas); especialista em Contabilidade e Finanças pela Universidade Metodista de Piracicaba; docente e pesquisador da Universidade Metodista de Piracicaba e do Instituto Superior de Ciências Aplicadas de Limeira; consultor da Lojas Manica e conselheiro econômico da West Brasil.
cpadoveze@yahoo.com.br

Edgard Monforte Merlo

Doutor e mestre em Administração pela Faculdade de Economia e Administração da Universidade de São Paulo (FEA-SP); mestre em Economia pela Pontifícia Universidade Católica de São Paulo (PUC-SP); bacharel em Economia pela Universidade Estadual de Campinas (Unicamp); professor associado da Faculdade de Economia, Administração e Contabilidade de Ribeirão Preto da Universidade de São Paulo; coordenador da obra *Gestão do varejo*.
edgardmm@usp.br

Elaine Aparecida Dias

Mestre em Administração; especialista em Gestão Pública Municipal; especialista em Administração Financeira; bacharel em Ciências Contábeis; membro

efetivo da Academia Limeirense de Letras; docente de graduação e pós-graduação/MBA; escritora; avaliadora do *Guia do Estudante* (GE); master coach e analista de perfil comportamental; diretora do Instituto ISI Infinity, onde forma *coaches*, *masters coaches*, líderes *coaches* e analistas comportamentais, além de trabalhar com desenvolvimento de lideranças e treinamentos abertos e customizados.
www.isiinfinity.com.br

Emanuelly Alves Pelogio

Mestre e bacharel em Administração pela Universidade Federal do Rio Grande do Norte (UFRN) ; docente e pesquisadora do Instituto Federal do Norte de Minas, campus Almenara; autora das obras da Novas Edições Acadêmicas Frankfurt, Alemanha, *Custos como estratégia de formação do preço de venda:* um estudo de caso na indústria de laticínios (2016), *Análise de correlação canônica entre cultura e clima organizacionais* (2015) e *Criação de empresas à luz do modelo de decisão effectuation:* um estudo com mulheres empreendedoras (2015).
emanuelly.pelogio@ifnmg.edu.br

Fabio Romeu de Carvalho

Doutor em Engenharia de Produção; mestre em Filosofia e bacharel em Engenharia Elétrica pela Universidade de São Paulo (USP); licenciado em Pedagogia pela Faculdade de Educação Ciências e Letras Princesa Isabel (1979); bacharel e licenciado em Matemática pela Faculdade de Filosofia Ciências e Letras Oswaldo Cruz; especialista em Avaliação do Ensino Superior pela Universidade de Brasília (UnB); docente do ensino superior das disciplinas aplicações de lógica paraconsistente, pesquisa operacional, teoria de decisão e método paraconsistente de decisão; vice-reitor de planejamento, administração e finanças; ex-pró-reitor, diretor de instituto, coordenador geral, coordenador de curso e titular de disciplina na Universidade Paulista (Unip).
fabioromeu@unip.br

Gerd Esser

Doutor em Engenharia de Tecnologia de Produção pela Universidade de Erlangen-Nuremberg; mestre em Física pela Universidade de Aachen (RWTH), Alemanha; ex-diretor da firma Bayerisches Laserzentrum GmbH (BLZ), em Erlangen; ex-coordenador da Central de Pesquisa e Inovação do grupo Diehl, em Nuremberg; diretor-presidente da empresa Inpro (Joint Venture das empresas Volkswagen, Daimler, Siemens, ThyssenKrupp e Sabic), em Berlim, Alemanha.
essers1999@aol.com

Giovana Escrivão

Doutora em Engenharia de Produção pela Universidade Federal de São Carlos (UFSCar); mestre em Engenharia de Produção pela Escola de Engenharia de São Carlos da Universidade de São Paulo (USP); bacharel em Administração pela Universidade Estadual Paulista (Unip); ex-docente da Escola Técnica Paulista da Fundação Paula Souza (São Carlos) e Universidade Federal de São Carlos (UFSCar); revisora dos periódicos *Independent Journal of Management & Production*, *Gestão e Produção e Transformação*; coautora das obras *Gestão de pequenas empresas*, *Introdução à administração:* desenvolvimento histórico, educação e perspectivas profissionais, *Sustentabilidade e produção:* teoria e prática para uma gestão sustentável, *Teorias de administração:* introdução ao estudo do trabalho do administrador; pesquisadora e consultora em gestão do conhecimento.
giescrivao@gmail.com

José Benedito Sacomano

Doutor e mestre em Engenharia Mecânica pela Escola de Engenharia de São Carlos da Universidade de São Paulo (USP); bacharel em Engenharia Civil pela Escola de Engenharia de São Carlos da Universidade de São Paulo (USP); docente titular e pesquisador da Universidade Paulista (Unip); tem experiência na área de Engenharia de Produção, com ênfase em Planejamento, Projeto e Controle de Sistemas de Produção, atuando, principalmente, nos seguintes temas: planejamento, qualidade, construção civil, administração da produção e engenharia de produção.
jbsacomano@gmail.com

José Nicolás Albuja Salazar

Doutor e mestre em Administração de Empresas pela Escola de Administração de Empresas de São Paulo da Fundação Getúlio Vargas (FGV); graduado em Administração de Empresas com Especialização em Finanças e Marketing Internacionais pela University of Miami; decano da Faculdade de Negócios e Economia; ex-reitor da Universidad Del Pacífico, em Quito, Equador; assessor da Asociación Ecuatoriana de Instituciones de Enseñanza de Ingeniería, Equador; avaliador externo dos programas de mestrado e doutorado no Conselho Superior de Educação, Equador; ex-assessor em Comissão de Serviço no Consejo de Evaluación, Acreditación y Aseguramiento de la Calidad de la Educación Superior, Equador; membro da Comissão Financeira de Cedia, Equador; professor pesquisador na Universidad de las Fuerzas Armadas-ESPE, Sangolqui-Equador (2010-atual); autor, tradutor e revisor técnico da Cengage Learning Brasil.
josealbuja@gmail.com

Luciana Passos Marcondes

Doutora em Administração (Marketing) pela Universidade Nove de Julho; mestre em Administração de Empresas pelo Centro Universitário Moura Lacerda; docente e orientadora do curso a distância de Gestão Empresarial da Fatec em Araçatuba/SP, Centro Universitário Católico Salesiano Auxilium e Fundação Educacional de Penápolis; tem experiência na área de Administração, atuando nas áreas de empreendedorismo, estratégia e finanças.
lupassosmarcondes@terra.com.br

Marly Cavalcanti

Doutora em Administração pela Universidade de São Paulo (USP); mestre em Ciências Sociais pela Pontifícia Universidade Católica de São Paulo (PC-SP); mestre em Administração de Empresas pela Fundação Getúlio Vargas de São Paulo (FGV); mestre em Filosofia pela Pontifícia Universidade Católica de São Paulo (PUC-SP); graduada em Medicina Veterinária pela Universidade Paulista (Unip), em Ciências Jurídicas e Sociais pela Universidade de São Paulo (USP) e Psicanálise pelo Sindicato dos Psicanalistas do Estado de São Paulo; ex-docente titular da graduação e da pós-graduação de Administração e livre-docente em Planejamento Estratégico pela Pontifícia Universidade Católica de São Paulo (PUC-SP); ex-docente permanente e titular da Universidade Metodista de São Paulo (Umesp) do mestrado em Administração; docente do Centro Estadual de Educação Tecnológica Paula Souza; docente do Centro Universitário Salesiano-Unisal, Campus de Santa Terezinha, São Paulo; organizadora da obra *Gestão estratégica de negócios*; tem mais de 20 livros publicados.
cavalcanti.marly@gmail.com

Nadia Kassouf Pizzinatto

Doutora, mestre e especialista em Administração pela Escola de Administração de Empresas de São Paulo da Fundação Getúlio Vargas (FGV); administradora e economista; docente e pesquisadora da pós-graduação em Administração da Universidade Metodista de Piracicaba; ex-docente titular e pesquisadora do Programa de Mestrado em Administração da Universidade Nove de Julho; membro dos Conselhos Consultivo e Fiscal da Associação Nacional de Cursos de Graduação em Administração; consultora do curso de doutorado do Ministério da Educação em Comissões de Verificação de Cursos de Graduação em Administração no Brasil; autora de livros, capítulos de livros e trabalhos apresentados em eventos científicos na área de Administração e Marketing; coordenadora da obra *Pesquisa pura e aplicada em marketing*.
nkpizzinat@unimep.br

Nelson Destro Fragoso

Doutor e mestre em Administração de Empresas pela Universidade Presbiteriana Mackenzie; graduado em Psicologia pela Universidade de Guarulhos (UNG); bacharel em Administração pela Faculdade Tibiriçá; ex-Membro do Conselho do Núcleo de Pesquisa do IED; coordenador da Incubadora de Empresas Mackenzie; ex-diretor de Incubadoras da Rede Paulista de Inovação; professor assistente doutor I da Universidade Presbiteriana Mackenzie; membro da comissão técnica nomeada pelo secretário da Educação do Estado de São Paulo para elaborar o Plano Estadual de Educação Empreendedora.
nelson.fragoso@mackenzie.br

Oduvaldo Vendrametro

Doutor em Engenharia de Produção e mestre e bacharel em Física pela Universidade de São Paulo (USP); assessor da Reitoria da Universidade Estadual Paulista (Unesp) em assuntos referentes à Gestão de Planejamento e Orçamento de 1983 a 1987; ex-diretor superintendente do Centro Estadual de Educação Tecnológica Paula Souza; representante da parceria para qualificar docentes para as Fatecs. Desenvolveu o projeto para criação e aprovação pela Coordenação de Aperfeiçoamento de Pessoal de Nível Superior (Capes) do Mestrado Profissional em Habitação do Instituto de Pesquisas Tecnológicas do Estado de São Paulo; organizador do projeto de criação do doutorado e mestrado em Engenharia de Produção da Universidade Paulista (Unip); coordenador e docente pesquisador do pós-graduação em Engenharia de Produção da Universidade Paulista (Unip).
oduvaldov@uol.com.br

Osvaldo Elias Farah

Pós-doutorando em Administração da Faculdade de Economia, Administração e Contabilidade de Ribeirão Preto da Universidade de São Paulo (USP); doutor em Administração pela Faculdade de Economia e Administração da Universidade de São Paulo (USP); mestre em Administração pela Escola de Administração de Empresas de São Paulo da Fundação Getúlio Vargas (FGV); bacharel em Ciências Econômicas pelo Centro Universitário Moura Lacerda; ex-docente titular e pesquisador do Programa de Pós-graduação em Administração da Universidade Metodista de Piracicaba; organizador das obras *Empreendedorismo estratégico:* criação e gestão de pequenas empresas e *Empreendedorismo:* estratégias de sobrevivência de pequenas empresas; coautor de mais de 20 obras em Administração, Estratégia e Marketing; pesquisador do Conselho Nacional de Desenvolvimento Científico e Tecnológico (CNPQ) e da Fundação de Amparo à Pesquisa do Estado de São Paulo (Fapesp); sócio proprietário da

Farah Criação e Estratégia; presidente da Farah Editores Associados, auditor e consultor de negócios.
oefarah@gmail.com

Paulo Sérgio Castilho

Bacharel em Ciências Contábeis e bacharel em Direito pelo Centro Universitário Central Paulista; sócio proprietário da Orcast Organização Contábil; consultor em gestão e controles contábil e financeiro; especialista em recuperação extrajudicial; auditor; auditor dos supermercados Dia %.
paulo@orcast.com.br

Rodrigo Franco Gonçalves

Doutor em Engenharia de Produção pela Universidade de São Paulo (USP); mestre em Engenharia de Produção pela Universidade Paulista (Unip); bacharel em Física pela Universidade de São Paulo (USP); tem experiência nas áreas de Engenharia de Produção, projeto e desenvolvimento de sistemas e inovação tecnológica; atua nas áreas de gestão da produção, engenharia econômica e financeira, sistemas de informação, gestão do conhecimento, inovação e empreendedorismo; docente e pesquisador do programa de pós-graduação em Engenharia de Produção da Universidade Paulista (Unip); docente do departamento de Engenharia de Produção da Universidade de São Paulo (USP) e docente de pós-graduação da USP/Fundação Vanzolini.
rofranco212@gmail.com

Thel Augusto Monteiro

Doutor e mestre em Administração pela Universidade Metodista de Piracicaba; especialista em marketing estratégico; bacharel em Administração de Empresas; docente e pesquisador do Programa de Pós-Graduação em Administração da Universidade Metodista de Piracicaba; responsável pelas disciplinas Canais de Marketing e Comportamento do Consumidor; autor de capítulos de livros e artigos científicos publicados nas áreas de Administração mercadológica, planejamento estratégico de marketing e sustentabilidade; editor da *Revista & quot;* Caderno Profissional de *Marketing & quot* da Universidade Metodista de Piracicaba.
osmonteiros@terra.com.br

Vanderlei Salvador Bagnato

Doutor em Física pelo Massachusetts Institute of Technology (MIT), Estados Unidos; bacharel em Física pela Universidade de São Paulo (USP) e em Enge-

nharia de Materiais pela Universidade Federal de São Carlos (UFSCar); docente titular da Universidade de São Paulo (USP), coordenador da Agência USP de inovação; autor de cerca de 500 artigos em periódicos especializados, de 24 capítulos de livros e 6 livros; membro da Academia Brasileira de Ciências, da The Academy of Sciences for the Developing World, da Academia Pontifícia de Ciências do Vaticano e da National Academy of Sciences, Estados Unidos; coordenador de um Centro de Pesquisa e de diversas atividades de inovação tecnológica e difusão de ciências.
vander@ifsc.usp.br

Vera Lúcia Belisário Baroni

Mestre em Filosofia; bacharel em Administração de Empresas com especialização em Gestão de Pessoas e em Docência no Ensino Superior; graduada em Matemática; formada em Master Coach, Mentor e Leader pela ISI INFINITY; administradora, professora universitária, *coach*, palestrante, consultora organizacional e analista comportamental; *coach* de carreira, *executive coaching* e *coaching* em grupo.
vera.bbaroni@gmail.com

Walther Azzolini Júnior

Doutor em Engenharia Mecânica pela Universidade de São Paulo (USP); docente e pesquisador do programa de Pós-graduação em Engenharia de Produção da Escola de Engenharia de São Carlos da Universidade de São Paulo (USP); ex-docente do Centro Universitário de Araraquara; consultor *ad hoc* de projetos de pesquisa da Coordenação de aperfeiçoamento de pessoal de nível superior.
wazzolini@sc.usp.br

Yeda Cirera Oswaldo

Doutora em Psicologia, mestre em Educação e psicóloga; docente permanente do mestrado profissional em Administração da Universidade Metodista de Piracicaba; master trainer coach e mentora, leader coach, analista comportamental master bicertificada internacionalmente; formadora de *master coaches*, mentores, líderes *coaches* e analistas comportamentais pelo Instituto ISI INFINITY; diretora-presidente do Instituto ISI INFINITY; empresária, *business mentoring*, pesquisadora, palestrante, escritora de mais de 20 livros e capítulos de livros nacionais e internacionais onde aborda assuntos relacionados à psicologia, gestão e negócios, liderança e gestão de pessoas; membro da Associação de Psicologia Positiva da América Latina.
www.yedaoswaldo.com.br

Parte 1 – Do pensamento estratégico à estratégia empresarial

Leonardo Mercon/Shutterstock

Dane Jorgensen/Shutterstock

Asharkyu/Shutterstock

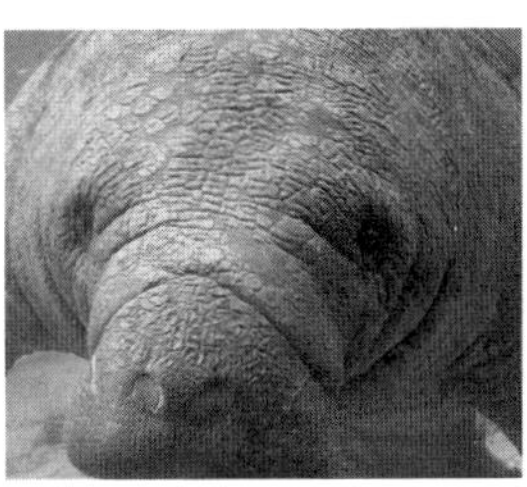

Ggary Powell/Shutterstock

Bangkokhappiness/Shutterstock

Albert Einstein (1879-1955), ganhador do prêmio Nobel de Física de 1921.

"A todo cientista minucioso deve ser natural algum tipo de sentimento religioso, pois não consegue supor que as dependências extremamente sutis por ele vislumbradas tenham sido pensadas pela primeira vez por ele. No universo incompreensível revela-se uma razão ilimitada. A opinião corrente de que sou ateu baseia-se num grande engano. Quem julga deduzi-la de minhas teorias científicas mal as compreendeu. Entendeu-me de forma equivocada e presta-me péssimo serviço..."

Capítulo 1 – A evolução do pensamento estratégico

Marly Cavalcanti
Osvaldo Elias Farah
Luciana Passos Marcondes

"Boa sorte é o que acontece quando a oportunidade encontra o planejamento."
Thomas Edison

SINOPSE: Formulação da estratégia como um complexo sistema que cresce e se desenvolve e somente os "olhos da mente" do leitor podem ver.

DOMÍNIO
O ANIMAL METAFÓRICO: CROCODILO

Leonardo Mercon/Shutterstock

Lema: A perspectiva não é mera soma linear de observações independentes.
Década: 1990.
Principais nomes: Mintzberg, Ahlstrand e Lampel.
Principal contexto: Integração além das partes, a questão da complexidade.
Autor nacional homenageado: Carlos Osmar Bertero
Ensino e pesquisa em administração. São Paulo: Thomson, 2006.

FORMULAÇÃO DA ESTRATÉGIA COMO INTEGRAÇÃO

Premissas essenciais:

1. A formação da estratégia é um espaço complexo.
2. A formação estratégica é um processo e até mesmo um não processo.
3. As estratégias novas são, provavelmente, mais complexas, mais integradas, mais articuladas, e podem descartar direções estabelecidas em resposta a um ambiente em mutação.
4. As ações decorrem da categorização de um mundo organizado e complexo.

(Mintzberg, 2000)

TRILHA TROPICAL

Crocodilo é o nome comum dado aos animais da classe *Reptilia*, ordem *Crocodylia* e família *Alligatoridae*. Como todos os répteis, são ectotérmicos e possuem o corpo coberto por escamas. Habitam rios, lagos e pântanos. São excelentes nadadores, mantendo as patas próximas ao corpo enquanto ondulam lateralmente o corpo e a cauda para se locomover. Em terra também são muito rápidos, andando com o tronco elevado e as patas sob o corpo. O jacaré-de-papo-amarelo (*Caiman latirostris*) é uma das espécies mais comuns no Brasil. Mede em torno de três metros e tem o ventre amarelo. É encontrado do Rio Grande do Sul ao Rio Grande do Norte. Ocorre também na bacia do rio Paraná, chegando até o Pantanal. Alimenta-se de peixes, caranguejos, caramujos e insetos.

(Adaptado de Figueiredo, 2014)

CONCEITOS-CHAVE DA VISÃO INTEGRADORA

1. A essência da estratégia é complexa e utiliza vários processos de pensamento.
2. Envolve tanto as questões de processo como as de conteúdo.
3. As estratégias existem em níveis diferentes: corporativo, de negócios, estrutural, de capital intelectual etc.
4. A estratégia focaliza o esforço da organização, dando-lhe direção, consistência, e sintetizando diferentes visões com um grau ótimo de generalidade.

(Mintzberg, 2000, p. 265-69)

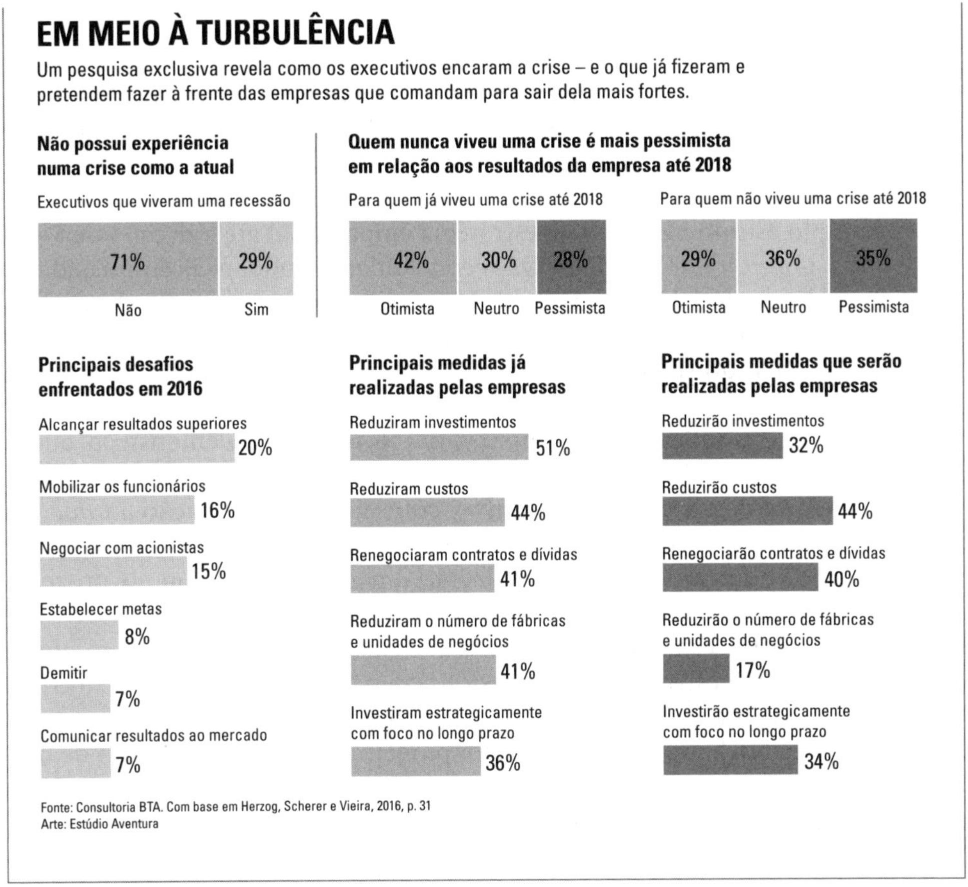

> *A gente se vê como parte de uma nova geração de empresas, que pode ajudar a quebrar vícios antigos na maneira de se fazer negócios no país.*
>
> *David Vélez, CEO do Nubank*
>
> (Oliveira e Albuquerque, 2017)

Objetivos do capítulo

Este capítulo objetiva apresentar a trajetória do pensamento estratégico e sua evolução. Debate sobre o tema, chegando ao exame do prisma do futuro. Ressalta a necessidade de: reavaliar a natureza, as características e a força dos fundamentos originais; identificar os caminhos à frente; e, sobretudo, demonstrar a vital necessidade do pensamento estratégico.

Palavras-chave: *pensamento estratégico; estratégia empresarial; gestão estratégica; competitividade.*

1.1 As origens

Um clássico, hoje um pouco esquecido, *Strategy and Structure,* Chapters in the History of the Industrial Enterprise, de Alfred D. Chandler Jr., publicado pelo MIT Press em 1962, reorientava o perfil empresarial ao analisar o que ocorrera às estruturas funcionais centralizadas conhecidas até então.

Esse amplo estudo histórico da estratégia empresarial até a década de 1960 afirma que, por volta de 1948, estavam concluídas as mudanças empreendidas durante a década de 1920 nos Estados Unidos, consolidando-se os deveres do Conselho de Administração (*Board*), reorganizando-se os comitês de coordenação e classificando-se as linhas de autoridade em três níveis administrativos: estratégico, tático e operacional.

A análise da Standard Oil Company, de Nova Jersey, demonstrou que o ajustamento estrutural e mesmo a expansão estratégica da empresa aconteceram de um modo assistemático, intuitivo, com uma reorganização *ad hoc*, tal como ocorrera antes na DuPont e na General Motors, em razão da expansão e da integração vertical, demonstrando, de um modo cabal, que o processo para ajustar a estrutura à estratégia criou constrangimentos administrativos e retardou os ajustes estruturais. Nesses três casos, os esforços para um ajuste resultaram em uma estrutura multidivisional descentralizada, que prepararia o caminho dessas empresas para a internacionalização exigida na época.

A Sears, Roebuck and Co. também foi pioneira no desenvolvimento de unidades descentralizadas e autônomas para negócios regionais durante as décadas de 1930 e 1940, redefinindo suas linhas de comunicação e autoridade, e criando uma estrutura multidivisional, com características diferentes da manufatura e um pouco mais centralizadas, devido à sua menor complexidade se comparada à DuPont, à GM ou à Standard Oil.

Desde essa época, a inovação tornou-se componente ativo da estratégia empresarial, pois, quando a estrutura não segue a estratégia, o que vemos é a ineficiência; entretanto, de acordo com o estudo, geralmente havia um intervalo entre o surgimento de necessidades administrativas e o atendimento a essas necessidades. Já uma companhia multidivisional é aquela cujos altos executivos não se encarregam de tarefas funcionais e o trabalho é feito em divisões autônomas, multidepartamentais. Estava dado o passo mais significativo para a multinacionalização da companhia e, certamente, após esse ciclo, viria a globalização dos negócios, que evoluiu até a situação que conhecemos hoje.

1.2 A evolução do planejamento estratégico

Na década de 1970, o planejamento estratégico formalizou-se. O modelo básico era o SWOT, que viria a consagrar o que H. Mintzberg (2000) chamou posteriormente de Escola do Design[1]; na verdade, uma camisa de força para o planejamento, pois o constituía de uma série de etapas, com estágios sequenciais formados por uma cadeia de subestratégias. Isso está bem caracterizado em Steiner (1979), que afirmou: "Todas as estratégias precisavam ser divididas em subestratégias para o sucesso da implantação".

Os planos estratégicos eram, na época, puramente lógicos, lineares e, não raro, tão formais, que ficavam isolados e sem intercomplementaridade, porque complexos e intrincados demais em sua formação. Nos anos seguintes o planejamento estratégico viveu a crise apresentada na Figura 1.1.

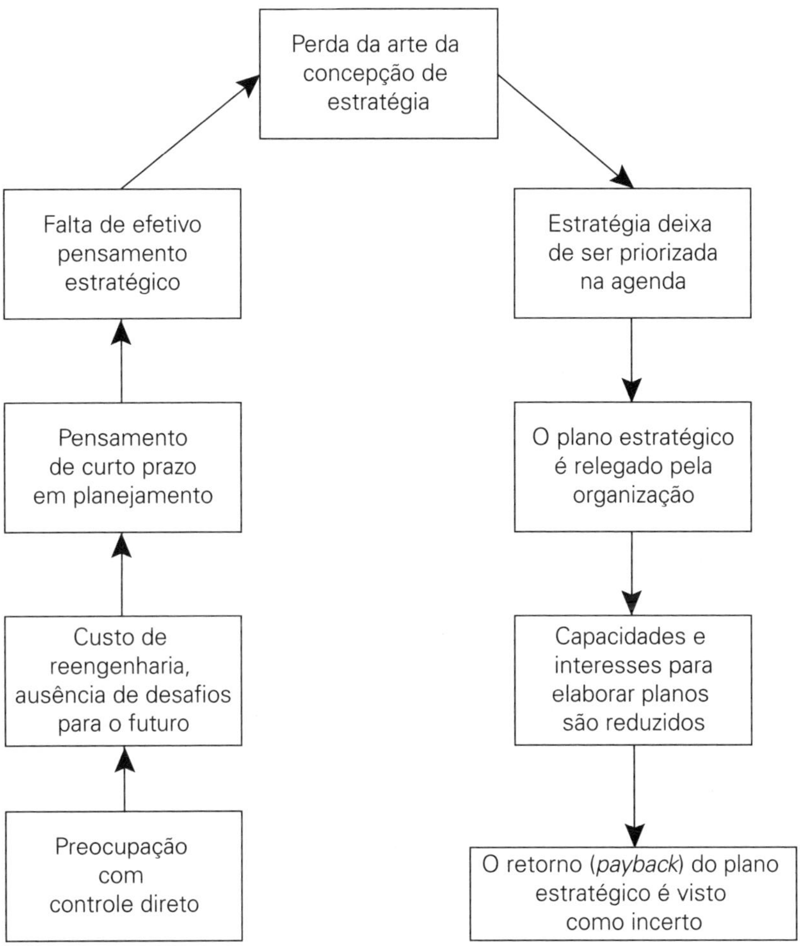

Figura 1.1 Ciclo vicioso da perda da arte para construção da estratégia.
Fonte: KARE-SILVER, M., 1998.

[1] MINTZBERG, H. et al. *Safári de estratégia*. Porto Alegre: Bookman, 2000.

Wilson (1994) resumiu em sete os pecados capitais do planejamento estratégico clássico. São eles:

1. A assessoria assumiu o planejamento e afastou os executivos.
2. Os livros de planejamento ficaram mais grossos, o impresso mais sofisticado, as capas mais duras, os desenhos melhores (no dizer de Jack Welch, CEO e presidente da GE), mas não traziam de fato as necessidades criativas estratégicas.
3. Incapacidade de integrar a estratégia concebida e a operação do exercício da estratégia.
4. O planejamento passou a se concentrar em aquisições e fusões, em detrimento do negócio básico.
5. Estratégias por omissão e não por opção começaram a ser adotadas por causa de falhas na discussão de diferentes alternativas estratégicas.
6. O planejamento estratégico ignorou a cultura organizacional e os requisitos internos.
7. O planejamento baseado em cenários tornou-se a exceção, e não a regra.

A resposta a esse conjunto de preocupações veio com Michael Porter, na década de 1980, quando as empresas passaram a enfrentar uma concorrência crescente e, por isso, houve a necessidade de testar a vantagem competitiva. Nessa mesma década, H. Mintzberg admitiu que a estratégia era descontínua e artesanal; enfim, uma arte que ultrapassava o formalismo que lhe fora imposto na década de 1970.

Como se vê, o abandono da construção de cenários foi um dos pecados capitais do planejamento estratégico.

Os dez princípios citados a seguir (Revista *HSM Management*, n. 2) podem ajudar a empresa a liberar seu espírito revolucionário e aumentar de forma surpreendente as chances de descobrir estratégias verdadeiramente revolucionárias. Empresas de diversos setores, como os de produtos de beleza, serviços e telecomunicações, entre outros, incorporam esses princípios. Toda organização, entretanto, deve interpretá-los, aplicá-los à sua maneira e procurar ampliar sua competência essencial.

"Princípio 1 – O planejamento estratégico não é estratégico

Na grande maioria das empresas, o planejamento estratégico é um ritual motivado pelo calendário, não uma exploração do potencial de revolução. O maior problema das empresas, atualmente, é o fato de não distinguirem entre planejar e criar estratégias. Planejar tem a ver com programar, não com descobrir, e é para tecnocratas, não para sonhadores.

Princípio 2 – A criação da estratégia deve ser subversiva

Os revolucionários são subversivos: seu objetivo é a subversão; os líderes do novo pensamento a enxergam como ilustração.

Princípio 3 – O gargalo fica na parte de cima da garrafa

Se o processo de criação da estratégia não se libertar da tirania da experiência, as chances de uma revolução serão pequenas. Se você for um executivo sênior, faça-se estas perguntas: Uma década de experiência me fez desafiar mais ou menos as convenções do meu setor? Tornei-me mais ou menos curioso sobre o que está acontecendo fora do meu setor? Seja honesto.

Princípio 4 – Existem revolucionários em todas as empresas

Não há dúvida: há "revolucionários" em sua empresa. Se você circular por salas e corredores, encontrará pessoas lutando contra o freio da ortodoxia do setor. Na maioria das empresas, porém, não existe um canal de comunicação com esses revolucionários. Sua voz é abafada pela hierarquia de burocratas cautelosos que os separam dos executivos seniores.

Princípio 5 – A mudança não é problema, o envolvimento sim

O objetivo não é buscar o apoio das pessoas à mudança, mas lhes dar a responsabilidade pela realização dessa mudança. Você deve envolver os revolucionários, onde quer que estejam em sua empresa, em um diálogo sobre o futuro.

Princípio 6 – A elaboração da estratégia deve ser democrática

É preciso refletir sobre a estratégia de forma criativa por todos os cantos da empresa. É impossível prever onde uma ideia revolucionária está se formando; por essa razão, deve-se lançar uma rede vasta a fim de englobar toda a empresa.

Princípio 7 – Qualquer um pode ser ativista de estratégias

Os funcionários comuns também podem ser ativistas de estratégias, mudando as crenças da empresa e questionando sobre a sua situação. Os ativistas não são anarquistas. Sua meta não é destruir, mas, sim, reformar. Para ser um ativista, é necessário preocupar-se mais com sua comunidade do que com o seu cargo na hierarquia.

Princípio 8 – Novo ponto de vista vale 50 pontos no seu QI

Sem novas luzes, não pode haver revolução. Para descobrir oportunidades de revolução no setor deve-se olhar o mundo por uma óptica nova. Qualquer empresa que deseje criar uma revolução no setor tem quatro tarefas pela frente: identificar os dogmas inabaláveis que permeiam o setor, criar oportunidades para reescrever as regras do setor, aprofundar-se na compreensão de suas competências essenciais, e, por fim, buscar conhecimento que permita identificar ideias revolucionárias e opções de estratégias não convencionais a serem colocadas em prática.

Princípio 9 – Nem de cima para baixo, nem de baixo para cima

Somente um processo de elaboração da estratégia profundo e amplo pode combinar diversidade e unidade. A união do pessoal de cima com a turma de baixo durante a criação da estratégia ajudará a contornar o processo doloroso e extenuante vivido pelo funcionário subalterno na defesa de uma ideia até que ela chegue ao topo do comando. Na gestão de projetos, aplica-se o pensamento lateral por intermédio de equipes temporárias pluridisciplinares que executam um projeto, tendo uma liderança que depende da direção geral.

Princípio 10 – Do começo não se consegue ver o fim

Embora não seja possível ver o fim quando se está no início, um processo aberto que envolva as pessoas na criação da estratégia diminui substancialmente o desafio da implementação. Esse processo tem como pressuposto básico visualizar a empresa do futuro."

A empresa do século XXI está organizada em torno de seus processos e centrará seus esforços em seus clientes. Será ágil e enxuta; suas tarefas exigirão conhecimento do negócio, autonomia, responsabilidade e habilidade na tomada de decisões. Nela *não haverá lugar para empregados tradicionais, aqueles que as empresas preparam durante tanto tempo e que ainda hoje tripulam as nossas organizações.*

Princípios contemporâneos	Customização; clusterização; a empresa individualizada.
Alocação dinâmica de recursos	Globalização; administração em tempo real.
Coordenação	Grupos de alto desempenho; multidisciplinaridade.
Oportunidade	Você como comunidade; novo conceito de emprego e trabalho.
Criação de valor	Ativos digitais; horas econômicas de escala; procura escassa.
Trabalho organizado em projetos	*Project management*
Fronteiras orgânicas	*Joint ventures*; alianças estratégicas; redes.
Monitoração de resultados	Sistemas integrados especialistas.

Figura 1.2 Os modernos princípios de desempenho organizacional.

Fonte: Elaborado pelos autores.

Na realidade, a linha de evolução da estratégia empresarial continua em busca de uma arquitetura empresarial que permite identificar competências amplas a serem desenhadas; essas arquiteturas são estudos para o futuro. Depois de exaurir o que pode ser analiticamente deduzido sobre gestão, a empresa precisa aprender com a experiência: criar alianças com os clientes de vanguarda, realizar protótipos para testes de mercado, decidir-se pelo desenvolvimento conjunto com possíveis concorrentes, estudar as tecnologias adotadas pelos concorrentes etc. Nesse sentido, uma arquitetura estratégica precisa ser vista como um trabalho em andamento em que os *insights* vão surgindo e se aprimorando. O Quadro 1.1 ilustra as três fases da competição do futuro.

Quadro 1.1 Três fases da competição do futuro

Liderança intelectual	**Gerência dos caminhos de migração**	**Competição pela participação no mercado**
Fazer a previsão dos destinos do setor, mergulhando profundamente nos mecanismos que o impulsionam. Desenvolver um ponto de vista criativo sobre a possível evolução de: – funcionalidade; – competência; – interface com o consumidor. Resumir esse ponto de vista a uma "arquitetura estratégica".	Desenvolver previamente competências essenciais, explorando conceitos alternativos de produtos e reconfigurando a interface com o consumidor. Montar e gerenciar a coalizão necessária dos participantes do setor. Forçar os concorrentes a adotar caminhos de migração mais longos e caros.	Criar uma rede de fornecedores. Elaborar uma estratégia apropriada de posicionamento no mercado. Apropriar-se da participação dos concorrentes em mercados críticos Maximizar a eficiência e a produtividade. Gerenciar a interação competitiva.

Fonte: HAMMEL; PRAHALAD, 1997.

Para seguir gerenciando o futuro, diferentes visões competem entre si, como mostra a Figura 1.3.

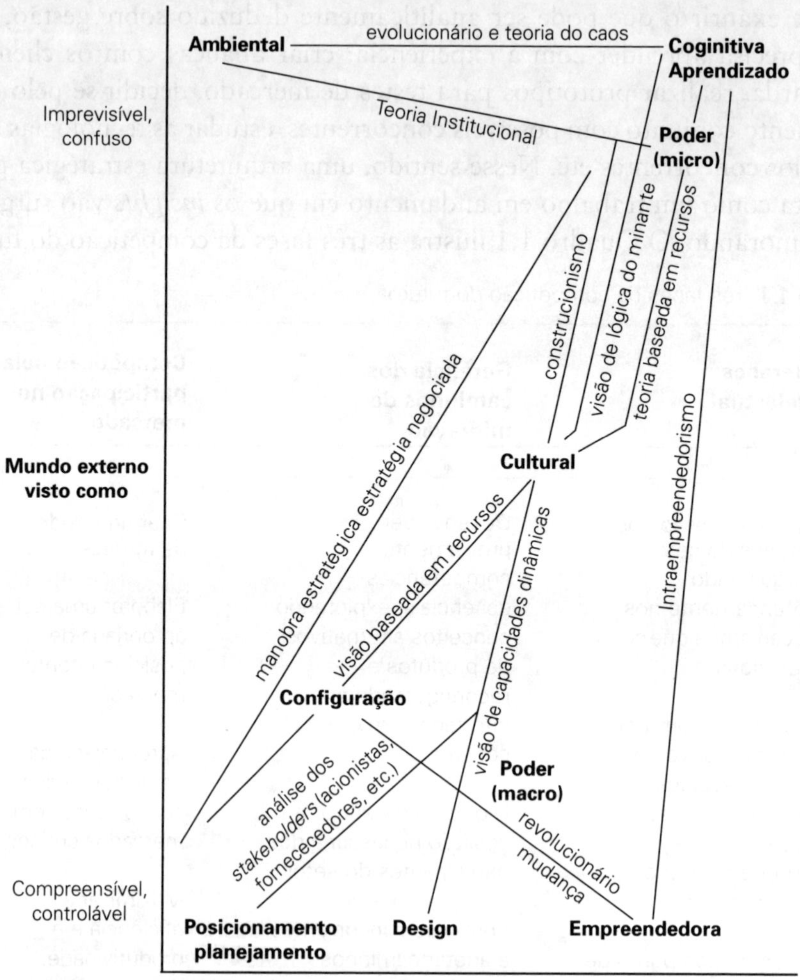

Figura 1.3 Mapeando o espaço da formação de estratégia.
Fonte: MINTZBERG, H. et al. 2000, p. 272.

Mapear a empresa possibilita visualizar suas ações em múltiplas direções, criando redes cheias de contatos, parcerias, reconfigurações. A economia global é, na realidade, um universo em expansão, atingindo padrões nunca antes vistos pela humanidade, o que exige um novo homem, uma nova mulher, novas profissões, novos estilos de agir e de aprender a agir. Esse mapeamento permite pensar a agenda do futuro, a qual exige a otimização do nível de interconectividade. Como afirmou Naisbitt (1994), a tecnologia está se desenvolvendo em um ritmo acelerado, com cada tecnologia nova capitalizando a velocidade e as capacidades daquelas que a precederam.

O Gráfico 1.1. mostra a evolução do pensamento estratégico.

Podemos visualizar graficamente:

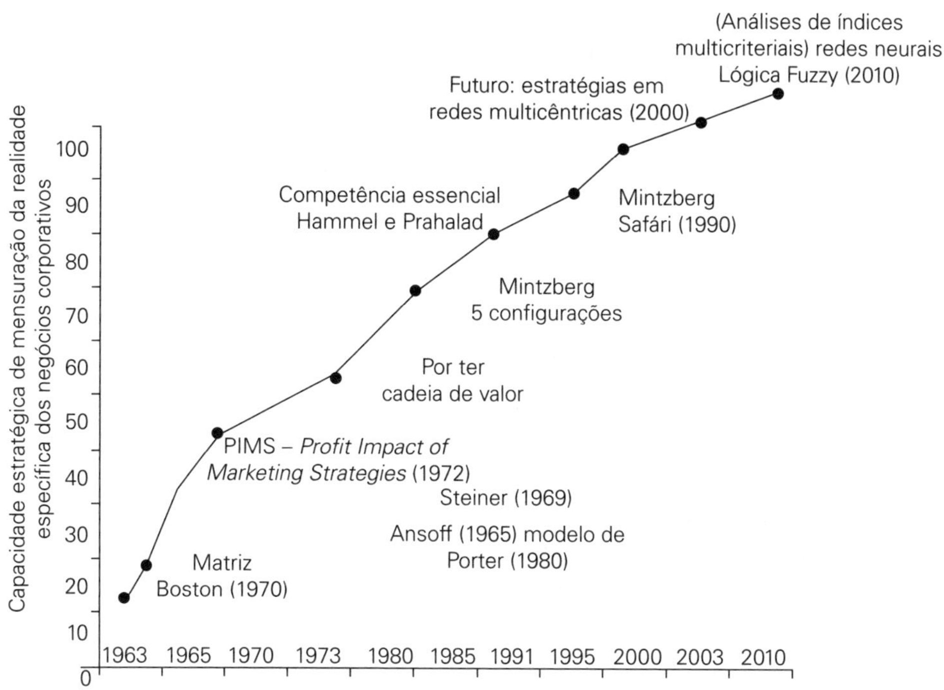

Gráfico 1.1 Evolução do pensamento estratégico

Fonte: CAVALCANTI, Marly et al., 2007.

O pulo do gato

Grigorita Ko/Shutterstock

Eu não acredito em coincidência.... Foi dessa forma que encontrei a dona Cleusa, que me ensinou a fazer chocolates caseiros, e conheci o sr. Dionísio, um chocolateiro profissional que me arrumou um estágio. Houve também fornecedores e colaboradores que tiveram um papel importante. Para mim, a vida é um encontro permanente. Agora, é preciso estar aberto para isso. Muita gente encontrou tudo que eu encontrei, mas não estava aberta nem pronta para transformar aquilo em oportunidade. Eu fui para o Vale do Silício, entendeu? Reservei uma semana de agenda e encontrei gente muito interessante. Vai falar que é sorte? Poderia não ter viajado uma semana antes da convenção de franqueados. Mas eu me atirei nisso.

Alexandre Costa, Cacau Show.
(Iwakura e Negri, 2017)

Questões

1. Para o planejamento estratégico é essencial desenvolver sua capacidade de se tornar sustentável. Como é possível desenvolver uma capacidade estratégica em meio a um mundo cada vez mais complexo?
2. Do pensamento estratégico à estratégia empresarial verificou-se a formação da estratégia em um conjunto de processos cada vez mais articulados com o ambiente dos negócios. Como essa evolução contínua deve se desenvolver rumo ao futuro?
3. Existem dez princípios que podem ajudar a empresa a liberar seu espírito revolucionário e aumentar as chances de descobrir suas estratégias verdadeiras. Descreva-os e aponte aquele que, na sua opinião, seria o mais importante.

4. Por que se pode dizer que o abandono da construção de cenários foi um dos pecados capitais no planejamento estratégico? Relacione essa questão ao conceito "cenários não são previsões" e justifique.
5. Descreva e analise como a evolução da estratégia empresarial pode determinar uma arquitetura empresarial que contribui com a formulação do planejamento estratégico.

Referências bibliográficas

ANSOFF, Igor. *Corporate Strategy*. Nova York: McGraw-Hill, 1965.

BERTERO, Carlos Osmar. *Ensino e pesquisa em Administração*. 1. ed. São Paulo: Thomson, 2006.

FIGUEIREDO, Aymam Cobo de. Graduação em Ciências Biológicas. Unifesp, 2014. Disponível em: <www.infoescola.com/repteis/crocodilo/>. Acesso em: 1º dez. 2017.

HAMMEL, G.; PRAHALAD, C. K. *Competindo pelo futuro*. Rio de Janeiro: Campus, 1997.

HERZOG, A. L.; SCHERER, A.; VIEIRA, R. Prontas para a guerra. *Exame*. São Paulo, ed. 1111, ano 50, n. 7, abr. 2016.

IWAKURA, M.; NEGRI, A. C. O franqueado deve pôr a vida no negócio. *Pequenas Empresas & Grandes Negócios*. Rio de Janeiro, n. 338, mar. 2017, p. 32-36.

KARE-SILVER, M. *Strategy in crisis*. Nova York: University Press, 1998.

MINTZBERG, Henry et al. *Safári de estratégia*. Porto Alegre: Bookman, 2000.

NAISBITT, William. *Global paradox*, n. 4. Morron and Co. Nova York, 1994.

______. *Revista HSM Management*. Competência essencial e dez princípios de revolução, n. 2, p. 144, e n. 6, p. 114.

OLIVEIRA, Darcio; ALBUQUERQUE, Rogério. Diz aí, presidente. *Época Negócios*. São Paulo, n.121, mar. 2017.

PORTER, M. E. *Competitive strategy:* techniques for analysing industries and competitors. Nova York: Free Press, 1980.

STEINER, G. *Strategic planning*. Nova York: Free Press, 1979.

WILSON, I. Strategic planning isn't dead it: changed. *Long range planning*. Elsevier, n. 27, ago. 1994, p. 12-24.

Capítulo 2 – Estratégia nos negócios

Antonio Vico Mañas
Marly Cavalcanti

"Um planejamento cuidadoso é capaz de vencer quase todas as dificuldades"
Bárbara Coré

SINOPSE: Formulação da estratégia como um complexo sistema que cresce e se desenvolve, que somente é deliberado e explicitado pelo estrategista.

ESTRATÉGIA
O ANIMAL METAFÓRICO: ARIRANHA

Dane Jorgensen/Shutterstock

Lema: Estabelecer adequação.
Década: 1960.
Principais nomes: Andrews, Christensen, Bower, Boston Consulting Group (BCG), Henderson.
Principal contexto: Análise SWOT (*Strenght/Weakness/Opportunities/Threats*).
Autor nacional homenageado: Milton Santos
Por uma outra globalização. Rio de Janeiro: Record, 2000.

FORMULAÇÃO DA ESTRATÉGIA COMO UM PROCESSO DE CONCEPÇÃO

Premissas essenciais

1. O estudo do ambiente permite determinar oportunidades e ameaças existentes.
2. A estratégia é formada de um modo deliberado e consciente.
3. Estratégias devem ser elegantemente simples.
4. Estratégias devem ser explícitas.
5. Estratégias só devem ser implementadas depois de totalmente formuladas.
6. Estratégias são únicas e apropriadas.

(MINTZBERG, Henry et al., 2000, p. 30-32)

TRILHA TROPICAL

A **ariranha** (*Pteronura brasiliensis*) é um mamífero da família *Mustelidae*, a mesma das lontras. No entanto, a ariranha é muito maior, podendo medir 1,8 metro e pesar até 34 quilos. É encontrada em várias regiões da América do Sul. No Brasil, é encontrada principalmente nas bacias Amazônica, Alta do Paraguai, do São Francisco e do Paraná.

Brincalhonas e barulhentas, as ariranhas vivem em pequenos grupos de até nove indivíduos, embora possam formar grupos temporários de até vinte ariranhas. Cada grupo domina um território de aproximadamente 12 km². Abrigam-se e se reproduzem em tocas nas margens de rios e lagos, passam a maior parte do tempo na água e seus hábitos são predominantemente diurnos.

(PACIEVITCH, T., s.d.)

CONCEITOS–CHAVE DO PROCESSO DE CONCEPÇÃO DA ESTRATÉGIA COMO DESENHO

1. Apontar fatores-chave do sucesso.
2. Criar competências distintivas.
3. Usar o modelo SWOT como peça central.
4. Adequar capacidades internas às possibilidades externas.
5. Viabilizar a estratégia com os recursos disponíveis.

(MINTZBERG, Henry et al., 2000, p. 30-31)

PREPARADAS PARA O PIOR

Como algumas grandes empresas brasileiras estão ragindo a este momento de turbulência.

Monitoramento Frenético

O acompanhamento dos indicadores da operação ficou mais frequente para permitir rápidas correções de rota.

EXEMPLO: Desde fevereiro, os 50 maiores fornecedores do grupo atacadista Martins passaram a ter informações diárias sobre o desempenho de seus produtos – até o final de 2015 eles recebiam relatórios mensais.

Caça ao Desperdício

A revisão de contas passou a ser realizada nos mínimos detalhes para reduzir desperdícios.

EXEMPLO: A rede de ensino Kroton diminuiu 0,3 milímetro de espessura das chapas de aço usadas na estrutura das cadeiras das salas de aula para reduzir em 15% o preço na compra de novos lotes.

Mudança no Portfólio

A tendência tem sido apostar em itens mais baratos para consumidores com menos dinheiro no bolso.

EXEMPLO: A Via Varejo, dona das lojas de eletroeletrônicos Casas Bahia e Ponto Frio, ampliou em 15% a oferta aos clientes de produtos menos sofisticados, como geladeiras de uma porta só e fogões manuais, em 2015.

Nichos de Crescimento

Já que o mercado está em baixa, as companhias estão buscando oportunidades com lupa.

EXEMPLO: Desde fevereiro, o varejista Magazine Luiza passou a monitorar a participação de mercado de 90% das categorias de produto que comercializa em suas mais de 500 lojas.

Fidelização de Clientes

Como está difícil conseguir novos clientes, as empresas estão se esforçando para não perder os atuais – e, se possível, vender mais para eles.

EXEMPLO: Em 2015, a varejista de brinquedos Ri Happy abriu 21 minilojas com artigos para bebês dentro de suas maiores unidades – o que, em média, gerou vendas adicionais de quase 10% por loja.

Inovação para Garantir o Futuro

Novos caminhos estão sendo avaliados para aumentar a receita e preparar a empresa para quando o mercado voltar a crescer.

EXEMPLO: Em 2015, a fabricante de tubos e conexões Tigre destinou 5 milhões de reais para investir em startups que desenvolvem materiais e produtos complementar-es para seu portfólio.

Fonte: empresas. Com base em Herzog, Scherer e Vieira, 2016, p. 34
Arte: Estúdio Aventura

O custo para eu liderar a Petrobras é muito alto. Por isso, tem de valer muito a pena.

Pedro Parente, CEO da Petrobras

(OLIVEIRA, Darcio; ALBUQUERQUE, Rogério, 2017)

Objetivos do capítulo

Este capítulo demonstra que ter um plano é importante, mas não é suficiente. É preciso ter um plano com estratégia e informações corretas, que traga resultados às organizações e que faça com que as pessoas pensem coletivamente. Assim, verifica-se que o planejamento, para permitir o sucesso, requer suportes político e social e exige a participação de toda a empresa. Aliás, não há como pensar em estratégias somente a longo prazo; aqueles que atuam na empresa já sabem pensar estrategicamente, mas é primordial que os detentores do poder estejam engajados nessa empreitada.

Palavras-chave: *deliberação, ambiente, estratégia, levantamento de oportunidades, competências essenciais, unidades de negócios, poder de negociação.*

2.1 Introdução

Ao tratarmos de planejamento estratégico, logo se desenha em nossa mente uma equação que não só considera os elementos objetivos conhecidos. Na atividade das organizações inserem-se diversos componentes que podem ser previstos, imaginados e projetados. Mas também faz parte de um pensamento estratégico os elementos-surpresa que os componentes da organização ou do seu ambiente trazem consigo e que, por vezes, são impossíveis de detectar, analisar e controlar. Poder-se-ia afirmar que são elementos subjetivos.

À medida que a informação ganha *status* de serviço pessoal e se expande pela habilidade e vontade de aprendizagem, o diferencial das organizações passa a ser mais competitivo, afastando-se do material, do local, dos produtos e da tecnologia, e alinhando-se nas pessoas. São as pessoas que fazem a diferença ao usar os demais elementos com perfil de eficiência antes não experimentado ou com características inovadoras, perfilando eficácia nas negociações pessoais e de negócios em que tomam parte.

Por causa de acontecimentos dos últimos 40 ou 50 anos, as organizações sofreram importantes transformações estruturais e culturais, envolvendo posições e movimentos resultantes das novas formas de ser das pessoas. Acompanhando o surgimento dessas novas formas de ser, surgiu também um novo perfil de gestor.

O gestor antes dividia tarefas, delegava e controlava aquilo que havia organizado e planejado e, com um esforço sobrenatural, decidia e dirigia para chegar aos resultados positivos esperados.

O novo gestor é, antes de mais nada, uma pessoa com nível de conhecimento acima da média, com nível educacional elevado e cujo trabalho é fundamentalmente interpretar textos e situações, ler os sinais dos acontecimentos atuais, bem como as consequências e as tendências. Seu papel preponderante é estar atento a sua área de atividade e de atuação, tanto profissional como pessoal, observando os seguintes aspectos: *a mudança de quadros ambientais da concorrência e dos sinais de mercado. Estar atento para ler os sinais significa interagir constantemente com os ambientes envolvidos e com todos os seus componentes. O relacionamento, a comunicação e a negociação são funda-*

mentais. Na teoria, o agir é parte e resultado do comunicar. Habermas propõe esse agir comunicativo.

A interação ocorre no nível de gestão, principalmente entre os membros da corporação que se relacionam com cada um de nós e leem notícias e relatórios que são produzidos por pessoas que, como nós, o fizeram com base em suas interações. A informação é um dos segredos para cumprir seu papel, e ela está disponível de maneira abundante, basta querer ter acesso e acessá-la. Podemos dividi-la em dois patamares. O primeiro é a efetivação de análise sobre a tecnologia e os rumos que tomará, considerando a perspicácia simbólica de cada analista sobre o assunto. Os avanços na tecnologia da informação (TI) têm provocado as mudanças nos relacionamentos entre as pessoas e entre as organizações de maneira geral. A tecnologia acelerou a recepção, a interpretação e o envio de dados. Concluímos, essencialmente, que o papel do gestor é estar atento ao desenvolvimento da tecnologia na sua área e, em termos abrangentes, que as mudanças acontecem e podem vir de modos inesperados. Estar atento mostra também que não se pode fazer tudo.

Definir o que é mais relevante e quais são as fontes de acesso para ser um consumidor voraz é, portanto, gerar autonomia em outras pessoas para que elas disponibilizem parte de suas competências às necessidades de cada um.

O segundo patamar é o envolvimento com o negócio. Sabe-se que há momentos em que a preponderância das palavras de ordem é que dita as situações. São os modismos. A globalização e a competitividade, a reengenharia e a qualidade total, a terceirização, a administração por objetivos, as franquias, a diversificação e a metodologia de gestão japonesa, entre outras, são palavras de ordem que foram utilizadas por gestores com suas estruturas hierárquicas e que estavam atentos ao que estava acontecendo e, ao aceitarem o assunto, desejam e esperam propostas sobre o que fazer.

É nesse estar atento que se encaixa o planejamento estratégico. Nesses patamares está o pensamento estratégico adquirido por um grande número de pessoas na sociedade atual. Ao mudar os valores, comportamentos e atitudes, as pessoas passaram a agir de forma diferente. Ao transformar as organizações, estruturalmente mais ágeis e flexíveis com vistas ao mercado, os consumidores passaram a ter outra visão de negócios e a pleitear voz e voto em determinadas circunstâncias. Isso provocou movimentos não experimentados antes pelas organizações e seus gestores. A cada mudança e inovação tecnológica, os sinais são modificados e as consequências precisam ser antecipadas. O futuro passa a ser o presente das pessoas e, nesse caso, há muita informação sendo acrescida de forma mais ou menos relevante para o ser humano, que as interpreta e as utiliza dentro de parâmetros associados ao processo educacional pelo qual cada um passou no decorrer de sua vida.

A era do conhecimento trouxe às organizações pessoas com visão e pensamento mais conceituais e estratégicos. As mudanças são mais facilmente aceitas e implementadas, e, por outro lado, os que não se adaptaram a essas novas condições vivem uma era de pobreza que tende a se aprofundar. São os paradoxos atuais.

Se antes o ponto de vista sobre o Estado era predominante, hoje perde força e está à mesma altura de organizações com e sem fins lucrativos. Algumas delas têm objetivos sociais, outras econômicos, e todas juntas interagem de maneira antes desconhecida e se posicionam ao lado dos pontos de vista dos indivíduos. Esse conjunto apresenta problemas estratégicos específicos de bastante complexidade. A questão estratégica apresenta duas características fundamentais: aquela que faz cada indivíduo agir considerando mais do que aquilo que ele procura; e a presença de outro elemento que representa um ator inteligente. A relação com o outro, e com o outro que é inteligente, pressupõe uma comunicação muito abrangente com aquele que também pensa e não com algo fixo como um imóvel.

Cada um dos elementos desse conjunto pensa e ambos interagem, em mão dupla. Cada um dos envolvidos faz planos. Fazer planos não é algo organizacional, burocrático, formalizado, com determinados objetivos e cronogramas. Especificamente, plano é saber antecipadamente o que fazer, a qualquer momento, no curto ou longo prazo, hoje à tarde ou em um futuro mais distante. *Fazer planos é uma das características da inteligência.* Claro que há pessoas ou organizações que não planejam, mas essas certamente não evoluem, a não ser por pura sorte ou ajuda externa.

Poder-se-ia discutir se fazer planos é vantajoso ou não? E quais são as vantagens e desvantagens de planejar? Sabemos que basta uma pessoa envolvida para que tenha planos. Cada vez mais, as pessoas não só têm planos, mas começam a se perguntar quais são os planos dos outros, e é aí que começamos a ter uma definição do que é estratégia, porque é nessas condições que se forma a situação estratégica. Cada indivíduo passa não só a levar em conta seus planos, mas também a elaborá-los à luz dos planos alheios, questionando-se se os conhece ou se precisa descobri-los. O que determina o diferencial entre as pessoas e suas organizações é ter planos mais amplos e variados do que as outras. Quanto mais integrada, mais planos possui. Os excluídos têm poucos planos. Essa situação significa que ter um planejamento já é um avanço, e isso é algo cada vez mais difícil de se conseguir.

A pressão na direção da estratégia é que ter planos só não basta; é preciso ter planejamento estratégico. Há que se desenvolver um plano com espírito estratégico, ou seja, deve-se levar em consideração os planos alheios. É preciso ter sensibilidade intensa para perceber o que vai ser feito e quais serão as consequências após determinado tempo, e, daí, ajustar os seus planos aos dos outros componentes do ambiente e do contexto. O movimento resultante desse pensamento estratégico leva o outro a querer competir e superar os planos dos outros a custos que podem chegar à destruição ou à substituição desses e, consequentemente, dos seus.

O ato de pensar passou a ser fundamental dentro de um planejamento estratégico. As pessoas sabem pensar, enxergam e vivem estrategicamente; foram treinadas para isso; é o que se espera delas. Ocorre, porém, que a maioria não é paga para pensar, e, sim, para executar. Isso leva a resultados inesperados, como, por exemplo, a ação sobre algo improvável de ocorrer. Por outro lado, quem não faz planos é, perante os demais, alguém muito previsível, fácil de derrubar, de suplantar, que se desatualiza muito rapidamente e cuja tendência é desaparecer.

O esforço exigido é que cada um tenha a obrigação de examinar o plano da sua empresa o tempo todo e, como consequência, examinar paralelamente o plano dos outros e decidir antecipar movimentos detectados, com ataques ou defesas novas. É por isso que se associa o plano estratégico ao jogo de xadrez. Não basta conhecer muitas jogadas e jogá-las; há que se tentar conhecer as alternativas passíveis da escolha do adversário e ter respostas viáveis, originais ou eficazes para se manter na luta ou ganhar o jogo, um verdadeiro jogo que, incialmente, queria fazer as pessoas pensar. Isso já foi obtido quase integralmente. O pensar estrategicamente já chegou ao nível operacional. O jogo agora é fazer o grupo de pessoas pensar estrategicamente, integrado à organização, em parceria com clientes e fornecedores, com força para lutar e ganhar a competição, e permanecer vencedor.

Hoje, o que se quer é obter capacidade de pensamento de uma organização, a capacidade do grupo de pensar ao mesmo tempo. As dificuldades estão no patamar operacional, isto é, todos pensam estrategicamente, mas, no momento de elaborar os planos, não sabem como fazer. Culturalmente, as pessoas nas organizações não estão preparadas para isso. Não é comum participar da confecção dos planos e ter horizontes claros. A limitação dessa visão se deve a não visualizar a estratégia ou não participar da sua escolha. É preciso ensinar essa competência aos elementos que se inserem em nossos negócios. Se há um plano de execução, há pensamento e visão de futuro, ainda que operacionais e curtos. Se existe a visão, basta integrar esse plano a outros do mesmo tipo, e o resultado será um significado aflorado pela necessidade de informar. Para se informar é preciso descobrir as fontes e como acessá-las, quando e com que intensidade, ou seja, é preciso pensar de maneira diferente, não mais de forma fragmentada.

A mudança que constrói esse pensar. As mudanças significativas e constantes é que fazem mudar. O que era fixo agora é variável; além disso, surgem novas situações constantes, novas funções no mercado, novas competências, novas tecnologias, novos desejos e novas subjetividades que permitem ao indivíduo e à sua organização, entre outras ações, trocar o que antes era muito burocrático por algo pouco estável.

E aí, a competição anterior, que era pelo mercado presente, agora se torna uma competição pelo futuro. A estratégia, pois, começa na discussão das questões relacionadas com ameaças, oportunidades, riscos, e chega a se mostrar como uma ocupação ou uma preocupação com os diversos planos dos outros – clientes, fornecedores, concorrentes etc. Eis, portanto, o quão difícil é ter uma estratégia. Ter um plano é fácil. A dificuldade de fazê-lo com base na estratégia é muito menor se esta estiver clara e for aceita, e se envolver conhecimento dos caminhos seguidos pelos demais componentes do conjunto, que é o ambiente no qual estamos inseridos.

Ter um plano não é suficiente; é preciso ter um plano com estratégia e que gere pressão crescente nas organizações, fazendo que as pessoas pensem coletivamente, em grupo, dentro da organização. Que essas pessoas desenvolvam a capacidade de pensamento, aprendendo e passando a viver com o pensamento em si e no lugar do outro. O processo de reflexão estratégica é dividido em três partes, a partir da obtenção do pensamento estratégico. Esse processo, de maneira geral, inicia-se com a análise do ambiente, para então formular a estratégia, organizá-la e implementá-la com todas as energias e os recursos pertinentes previamente considerados para permitir que a organização atinja o sucesso desejado.

A análise do ambiente levanta questões que podem apontar para a estabilidade, assim como para a recessão, desemprego, escassez, revitalização e busca de novos produtos e serviços. Concluir por alternativas vindas de estudos superficiais ou mais aprofundados pode levar ao aproveitamento das oportunidades que aparecem e garantem a sobrevivência ou o crescimento das organizações. Vive-se um novo século, um novo milênio, carregado de todas as suas caraterísticas míticas. Uma nova era e um novo mundo, com o imaginário muito maior do que aquilo que é apresentado pela realidade, nos obrigam a procurar cenários em que a tecnologia da informação e das telecomunicações, ao permitirem acesso à mídia a preço módico, passam a bombardear os atuais e potenciais clientes que, ansiosos, esperam pelos produtos e serviços oferecidos para entrar em uma espiral de consumo frenético.

Os Estados são questionados, as fronteiras derrubadas, a automação diminui a possibilidade de erros e a produtividade aumenta. Mais tempo, mais lazer, mais qualidade de vida; enfim, países, instituições ou pessoas que consideramos mais ricas e mais desenvolvidas têm de permitir ganhos aos mais pobres para poder vender; e, para vender, têm de ter preço e inovar, o que leva à necessidade de ter menos custos. Isso reabre o processo em que uns poucos vão criar e muitos vão consumir, desde que tenham recursos e conhecimentos para isso. Se não tiverem, cabe aos primeiros garantir esses recursos para que o processo não seja interrompido. Grandes resultados dependem do processo estratégico efetivado e vontade política de implementação das estratégias e do plano construído. Conforme Vico Mañas (2014), consequências virão, das quais as mais relevantes costumam ser:

- sair na frente;
- acompanhar as mudanças;
- apreender e aprender;
- diminuir tempos;
- criar reputação;
- envolver orientando;
- flexibilizar e distribuir.

Frequentemente as empresas e outras organizações adotam estratégias que determinam suas ações a fim de:

- competir no espaço existente;
- vencer as concorrentes e as suas competências;
- explorar as demandas existentes;
- alinhar as atividades com a decisão de custo baixo.

Nesse contexto, as empresas formalizam seus planos, planejam intuitivamente, tentam prever o futuro ou, em casos extremos, administrá-lo. Não sobram dúvidas de que o sucesso dependerá da escolha de estratégias adequadas para que sejam utilizadas nos seus respectivos ambientes organizacionais e nos mercados que atuam ou pretendem atuar.

Não existe uma fórmula mágica. O que pode ser sugerido é que as alternativas estratégicas plenamente adaptadas à sua cultura organizacional, com todas as suas particularidades, deverão ser muito bem analisadas antes de implementadas. Para que os objetivos de sobrevivência, crescimento ou desistência dos negócios sejam alcançados, é preciso indicar as estratégias a ser adotadas e que essas sejam aceitas e implementadas. Como o conceito de estratégia nem sempre é entendido da mesma maneira pelas pessoas envolvidas, é importante discutir, a fim de provocar o efeito sinérgico capaz de levar aos resultados esperados. Entende-se que a busca e a efetivação das estratégias e as ações efetivas, de acordo com Kim e Mauborgne (2005), passam pela intensa competência de:

- criar um espaço sem competição;
- fazer que a concorrência e suas competências se tornem irrelevantes;
- criar e capturar nova demanda;
- romper com a cultura do preço e custo;
- alinhar as atividades da empresa com o propósito de alcançar, ao mesmo tempo, diferenciação e baixo custo.

2.2 Por que estratégia?

Há uma crescente complexidade do ambiente organizacional. Os sobressaltos nos ambientes interno e externo das organizações, com suas mudanças abruptas e constantes na estrutura, na tecnologia e nos relacionamentos, dificultam a definição da estratégia empresarial. Para desenvolver análises ambientais, diagnósticos, escolha das estratégias, planejamento, operacionalização e gestão é preciso compreensão e habilidade no manejo dos diversos fatores e variáveis que se inter-relacionam e de todas as consequências dessas conectividades.

Como nem sempre o conceito de estratégia representa algo uniforme, busca-se a visão de alguns autores para adequá-las às pretensões. A palavra estratégia nasceu do uso militar. Vista como uma grande tática, era centrada na força. O alto comando decidia todos os passos que deveriam ser seguidos nas frentes de batalha. Grandes líderes tiveram estratégias brilhantes mal aplicadas ou erraram na estratégia quando possuíam tudo para obter o triunfo. Muitos exemplos podem ser resgatados, como Amilcar Barca, Genghis Khan e Napoleão, entre outros.

No século XX, novas e várias definições de estratégia apareceram. Seu significado deixou de evidenciar a força e passou selecionar meios e objetivos que privilegiam os fatores psicológicos dos envolvidos. A partir da década de 1960, surgiram outras tantas definições de estratégia. Em síntese, o que se constatou é que estratégia se compõe de planos e objetivos predeterminados para que a organização atinja os resultados convencionados, comunicados e formalizados. A estratégia passou a configurar-se como um indicador dos negócios ambientais e dos diversos cenários possíveis, auferindo, de alguma maneira, o sentido sinérgico da organização.

Essa dependência em relação ao ambiente externo insere as organizações em um processo denominado estratégico. O ambiente com todos os seus componentes cria movimentos normalmente chamados de variáveis. As variáveis influenciam e são influenciadas pelos movimentos efetuados pelas organizações. É nesses movimentos que se torna possível visualizar o contexto mais amplo, o que permite a cada um dos envolvidos tomar decisões bastante singulares.

De forma particular, cada *stakeholder* considera todos os interesses, desejos e limitações e as consequências que isso possa acarretar na sua ação de decidir.

Andrews (1971) afirmou que a estratégia empresarial é vista como "o conjunto de objetivos, metas, diretrizes fundamentais e os planos para atingir esses objetivos, postulados de forma a definir em que atividade se encontra a companhia, que tipo de empresa ela é ou deseja ser". Para ele, são quatro os componentes primários da estratégia:

- oportunidade de mercado;
- capacidade, competência e recursos da empresa;
- valores e aspirações pessoais dos dirigentes;
- reconhecimento da sociedade, além dos próprios acionistas ou proprietários.

Todo processo estratégico é deflagrado por algum fato ou ato que represente o passo inicial de uma série de medidas sequenciais. Em termos práticos, é a oportunidade de mercado nessa abertura do processo que faz a empresa:

- examinar influências ambientais;
- analisar o setor e fazer levantamentos das oportunidades.

Há uma série de influências ambientais, das quais quatro são as mais relevantes dentro de qualquer processo estratégico. São aquelas que atuam no ambiente, com impactos mais ou menos fortes, gerando variáveis que influenciam todo um contexto e que conhecemos por tecnológicas, econômicas, sociais e políticas. São elas que limitam e condicionam oportunidades. Intuitivamente, o empresário ou o executivo dá o nível de importância, estágio e impacto às mencionadas influências. Para que o processo funcione, não basta a mera intuição. A organização empresarial deve ter habilidade para conviver e sentir, captando os débeis sinais indicadores da oportunidade de mercado. É a segunda etapa – a de análise do setor e o levantamento das oportunidades – que completa a análise e a determinação das estratégias.

São três as formas principais de fazer que as oportunidades se materializem:

a. a oportunidade é levada diretamente à empresa, que verifica se seus recursos e competência se adaptam às demandas ou aos requisitos da oportunidade. Exemplos: uma oferta para comprar um concorrente, um grande subsídio oferecido por determinado governo ou uma parceria inesperada e com poucos riscos.
b. a oportunidade surge com a alteração brusca e não prevista de fatores exógenos de influência, quando há a alteração dos fatores influenciadores externos. Exemplo: uma guerra ou um movimento diplomático que elimine o

acesso a determinados materiais ou abra perspectivas de novos produtos e negócios.

c. a oportunidade é formada ou criada pela evolução normal do meio ambiente e de seus fatores de influência. Nesse caso, ela não é entregue ao administrador ou empresário, nem é fruto da brusca alteração de fatores de influências. Na prática, forma-se gradativamente com acesso constante a condições necessárias à geração de oportunidades. O que distingue as empresas, nesse caso, é a capacidade de perceber com antecedência o surgimento dessas condições e, obviamente, saber aproveitá-las.

Ao ter uma oportunidade em mãos, antes de envolver todos dentro da organização, além de colaboradores externos, cabe aos tomadores de decisão definir pelo aproveitamento da oportunidade ou não. Em um mundo em que as leis de mercado são predominantes, cabe àqueles que decidem responder a algumas questões, tendo em vista escolher os caminhos a ser seguidos com o conhecimento adquirido sobre a oportunidade detectada. As primeiras perguntas, naturais a qualquer tomador de decisão estratégica, estão relacionadas com saber se, ao aproveitar a oportunidade, sua empresa correrá algum risco e quais são os riscos associados à incerteza.

Para que se intervenha com investimentos, recursos, mudanças e orientações diversas, é preciso estar o mais próximo possível da realidade em determinado tempo futuro, o que poderá acontecer e o que será necessário para chegar ao sucesso, evitando o fracasso total ou parcial. Imagine que o administrador ou o empresário distinga em suas decisões um alto risco e que, por isso, resolva não aproveitar a oportunidade. Só deve, de fato, tomar essa decisão após se fazer algumas perguntas bastante vigorosas, como:

Ao não aproveitar a oportunidade, qual o risco que se corre, caso a concorrência o faça? E o que isso pode acarretar?

Ao se falar de estratégia empresarial, destaque deve ser dado a Ansoff (1989), um dos papas da estratégia e do planejamento estratégico. Para ele, a estratégia consiste basicamente em "[...] um dos vários conjuntos de regras de decisão para orientar o comportamento de uma organização, ou melhor, é um *mix* de produto/mercado".

A concepção utilizada pelo autor para determinar o conceito de estratégia baseia-se na necessidade de conduzir os gestores a diretrizes específicas para atividades de administração. Essa abordagem tem como pressuposto básico a previsibilidade do ambiente; assim, a posição futura da organização pode ser determinada a partir da nominação de objetivos qualitativos e quantitativos. Como contingência, há maior envolvimento da administração de nível hierárquico mais alto da organização na formulação de estratégias e planos de ação.

A definição de Ansoff, portanto, está alicerçada em uma postura prescritiva do ambiente da organização. A avalanche de mudanças ocorridas nos últimos anos tem gerado impactos em países como um todo e, de maneira específica, em organizações produtivas. Esses impactos são acelerados ou retardados de acordo com a condição de dependência econômica de cada país e de suas instituições. Desse modo, conforme Ansoff (1990), "à medida que os níveis de turbulência se alternavam, a administração ia desenvolvendo enfoques sistemáticos visando lidar com níveis crescentes de imprevisibilidade, novidade e complexidade".

Ao fixar sua teoria bastante aplicável, em princípio, na combinação de produto/mercado, Ansoff parte de objetivos que pretendem ser atingidos ou produtos específicos e mercados nos quais a empresa pretende atuar. Acompanhando uma sequência de componentes de aplicação, acrescenta vetores que são englobados em uma matriz que identifica o crescimento como base. Tanto o produto quanto o mercado são analisados no contexto atual e no futuro desejado. Em sua matriz, há quatro alternativas em que:

- não há alteração de produto/mercado, e isso é considerado uma conjugação satisfatória;
- há manutenção de mercado atual, aumento ou modificação na linha de produtos comercializados;
- há manutenção da linha de produtos e abertura de novos mercados consumidores;
- há alteração tanto da linha de produtos quanto dos mercados atualmente servidos.

Acrescentando o terceiro componente, Ansoff o distingue como "vantagem competitiva", isto é, aquilo que pode ser desenhado como o perfil de competência da empresa em face dos seus concorrentes. Finalmente, relaciona-se a esse processo o controle da qualidade e do nível de ajuste entre a posição atual da empresa e as novas conjugações produto/mercado. É aqui que entra a sinergia como elemento provocador e orientador, cujo resultado da combinação de esforços com harmonia é maior do que a mera soma de suas partes individuais. O famoso conceito de Ansoff sobre sinergia nos diz que ela ocorre quando a empresa consegue o $2 + 2 = 5$.

Todo processo estratégico, considerando os componentes e conceitos visualizados, estabelece um fluxo de atividades e, na fórmula de Ansoff, tem uma abordagem profundamente sistemática e racional. O processo e seu fluxo são aspectos que, baseados nas variáveis ambientais detectadas pelo empresário ou administrador de seu estilo e do tipo de empresa que comanda, acionam a estrutura e a cultura organizacionais da empresa, com objetivos declarados, e desenvolvem um processo de planejamento que pressupõe e acrescenta informações e decisões cabíveis para percorrer o caminho escolhido rumo ao alvo desejado.

Mintzberg e Quinn (1992) trabalharam com o conceito de estratégia em cinco abordagens distintas: plano, manobra, padrão, posição e perspectiva. Observando a estratégia sob o enfoque do plano, a teremos com um método com intenções conscientes de ação para distintas situações, que podem ser tanto gerais quanto específicas. Quando específica, ela é vista como uma manobra que, em boa parte das vezes, tem a intenção de amedrontar competidores. Se for considerada um padrão, a estratégia é o próprio padrão de comportamento de uma organização, que pode não estar consciente dele ou, ao contrário, consciente de sua atuação. Se a estratégia for visualizada como posição é porque identifica a situação da organização no mercado e sua posição no ambiente. E a estratégia como perspectiva é aquela que pressupõe uma visão de mundo que a organização tem ou procura ter.

Simon (1994), de maneira análoga a Mintzberg e Quinn, destacou a estratégia como um plano, um padrão de ações, uma posição produto-mercado ou uma perspectiva específica. A diferença é que ele levanta a hipótese de que a gestão estratégica pode ser vista apenas em retrospectiva, como um modelo das atividades de administração. Para ele, as estratégias não são formadas de maneira deliberada; elas devem estar e ser sempre emergentes, ou seja, aparecerem sem intenções claras e/ou predefinidas. O reconhecimento de que ao gestor não é possível projetar o futuro em detalhes e com variações muito amplas faz parte da posição de Simon quando aborda o momento da definição, o desenvolvimento da estratégia.

O modelo empírico denominado *Profit Impact of Market Strategies* (PIMS) relaciona uma ampla lista de variáveis estratégicas – participação de mercado, qualidade do produto, integração vertical etc. – e situacionais – taxa de crescimento da empresa, intensidade de capital etc. – com lucratividade e fluxo de caixa. Resumidamente, o PIMS se propõe a determinar quais estratégias agem melhor sob condições de mercado e se baseia em uma análise de cerca de mil negócios, de mais de 150 empresas grandes e pequenas. Sua proposta é determinar em quais variáveis deve estar a preocupação do planejador da organização.

Buzzel e Gale (1991) dirigiram o enfoque para a descoberta de princípios de estratégia que podem ser adotados pelas organizações.

Sinteticamente, o mercado servido por uma unidade de negócios é, na verdade, a resposta à questão: "Onde você realmente compete?".

Uma vez destacada uma base de dados históricos de empresas e mercados servidos, podem ser analisados os retornos sobre as vendas, os investimentos, o capital, a margem de lucro e intensidade de capital e a viabilidade da integração vertical, entre outros.

Porter (1996) defende a estratégia como a criação de uma posição singular e com grande valor que envolve um conjunto diferente de atividades. As organizações encaram apenas um imperativo, que é vencer a corrida e tomar para si determinada posição. O posicionamento estratégico tem para Porter uma essência básica: a escolha de atividades diferentes das dos concorrentes. Isso garante o diferencial de competitividade, isto é, a vantagem competitiva. Se por um lado o conjunto de atividades fornece a capacidade de melhor produzir todos os produtos/serviços, satisfazer todas as necessidades e atender a todos os clientes por outro, as organizações podem facilmente se revezar entre si na liderança e a eficácia nas operações determinará quem será o líder conforme seu desempenho.

Com esse novo enfoque estratégico, as organizações tiveram de alterar sua estrutura e sua postura na relação com seu ambiente externo. A missão da organização passou a ter ênfase especial. Para definir a estratégia, é fundamental que se definam a filosofia da organização, suas crenças e valores, além do sistema de sua gestão. Surge, então, um ambiente transvestido de mercado altamente competitivo, em que a necessidade de direcionar esforços para a estabilidade e para as mudanças passou a ser preponderante. As organizações devem se manter em sintonia com o ambiente externo e ao mesmo tempo alçar voos rumo a ganhos de eficiência operacional. Há em Porter (1991) um conceito de estratégia que pode ser acrescentado a uma perspectiva de ambiente turbulento e que exige respostas adequadas ao desenvolvimento ou apenas à sobrevivência da organização. Porter (1996a) afirma que cada organização empresarial que compete em um mercado industrial possui uma estratégia competitiva, e que cinco forças dirigem a concorrência na indústria:

- a ameaça de entrada de novas empresas nesse mesmo mercado;
- a intensidade da rivalidade entre os concorrentes existentes;
- a pressão dos produtos substitutivos;
- o poder de negociação dos compradores;
- o poder de negociação dos fornecedores.

Abrams (1994), por sua vez, identificou uma lista de perguntas que devem ser respondidas após a análise de cada área da organização empresarial, tendo como base o ambiente que lhe atende como fonte dos seguintes pontos de referência:

- ramo/setor;
- produtos/serviços;
- mercado-alvo;
- concorrência;
- estratégia de marketing/vendas;
- princípios básicos a longo prazo.

Para obter informações que permitam ao gestor fazer essa análise, é preciso inteirar-se e se integrar com associações comerciais, profissionais etc., proceder a consultas a órgãos de comunicação (mídia), governamentais, potenciais clientes e concorrentes, entre outros. Qualquer que seja a resposta, ela não deve ser descartada. Se respeitado esse processo, para a autora fica a certeza de que o processo de aprendizado foi concluído. Obtém-se o conceito do negócio, e os próximos passos são os de questionamento, nem sempre muito respondido com comodidade. As questões sobre os cenários, a competência e existência ou possibilidade de obtenção de recursos são fundamentais para que se defina a estratégia da organização. Daí a necessidade de se responder sobre a viabilidade do negócio, da existência de um mercado real, de uma concorrência e em qual dimensão está e poderá estar o cenário financeiro (se há ou se haverá muitos ou poucos concorrentes).

Nesse ponto, a satisfação pessoal do gestor e do grupo de colaboradores na organização e na rede de parceiros que convive com a estratégia é preponderante. As metas pessoais são consideradas na avaliação e na decisão sobre o desenvolvimento empresarial. De maneira alguma devem ser confundidas metas (ou objetivos) com estratégias, mas infelizmente isso ainda ocorre. Para boa parte dos empresários e administradores as metas podem ser identificadas pelas seguintes características:

- o controle que cada um terá de exercer no dia a dia ajudará a determinar o crescimento da organização;
- espera-se que o gestor seja capaz de resolver problemas e correr riscos, apreciando a tarefa de encontrar soluções para os problemas e de criar novos projetos;
- uma organização não é nem pode ser apenas um meio de ganhar a vida, mas uma forma de criar algo que tenha o estilo do gestor. É por essa razão que muitas organizações levam o nome do seu fundador;
- é importante reconhecer como os objetivos financeiros pessoais do gestor influenciam no planejamento da sua organização. É nesse ponto que entram

os acordos com investidores que fornecem caixa ou a divisão do capital social, dentre outras possibilidades; com isso, a organização tem de ser projetada para conseguir um lucro potencial considerável para que os investidores sejam recompensados adequadamente.

Para Rumelt (2011) o cerne de uma estratégia contém três elementos:

- Diagnóstico que define e explica a natureza do desafio.
- Diretriz política para lidar com o desafio.
- Um conjunto de ações coerentes que são concebidas para conduzir a diretriz política.

Se somados todos esses conceitos aos conhecimentos bastante ampliados acerca do ambiente, do negócio e da organização em questão, tem-se material suficiente para proceder à escolha, dentre uma série de alternativas, de estratégias a serem adotadas em cada uma das organizações em ação.

2.3 Alternativas estratégicas

Seguem algumas alternativas, utilizando conceitos de 11 estratégias básicas. Apresentaremos casos brasileiros de sucesso ou insucesso baseados em suas escolhas, e procuraremos, quando possível, enriquecê-los com exemplos internacionais.

2.3.1 Concentração em um único negócio

É uma estratégia resgatada recentemente que pressupõe uma empresa dirigindo todas as suas energias a um único alvo. Não há interesse em desviar seus recursos a outros objetivos. A dedicação é exclusiva a um único produto, um único mercado, ou a uma única tecnologia. É o caso da rede de lanchonetes McDonald's, das canetas Bic e da Xerox (em um primeiro momento). Essa alternativa era ideal para empresas que possuíam marca de renome, grande tradição em determinado mercado ou profunda familiaridade com certa tecnologia. Atualmente, tem sido adotada por empresas que se acham mais competentes que outras para almejar uma distinção competitiva, e, portanto, envolvem-se mais no seu projeto de garantir nome, marca e mercado. Um exemplo bastante conhecido entre nós é o da Natura.

2.3.2 *Joint venture*

Indicada para empresas que não dispõem de tecnologia – nem de capital para adquiri-la – e empresas que dispõem de ambos. Os parceiros associam-se, um oferecendo seus mercados e o outro tecnologia ou capital. As pesquisas têm demonstrado que os japoneses são ótimos parceiros, pois têm capital e tecnologia e, de acordo com a sua cultura empresarial, os dois parceiros devem ganhar juntos. Além disso, possibilitam ao sócio brasileiro a condução do negócio. *Joint venture* compreende uma associação internacional na qual cada país define suas regras, alguns limitando percentuais societários, e outros liberando a participação estrangeira. Um bom exemplo é a sociedade entre grupos nacionais com empresas de outros países para a aquisição de empresas de telecomunicações e de energia elétrica no Brasil. Um exemplo mais antigo desse tipo de associação é o da Sharp do Brasil S.A., indústria de equipamentos eletrônicos, da qual a Sharp Corporation do Japão participava minoritariamente com o grupo Matias Machline por meio da Sharp S.A. Equipamentos Eletrônicos. O que diferencia essa estratégia é a criação de uma terceira empresa, de cunho societário internacional, em um dos países envolvidos, considerando o já exposto em relação à participação de cada parceiro. Contudo, problemas advindos da sucessão familiar dos Machline desfizeram a sociedade inicial e a Sharp deixou de atuar no mercado brasileiro. Atualmente, a Sharp internacional é uma das maiores fabricantes de microprocessadores e está tentando voltar ao Brasil.

2.3.3 Retração

É, naturalmente, a mais antiga das estratégias. Ela consiste em reduzir custos de pessoal, de produção, de marketing e de promoção, e melhorar a produtividade para que a empresa possa sobreviver. Os exemplos de adoção dessa estratégia são muito fáceis de ser identificados, mas as empresas não gostam de assumir que a estão utilizando, por temerem que sua eventual fragilidade fique à mostra.

2.3.4 Integração horizontal

É a concentração de capital da empresa mediante compra ou associação de empresas similares. Exemplo disso é o acentuado processo de concentração de capital por meio da aquisição ou fusão de inúmeros bancos e/ou conglomerados financeiros. Do ponto de vista internacional, temos os casos das seguradoras estrangeiras associando-se às nacionais, da movimentação no mercado bancário e segurador norte-americano e da união entre duas potências automobilísticas, uma norte-americana e outra alemã.

2.3.5 Integração vertical

Ocorre quando a empresa passa a produzir um novo produto ou serviço que está entre seu mercado de matérias-primas e seu consumidor final. Um exemplo típico é o dos grandes grupos industriais brasileiros que, visando ao seu crescimento, iniciaram a fabricação de componentes que anteriormente compravam de terceiros para montar os seus veículos.

2.3.6 Diversificação

Pode ser dividida em duas categorias: concêntrica e por conglomeração. A diversificação concêntrica é a produção ou comercialização de uma nova linha de produtos ou serviços aproveitando-se a mesma tecnologia, a mesma força de vendas e oferecendo uma quantidade maior de produtos no mesmo mercado. A conglomeração, por sua vez, consiste na diversificação de negócios em que a empresa não aproveitará a mesma tecnologia ou força de vendas. Nesse caso, o grupo de empresas apresenta risco menor, pois está envolvido em ramos de atividades diferentes. Essa estratégia é indicada para empresas capitalizadas que estão interessadas em diluir seus riscos e, paralelamente, querem aproveitar as oportunidades que o mercado lhes apresenta. Como exemplo, citamos o grupo Fenícia, que adquiriu as lojas Arapuã e depois passou a atuar nos ramos de indústria alimentícia, banco comercial, *leasing*, financeira, agroindústria e construção civil. Outro exemplo mais atual é o do Grupo Vicunha, que partiu para a aquisição de organizações nos ramos de ferro e aço, portuário, automobilístico e de energia. Em determinadas épocas atípicas, empresários, pequenos e médios, mais ou menos bem-sucedidos, dividem seus riscos em diversas áreas de atuação; isso demanda atenção redobrada na sua administração e provoca desgastes no envolvimento em seu novo negócio em detrimento daquele que lhe era mais familiar.

2.3.7 Inovação

Consiste no desenvolvimento de uma nova tecnologia, ou na procura do desenvolvimento de um produto inédito ou milagroso, ou ainda na adoção de um serviço diferenciado que apresente ótimas perspectivas de aceitação no mercado. É a estratégia indicada para empresas que dispõem de elevada quantidade de recursos e que têm possibilidade de assumir um alto risco. Mas nada impede que uma pequena empresa tenha como característica a atuação inovadora. Empresas e grupos que sempre saem na frente dos concorrentes, com novas ofertas, são os exemplos típicos da adoção dessa estratégia. Tradicionalmente nos vêm a imagem da 3M no mercado internacional. A Microsoft, por sua vez, tenta argumentar que adota essa estratégia à medida que desenvolve conceitos de *software* inovadores para o mercado.

2.3.8 Desinvestimento

É comum em casos de diversificação malsucedida, em que as empresas se encontram, em dado momento, diante de linhas de produtos que deixam de ser interessantes por começarem a comprometer a linha de produtos ou de negócios originais da organização. Como exemplo citamos o caso de laboratórios farmacêuticos que passam a produzir cosméticos e, com o tempo, percebem o baixo retorno dessa diversificação, e, então, praticam desinvestimento. Recentemente, grupos químicos adotaram essa estratégia para redirecionar suas forças.

2.3.9 Parceria

É uma estratégia que se confunde com outras aqui apresentadas e que surgiu mais recentemente visando compor novas frentes no mundo empresarial. As parcerias têm diversos estágios. É possível formar parceiros conforme uma conveniência comercial ou uma produção comum. Nesse caso, nem a formalização contratual é necessária. Pode-se formar uma parceria muito formalizada e com diversos estágios, da comercialização dos produtos até sua produção e comercialização total, seguindo todas as regras do franqueador. Esse tipo de parceria altamente formalizado é denominado franquia, ou *franchising*. Outro tipo de parceria é a que no Brasil chamamos de terceirização, que só dá certo se for contratualmente determinada e composta de pessoas jurídicas que se comprometem a, sob a forma de prestação de serviços (quase sempre), desempenhar as atividades cuja especialidade maior é sua, fornecendo-a a seu parceiro contratante. Os ramos de confecção, construção civil, informática e automobilismo, entre outros, oferecem-nos vários exemplos. Outro exemplo de parceria são as franquias. Empresas com grande poder de penetração no mercado e consolidadas financeiramente oferecem parceria a empreendedores que desejam entrar no segmento em que atuam. Oferecem treinamento e *know-how*, em troca de ter no mercado uma espécie de "filial" independente. O laço que une franqueador e franqueado é um contrato de fidelização e troca de transações comerciais, entre outras coisas.

2.3.10 Internacionalização

Também chamada de globalização ou mundialização, está atrelada ao conceito de globalização, fenômeno econômico que atualmente vivenciamos, e, ao mesmo tempo, à revolução trazida pelas tecnologias de telecomunicação e da informatização. Como estratégia, consiste em eliminar fronteiras e arregimentar capitais financeiros, transladando ideias e produtos ao redor do mundo, tanto na produção e comercialização quanto na orientação básica. É uma estratégia que, apesar de ser predominantemente utilizada por grandes grupos transnacionais, é adotada, até por questões de sobrevivência, por empresas de qualquer porte. Adaptar-se ao que a globalização oferece, tirar vantagem empresarial do desejo do consumidor e acrescentar pontos de diferenciação são formas comuns de sua implementação. Podemos adotar a internacionalização passando a fabricar, projetar ou comercializar um produto mundial ou parte dele, como componentes internos ou até serviços periféricos diversos: *notebooks*, veículos populares, redes de indústria da música e do *show business*, moda relacionada a cosméticos, roupas, tênis, artigos esportivos etc.

2.3.11 Liquidação do negócio

É uma estratégia usada em último caso, quando não existe outra saída a não ser fechar a empresa. Pode ocorrer quando: a organização se dedica a um único negócio ou produto, que, depois do estágio do declínio, não foi substituído ou administrado com cuidado; a empresa não enxerga o futuro; a empresa vive em constante retração; e, principalmente, as estratégias são mal escolhidas ou mal implementadas. Exemplos da liquidação de financeiras, distribuidoras e bancos são muito conhecidos entre nós, como o do Banco Central, que antecipou a denominada liquidação, que passa a ser oficial.

Estratégias de sobrevivência de pequenas empresas – Pequenas empresas utilizam algumas dessas estratégias e fazem algumas combinações entre elas. Farah (1985), em sua pesquisa "Ecologia de empresas: estratégias de sobrevivência de pequenas empresas na região de São Carlos e Araraquara", chegou a uma conclusão que não descarta esses conceitos, postulados ou modelos, mas discorda de alguns deles, reforça ou contesta outros. Farah retoma o pensamento estratégico de Porter analisando *a priori* suas conclusões a respeito da vantagem competitiva no tocante a sua visão prescritiva. Em seu trabalho, descobriu que fatores ambientais exercem pressão sobre os subsistemas organizacionais, e que as decisões devem considerar todas às pressões externas. Posto isto, o empresário deve atender as pressões externas em diferentes graus. Um fator externo que exerce baixa pressão hoje pode comprometer, em um futuro não muito distante, a sobrevivência da empresa.

a. **O Modelo de Adaptação aos Fatores Ecológicos (MFE)**
   Na busca de uma metodologia que leve em consideração uma demanda cada vez mais instável, em virtude de uma mutação no segmento social,

político e econômico, Farah propõe o MFE, agregando três tipos de análise: qualitativa, quantitativa e histórica. Sua pesquisa tenta abrir um caminho para que trabalhos futuros venham a delinear um modelo que inclua a maioria das variáveis ambientais que interferem na gestão interna das empresas do ponto de vista de mensurações que venham a analisar o grau de pressão que cada uma exerce.

b. **Outros conceitos em estratégias para pequenas e médias empresas**
Farah, Cavalcanti e Marcondes (2017) desenvolveram alguns conceitos apresentados neste livro, como: Macroempreendedorismo (Mc), Multiempreendedorismo (Me), Estratégia de Domínio Territorial (EDT) e Mudança de Conceito de Negócio (MCN). (Ver Capítulo 11.)

2.4 Considerações finais

Pode-se afirmar que o importante na escolha de estratégias é ter à disposição alternativas que, a qualquer instante, possam substituir as decisões originais. O planejamento, para permitir o sucesso, requer suportes político e social. Exige participação de toda a empresa; aliás, não há como pensar em estratégias somente a longo prazo; os homens que atuam na empresa já sabem pensar estrategicamente, mas é primordial que os detentores do poder estejam engajados nessa empreitada. Caso contrário, fazer planos será trabalhar com remotas possibilidades de alcançar os objetivos pretendidos. Apenas como lembrete deixamos um recado: uma organização ou um conglomerado, qualquer que seja, não deve seguir apenas uma estratégia. Em momentos distintos, em situações específicas, adotam-se estratégias diversas, algumas vezes paralelas, outras até conflitantes, mas são apenas estratégias previamente consideradas para permitir o diferencial competitivo. Uma estratégia é sempre preponderante, é aquela que direciona os rumos mais amplos e distantes, e, por sua vez, subordina as demais estratégias e operações da organização de alguma maneira. Essa estratégia acaba sendo nossa imagem, nós mesmos. Estratégias de sucesso, conforme Vico Mañas (2012), refletem o propósito claro de uma empresa e uma profunda compreensão de suas competências e de seus ativos essenciais. Empresas bem-sucedidas normalmente:

- entendem melhor os desejos e necessidades de seus clientes;
- identificam os pontos fortes e fracos dos concorrentes;
- conhecem maneiras de se criar valor.

E assim convidamos nosso leitor a seguir com o Pégaso até a Ilha Tropical ("Capítulo 13 – Sonhar estrategicamente"), onde a concepção de estratégia como desenho cria a realidade tecida elo a elo no sonho possível.

O pulo do gato

Grigorita Ko/Shutterstock

[...] Quando eu visitei o Google, o principal executivo evangelizador da marca falou assim: "in God we trust, all other bring data" ("Acredito em Deus, todos os outros tragam dados."), frase atribuída a W. Edwards Deming. [...] sim nós precisamos cada vez mais de dados. Primeiro é preciso entender o quanto você evoluiu em relação ao que tinha, para ser justo. Digamos que eu quisesse ter 500 lojas e fizesse 600. Ou que eu quisesse fazer 1.000 e alcançasse 900. Desses dois cenários seria muito mais legal fazer 900. É melhor não ter atingido a meta e ter aberto 900 do que ter batido a meta e alcançado 600. [...] se você não alcança um objetivo, é preciso entender a influência do mercado. [...] se você não chegou aonde tinha de chegar, tem de rodar o tal do plan, do, check *e* act *(PDCA –planejar, executar, conferir e agir) e fazer um plano de ações para conseguir.*

(Alexandre Costa, Cacau Show)

(Iwakura e Negri, 2017)

Questões

1. O que é estratégia?
2. Explique cada uma das abordagens do conceito de estratégia de acordo com a visão de Mintzberg e Quinn (1992).
3. Explique o que representa a estratégia como um plano.
4. O modelo empírico denominado *Profit Impact of Market Strategies (PIMS)* relaciona uma ampla lista de variáveis estratégicas sobre os negócios das organizações. Explique como determinar os tipos de informações e variáveis que devem fazer parte do primeiro escalão de acompanhamento e con-

trole do fluxo de informações, responsáveis pela formulação das estratégias das organizações.

5. Pode-se dizer que não se formula uma estratégia sem uma previsão de como a empresa vai evoluir. Contudo, deve-se elaborar um conceito de estratégia fundamentado principalmente na competitividade da empresa no mercado e nas cinco forças de Porter. Explique como essas forças podem orientar os gestores em suas ações estratégicas.

Referências bibliográficas

ABRAMS, Rhonda M. *Business plan:* segredos e estratégias para o sucesso. São Paulo: Érica, 1994.

ANDREWS, K. R. *The concept of corporate strategy*. EUA: Dow Jones Irvin, 1971.

ANSOFF, H. Igor. *Estratégia empresarial*. São Paulo: McGraw-Hill, 1989.

______. *A nova estratégia empresarial*. São Paulo: Atlas, 1990.

______. *Implantando a administração estratégica*. São Paulo: Atlas, 1993.

BUZZEL, R. D.; GALE, B. T. *PIMS:* o impacto das estratégias de mercado no resultado das empresas. São Paulo: Pioneira, 1991.

CERQUEIRA NETO, Edgard Pereira. *Reengenharia do negócio*. São Paulo: Pioneira, 1994.

FARAH et al. *Empreendedorismo estratégico*: criação e gestão de pequenas empresas. São Paulo: Cengage Learning, 2017, cap. 7.

FARAH, O. E. *Sobrevivência organizacional das micro, pequenas e médias industrias na região de São Carlos e Araraquara (na aplicação das teorias do nicho)*. 1985. Tese (Doutorado em Administração) – Faculdade de Economia, Administração e Contabilidade, Universidade de São Paulo, São Paulo, 1985.

HABERMAS, Jurgen. *Consciência moral e agir comunicativo*. Rio de Janeiro: Tempo Brasileiro, 1989.

HAMEL, G.; PRAHALAD, C. K. *Competindo para o futuro*. Rio de Janeiro: Campus, 1995.

HERZOG, A. L., SCHERER, A.; VIEIRA, R. Prontas para a guerra. *Exame*. São Paulo, edição 1111, n. 7, p. 34. abr. 2016.

IWAKURA, M.; NEGRI, A. C. O franqueado deve pôr a vida no negócio. *Pequenas Empresas & Grandes Negócios*. Rio de Janeiro, n. 338, p. 32-36, mar. 2017.

KIM, W. C.; MAUBORGNE, R. *A estratégia do oceano azul*. Rio de Janeiro: Campus, 2005.

MINTZBERG, Henry; QUINN, James B. *The strategy process concepts and contexts*. Englewood Cliffs. Nova Jersey: Prentice Hall International, 1992.

______; et al. *Safári de estratégia*. Porto Alegre: Bookman, 2000.

OLIVEIRA, Darcio; ALBUQUERQUE, Rogério. Diz aí presidente. *Época Negócios*. São Paulo, n. 121, mar. 2017.

PACIEVITCH, T. (s.d.) *Ariranha*. Disponível em: <https://www.infoescola.com/animais/ariranha/>. Acesso em: 26 nov. 2017.

PORTER, Michael E. *Estratégia competitiva*. São Paulo: Makron, 1991.

______. *Vantagem competitiva*. São Paulo: Makron, 1992.

______. What is strategy? *Harvard Business Review*. Boston, nov./dez. 1996.

______. *Estratégia competitiva*. Rio de Janeiro: Campus, 1996a.

RUMELT, R. *Estratégia boa e estratégia ruim*. Rio de Janeiro: Elsevier, 2011.

SIMON, Robert. *Levers of control*: How manager use innovative control systems to drive strategic renewal. Boston: Harvard Business School Press, 1994.

TEECE, D. J. Strategic management and economics. *Strategic Management Journal*. Birmingham, Reino Unido, 1991, v. 12, p. 5-29.

VICO MAÑAS, Antonio. *Gestão de tecnologia e inovação*. São Paulo: Érica, 1999.

______. As alternativas estratégicas e as empresas brasileiras do próximo milênio. *Pensamento & Realidade*. São Paulo: Faculdade São Luís, ano II, n. 4, p. 95-105, 1999.

_____. Planejamento estratégico nas MPEs. In BARROS NETO, J. P. de e SOUZA, G. de. (orgs). *Manual do empreendedor de micro a pequenas empresas*. Rio de Janeiro: Qualitymark, 2012.

_____. Estratégia e planejamento em instituições de ensino superior. Cap. 4, p. 75-106. In BARROS NETO, J. P. de. *Administração de instituições de ensino superior*. Campinas: Alnea, 2014.

Capítulo 3 – Configuração de cenários futuros

José Nicolás Albuja Salazar

É bom comemorar o sucesso, mas é mais importante prestar atenção nas lições do fracasso.
Bill Gates

SINOPSE: Formulação da estratégia baseada em cenários futuros.

CENÁRIOS
O ANIMAL METAFÓRICO: TUCANO

Asharkyu/Shutterstock

Lema: Lutar por posição específica – nicho.
Década: 1970.
Principais nomes: Pugh, Hannan e Freeman.
Principal contexto: Delineado, emergente, adaptativo e contingencial.
Autores nacionais homenageados: Helena Maria Martins Lastres, José Eduardo Cassiolato e Maria Lucia Maciel
Pequena empresa, cooperação e desenvolvimento local. Rio de Janeiro: Relume Dumará, 2002.

FORMULAÇÃO DA ESTRATÉGIA COMO POSICIONAMENTO

Premissas essenciais

1. Tal como em Sun Tzu, é importante estar informado sobre seu concorrente.
2. Liderar sempre a partir da força S identificada no mercado.
3. A cadeia de valor permite examinar todas as atuações de uma empresa e suas interações.
4. A formulação da estratégia depende de cálculos analíticos do mercado.
5. A estrutura de mercado dirige as estratégias posicionais deliberadas, que, por sua vez, dirigem a estrutura organizacional.

(Mintzberg et al., 2000)

TRILHA TROPICAL

Os **tucanos** pertencem à ordem Piciforme, família *Ramphastida*, composta de cerca de 30 espécies encontradas principalmente no Brasil, México e Argentina. O tucanuçu (*Ramphastos toco*) é o maior dos tucanos, com 56 centímetros de comprimento e 540 gramas. Pode ser encontrado na Amazônia, Paraguai, Bolívia e Argentina. No Brasil, habita principalmente o cerrado e a Mata Atlântica. Possui um enorme bico alaranjado (cerca de 20 centímetros) com uma mancha preta na ponta. Sua plumagem é negra, com o papo e o uropígio brancos, a área ao redor dos olhos laranja e as pálpebras azuis.

(Figueiredo, s.d.)

CONCEITOS-CHAVE

No mundo de hoje, cada vez mais dinâmico e interligado econômica, tecnológica e politicamente, pensar o futuro das nações e dos povos tornou-se um exercício complexo e desafiador. Apesar da dificuldade, navegar rumo ao futuro é preciso, e, num país com recursos escassos, escolher uma boa rota, aproveitar oportunidades e precaver-se de escolhas erradas é essencial.

(James Terence C. Wright; Renata Giovinazzo Spers, 2006)

No mundo de hoje, cada vez mais dinâmico e interligado econômica, tecnológica e politicamente, pensar o futuro das nações e dos povos tornou-se um exercício complexo e desafiador. Apesar da dificuldade, navegar rumo ao futuro é preciso, e, num país com recursos escassos, escolher uma boa rota, aproveitar oportunidades e precaver-se de escolhas erradas é essencial.

James Terence C. Wright; Renata Giovinazzo Spers[1]

Objetivos do capítulo

Este capítulo apresenta o processo cíclico do planejamento estratégico e o papel desempenhado pelos métodos de configuração de cenários que orientam o planejamento, cujas metodologias permitem estudar situações que são conformadas em um horizonte de tempo distante e que não têm uma relação direta com o presente.

Palavras-chave: *previsibilidade, cenários, prospectiva, incerteza.*

3.1 Introdução

Todas as pessoas se preocupam com o futuro, principalmente se forem responsáveis pela administração de uma organização, seja na posição de proprietário, seja na de funcionário. É preciso estabelecer diretrizes para que as atividades de hoje e de amanhã resultem em esforços proveitosos.

Entretanto, para a concretização dos propósitos, é necessário adotar uma visão estratégica que permita conceber objetivos e meios que, articulados, tornam a implementação da estratégia bem-sucedida. Essa implementação deverá ocorrer ao longo de períodos e em função das metas formuladas, dos recursos disponíveis e do ambiente vivido pela organização, não apenas no presente, mas especialmente no futuro.

Torna-se evidente que a visão estratégica deve estar orientada a um prazo tão longo quanto for o alcance dos fins propostos. Daí, subentende-se que os atuais esforços deveriam estar concentrados na determinação desses objetivos para, posteriormente, continuar a estruturar os detalhes dos planos que correspondam à satisfação desses objetivos.

Para isso, faz-se mister acentuar que essa visão estratégica implica a inegável existência de um "pensamento estratégico", chamado assim por indicar uma gama de pensamentos dedicados à estratégia, ou seja, o procedimento

[1] WRIGHT, J.; SPERS R. O país no futuro: Aspectos metodológicos e cenários. *Estudos avançados*, v. 20, n. 56. São Paulo, jan.–abr. 2006.

mental sobre a operacionalidade de planos a serem estruturados, conforme a abordagem defendida por Wilson (1994).

Por sua vez, Mintzberg (1994) ressaltou a diferença entre pensamento estratégico e planejamento estratégico, definindo que este último é um processo analítico orientado à programação das estratégias já identificadas, resultando em um plano. Em contrapartida, o pensamento estratégico é um processo de síntese, utilizando a intuição e a criatividade, cujo resultado é "uma perspectiva integrada da empresa" em um dado ambiente.

Com essas considerações, pode-se defender a posição de que o pensamento estratégico é uma base que, quanto mais bem trabalhada e depurada, mais permitirá que o subsequente plano tenha uma sustentação adequada e condizente com a dinâmica inerente ao tempo de sua execução.

Este capítulo se concentra no tratamento dos diferentes aspectos do pensamento estratégico e técnicas de análise do ambiente externo traduzidas em cenários futuros, aqui estudados por meio de metodologias prospectivas que tratam uma situação configurada em um horizonte de tempo futuro distante e que não tem uma relação direta com o presente.

Não obstante, existem outras metodologias diferentes das prospectivas e que procuram a previsão (*forecasting*, ou prognóstico), permitindo não um cenário, mas uma aproximação a um futuro próximo e relacionado com o presente e com o passado. Vale a pena destacar algumas importantes ferramentas de previsão:

Métodos quantitativos: séries temporais lineares

- *Naive* – também chamado método ingênuo, é o mais simples de todos, já que assume que a magnitude da demanda futura será igual à última amostra disponível.
- Média simples – método útil para padrões de demanda estável sem elementos sazonais ou de tendência. O número de amostras a considerar é calculado automaticamente com base no ótimo.
- Média móvel – adotado quando se quer dar mais importância a conjuntos de dados mais recentes. Útil para padrões de demanda aleatória onde se pretende eliminar o impacto dos elementos irregulares históricos mediante um enfoque em períodos de demanda recente.
- Média móvel com tendência – igual ao da média móvel, mas aplicável aos padrões que mostram alguma tendência ascendente ou descendente.
- Média móvel ponderada – variação da média móvel. Enquanto na média móvel simples se dá igual importância a cada um dos dados que compõem essa média, na média móvel ponderada um fator de ponderação maior é aplicado ao dado mais recente.

- Alisado exponencial simples – pode ser considerado uma evolução da média móvel ponderada que utiliza um mecanismo de autocorreção por um coeficiente de suavização. Caracteriza-se por ponderar, com maior peso, as amostras mais recentes. É útil para séries que tenham padrão horizontal, já que ignoram tendências, ciclos e sazonalidades.
- Croston – método de previsão para artigos com demanda intermitente baseado no alisado exponencial simples, mas sem levar em conta os intervalos de demandas nulas. É um método de seleção manual.
- Alisado exponencial linear com parâmetro de entrada duplo ou de Holt – contempla as tendências das séries, sejam a baixa ou a alta, mas não os ciclos nem as sazonalidades. Útil para séries de dados estáveis que mostram tendências ascendentes ou descendentes.
- Média com tendência e sazonalidade – este método é útil para padrões com sazonalidade e tendência ao mesmo tempo.
- Alisado exponencial triplo ou Holt-Winters – contempla as tendências e a sazonalidade das séries, mas não o ciclo. Útil para séries de dados estáveis que mostram uma tendência sendo ao mesmo tempo sazonais.
- Arima, Box-Jenkings – modelo autorregressivo integrado de média móvel. Os métodos de prognóstico Arima são os mais complexos e custosos de calcular, e requerem muito tempo de execução. Podem ser utilizados para modelar séries de tempo com ou sem componentes de tendência ou sazonalidade e dependem dos padrões de autocorrelação.

Outro referencial sobre prognóstico é aquele reportado por Dimson e Marsh (1990), quando aplicaram cinco diferentes tipos de modelo de previsão ou prognóstico a um mesmo conjunto de dados, como: (a) de *random walk*; (b) de média a longo prazo; (c) de média móvel; (d) de suavização exponencial; (e) de regressão.

3.2 Processo de planejamento estratégico

São várias as técnicas úteis para visualizar o futuro, e devem ser consideradas. Neste capítulo, serão estudadas algumas ferramentas que permitem tomar decisões hoje com base em possíveis circunstâncias onde poderiam se situar organizações e setores dentro de um horizonte de tempo futuro. O contexto do processo estratégico relaciona-se com a inclusão de análise de estado futuro como parte do processo de planejamento estratégico. Essa análise inclui cenários e desenvolvimento de novos pontos de controle. Para esclarecer o contexto dos cenários futuros, observemos uma síntese do processo de planejamento estratégico na Figura 3.1.

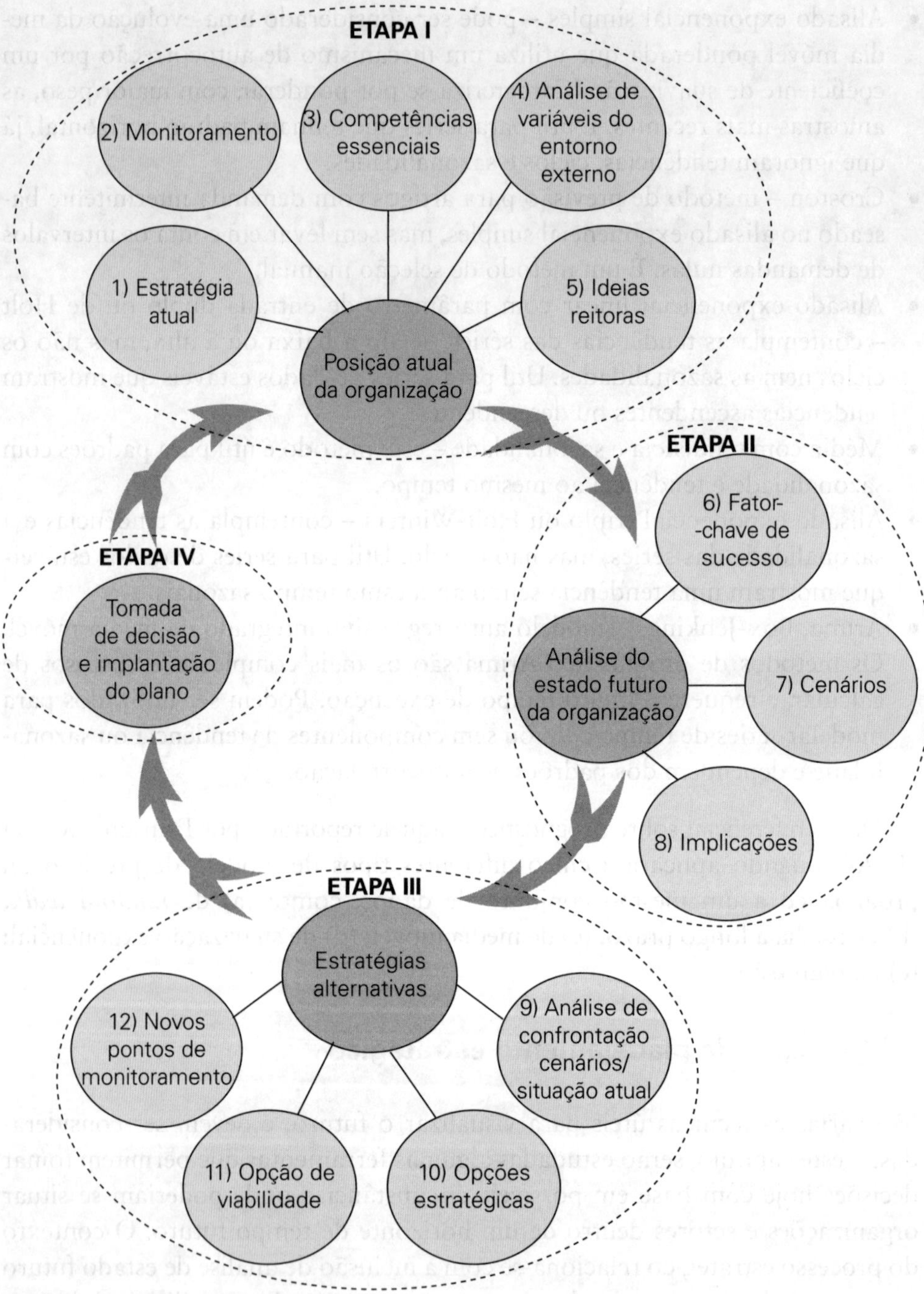

Figura 3.1 Mapa mental do processo de configuração do planejamento estratégico com o uso de cenários.

Fonte: Adaptado de Gregory E.; Harris G.; Ogilvy, J. *After the scenarios, then what?* Strategic conversation, early indicators, and the art of communication scenarios, 2004.

3.2.1 Conceituação das atividades centrais

Etapa I – Posição atual da organização

1. **Estratégias atuais:** declaradas pela organização que atualmente são objeto de seguimento e avaliação.
2. **Monitoramento estratégico:** processo de monitoramento baseado em indicadores pelo qual se determinam se as estratégias traçadas estão contribuindo para o alcance das metas e objetivos da instituição.
3. **Competências essenciais:** identificadas na situação atual, devem ser evidenciadas.
4. **Análise de variáveis do entorno externo:** análise das estratégias declaradas pela instituição a fim de conhecer a situação da organização. Adicionalmente, estuda-se a situação atual da inter-relação das variáveis ambientais e seu impacto na organização.
5. **Ideias reitoras:** análise de missão, visão e valores da instituição e como estão sendo alcançadas e executadas.

Etapa II – Análise do estado futuro da organização

6. **Fatores-chave de sucesso:** determinação dos fatores críticos para o sucesso da organização na nova situação de sua indústria ou setor.
7. **Cenários:** concepção de cenários alternativos.
8. **Implicações:** uma vez que um conjunto de cenários seja concebido, as várias repercussões apresentadas por cada um deles serão identificadas.

Etapa III – Estratégias alternativas

9. **Análise de confrontação cenários/ situação atual:** comparar duas situações no tempo e delinear formas para relacioná-las. Isolar as diferenças e delimitá-las.
10. **Opções estratégicas:** listar as opções estratégicas adequadas aos cenários correspondentes. Serão identificadas as prioridades estratégicas.
11. **Opção de viabilidade:** analisar a viabilidade das opções estratégicas determinadas.
12. **Novos pontos de monitoramento:** desenvolvimento de novos pontos de controle e avaliação a ser executados no futuro.

Etapa IV – Tomada de decisão e implantação do plano

Apreciação e ajustes finais nas estratégias que não alterem o enlace lógico da linha de temas gerados pelo processo cíclico de planejamento. Tomada de decisão sobre o plano a cumprir e sobre o cronograma de implantação.

3.3 Ambientes

3.3.1 Leitura e avaliação do ambiente

O pensamento estratégico, um processo de síntese e análise, poderia ser representado por uma tipologia conceitual relativa à leitura e avaliação do ambiente da organização, desenvolvida por Liam Fahey, William R. King e Vadake K. Narayanan (1981). Esses autores selecionaram as dimensões irregular, periódica e contínua para classificar a prática de análise ambiental e de previsão no processo de planejamento estratégico. Eles manifestam uma diferença no que tange à mudança de abordagem do tipo "solução de problemas" para o concentrado em "encontrar oportunidades", tendo como base a realização de sistemas contínuos de leitura e avaliação do ambiente, com a finalidade de assegurar o crescimento e a sobrevivência da organização dentro de uma postura proativa.

3.3.2 Elementos do modelo do pensamento estratégico

A complexidade de identificação dos elementos oriundos do modelo de pensamento estratégico levou vários estudiosos, entre eles Liedtka (1998), a tecerem teorias a respeito da maneira adequada de abordagem de um modelo como este. Segundo a autora, os principais elementos abarcados pelo pensamento estratégico são: perspectiva de sistemas; concentração no propósito; tempo em perspectiva; oportunismo inteligente; e processo de estabelecimento de hipóteses.

A autora defende, ainda, que este tipo de modelo faz que seus elementos criem a capacidade do pensamento estratégico, observação que vai ao encontro de três premissas fundamentais que permitem configurar a capacidade estratégica como preciosa. São elas:

- Os elementos criam maior valor para o público interessado.
- Os elementos são de difícil imitação pelos concorrentes.
- Os elementos fazem que a organização seja mais adaptável às mudanças.

É importante explicitar que há necessidade de inter-relacionar os marcos conceituais com as técnicas. Dessa maneira, os cinco elementos do pensamento são associados às várias técnicas disponíveis atualmente. O Quadro 3.1 sintetiza tanto os conceitos quanto as respectivas técnicas.

Quadro 3.1 Elementos e técnicas do pensamento estratégico

Elementos do pensamento estratégico	Técnicas relevantes
Perspectiva de sistemas Visão do funcionamento do mundo incorporando os contextos interno e externo da organização.	**Mapeamento de todos os que têm interesse na organização (*Stakeholders*)** Posicionamento de todos os que têm interesse na organização por meio de abordagem sistêmica.
	Análise de sistema de valor Obter das pessoas, de dentro e de fora da organização, informação sobre seus sistemas de valor.
	Reuniões que procuram delinear o futuro Reuniões mantidas por vários dias que viabilizam o diálogo sobre o passado e a avaliação do entorno da empresa para, a seguir, inventar seu futuro.
Concentração no propósito Fazer que o propósito estratégico dispense tempo necessário e suficiente para o alcance do objetivo.	**Escritura de histórias** Em um contexto educacional da administração, escrever histórias sobre o futuro respaldadas por pesquisas é uma via poderosa para o desenvolvimento da intenção estratégica.
Tempo em perspectiva História institucional e criação do futuro. Correta escolha e apropriado uso de analogias com sua própria história e a dos outros, reconhecendo padrões nesses eventos.	**Construção de cenários** Pesquisa de uma variedade de tendências e oportunidades que antecedem o desenvolvimento de um conjunto de cenários ou futuros alternativos.
	Análise de lacunas Analisa o inter-relacionamento e as lacunas entre a intenção estratégica e o desempenho dos objetivos.
	Uso de analogias Maneira útil de explicação baseada em simbolismos aceitos. Aplicada para ajudar a visualização de possibilidades futuras.
Oportunismo inteligente Toda organização deve praticar a intenção estratégica e permanecer fiel a ela; entretanto, em virtude da característica do ambiente dinâmico, ela deve também dar oportunidade aos níveis mais baixos para praticarem o oportunismo inteligente, capturando as novas estratégias emergentes e submetendo-as à alta administração.	**Compartir e comparar** Reuniões de administradores de negócios inter-relacionados que compartem e comparam desempenho e perspectivas. **Técnicas de simulação** Experiências ou ensaios com o auxílio de modelos.

(continua)

Quadro 3.1 Elementos e técnicas do pensamento estratégico (*continuação*)

Elementos do pensamento estratégico	Técnicas relevantes
Teste de hipóteses A prática desse método científico concentra-se na habilidade de gerar boas hipóteses e testá-las.	**O que se..., se... então?** A geração de hipóteses enseja a pergunta "O que se...", enquanto o teste de hipótese demanda o subsequente questionamento "se... então?". Esse experimento permite à organização ir além de noções simplistas de causa e efeito para prover-se de uma contínua aprendizagem.
	Conhecido, desconhecido e presumido Com essa técnica testa-se a validade da importância daquilo que presumimos para decidir o que é desconhecido, porém, passivo de ser conhecido.
	Questão de Alexandre Com base na técnica anterior, impõe-se a resolução da seguinte questão de Alexandre: "Que novo conhecimento poderia mudar um pressuposto?".

Fonte: Organizado pelo autor, baseado em critérios e conceitos expostos por Liedtka, 1998.

Todas as técnicas aqui mencionadas têm utilidade e devem ser consideradas; contudo, dado o escopo deste capítulo, foi preciso optar por uma delas. Escolhemos a construção de cenários. A relevância desta técnica justifica por que, agora, um grande número de organizações esteja dedicando gigantescos esforços à construção de cenários, provavelmente por causa da imensa incerteza que circunda todo tipo de organização sobre o que o futuro lhe reserva e sobre seu ambiente relevante.

3.4 O que são cenários?

Cenários são histórias construídas com base em suposições do que pode acontecer no futuro. Sua construção deve ser planejada, mas não com o propósito de prever o futuro, e, sim, como uma procura das diferentes forças que podem manipular esse futuro. São ferramentas que ajudam a organização a se concentrar em diferentes futuros plausíveis considerando "o que seria se..." no ambiente organizacional. Assim, permite à organização aumentar suas possibilidades de ação e desempenho com vistas ao sucesso em um futuro distante. Isso significa que os tomadores de decisão devem questionar pressuposições sobre o funcionamento do mundo amanhã para que possam antecipar a decisão adequada ao uso das oportunidades. De outra maneira, trabalhar na tomada de decisões somente quando as situações se apresentam pode, provavelmente, torná-las infrutíferas por ser tardias.

3.5 Evolução dos cenários

A técnica de análise de cenários antecede a década de 1950. Sabe-se que foi usada durante a Segunda Guerra Mundial pelos militares. Se bem que, na época, essa técnica não abordava situações futuras a longo prazo e, assim, mediante essa análise elaboravam previsões, batizadas com o termo cenários, para visualizar o sucesso das investidas que teriam de fazer, em um futuro próximo, para a execução das ordens de ataque. Após a Segunda Guerra Mundial, foi fundada a Corporação Rand com o propósito de pesquisar novas formas de tecnologia de armamento. Em 1950, a Rand desenvolveu o método denominado Delphi, programado para procurar informações sobre o futuro por meio do questionamento, a especialistas de vários campos, sobre a estimativa individual de probabilidade de que certos eventos possam acontecer no futuro. O objetivo era obter várias visões do futuro por meio da comparação das respostas dos especialistas.

Um dos seus pesquisadores, Herman Kahn (1960), direcionou suas pesquisas para a escritura de cenários e publicou uma obra sobre a guerra termonuclear. A partir da década de 1960, a técnica de planejamento de cenários foi disseminada em nível mundial. A palavra "cenário" foi adotada por Kahn em virtude da descrição do escritor Leo Rosten. Com essa terminologia poderia não apenas enfatizar o aspecto de previsão, mas também a criação de uma história ou mito. Após se desvincular da Rand, Kahn desenvolveu suas pesquisas no Hudson Institute. Uma de suas obras mais relevantes foi *The year 2000*, com a colaboração de Weiner (1967).

No início, os cenários eram montados para prever e controlar. No entanto, no final da década de 1970, o planejamento de cenários passou a se fundamentar não em probabilidades, mas em pensamento causal qualitativo. Na década de 1970, segundo Heijden (1996), a equipe de Pierre Wack introduziu cenários na Shell e se concentrou no preço do petróleo e, em 1973, quando veio a crise, ficou claro que a análise de cenários havia colocado a empresa sobre os trilhos, o que jamais teria acontecido se fosse aplicada uma previsão tradicional.

A mais importante decisão tomada pela Shell, baseada na construção de cenários, foi a mudança das políticas de investimentos em refinarias considerando a possibilidade de um cenário de crise. Com isso, em outubro de 1973, a empresa voltou-se rapidamente para os investimentos relacionados à expansão da capacidade básica da refinaria e descartou o investimento em novas refinarias. Entretanto, a inércia da indústria gerava consequências desastrosas ao apresentar uma superoferta de produtos refinados. Porém, a decisão sobre não investir em novas refinarias fez que a Shell sentisse muito menos a crise e pudesse sobreviver à turbulência do final dos anos 1970 e início dos 1980.

3.6 Enfrentando a incerteza

Não se sabe o que ocorrerá no futuro, mas essa ignorância não é total. O grau de utilização de declarações sobre o futuro difere caso a caso. Nesse contexto, é possível identificar três categorias de incerteza:

- Riscos, onde há suficiente precedente histórico na forma de eventos similares para dar capacidade ao estímulo de probabilidades de vários resultados possíveis.
- Estruturais, onde se vê a possibilidade de um evento único que não é suficiente para fornecer um indicador de probabilidade. A possibilidade do evento apresenta-se por meio da canalização do raciocínio de causa/efeito, mas não se tem evidência para julgar como provavelmente poderia ser.
- Impossíveis de conhecer, são eventos que não se pode imaginar. Voltando-se para a história, sabe-se que houve muitos deles e pode-se assumir que continuarão a existir no futuro.

A incerteza tem de ser avaliada antes de se formar e tomar decisões de negócios. O risco pode ser calculado na forma de probabilidades. Porém, em estratégia, a maioria das incertezas está na estrutura da situação. Esse tipo de incerteza, com frequência, aumenta quando os padrões em eventos podem ser interpretados de formas diferentes. Baseados nessas diferentes estruturas, diferentes futuros emergirão. Em questões estruturais muito complexas, é possível encontrar novos territórios não demarcados e sem história para basear uma estimativa de probabilidade sobre eles.

O planejamento de cenários pode ajudar os tomadores de decisão a alcançar o topo da prospecção, que ocorre ao desenvolver um melhor julgamento do que isso poderia significar, trabalhando as diferentes visões comportadas pelo ambiente do negócio. Obviamente, não convém colocar-se à frente das incertezas nessas situações, mas os cenários poderão auxiliar os tomadores de decisão a ter um julgamento razoável sobre como uma decisão específica se robustecerá ao ser confrontada com um conjunto de possíveis futuros. Dessa forma, os administradores poderão tomar um posicionamento com relação à incerteza.

3.6.1 Risco previsível

Se a organização quiser continuar a existir, é preciso correr riscos inerentes à situação do negócio. Em contrapartida, tomar níveis de risco inadequados ou excessivos pode causar sérios problemas. Uma forma adequada é encontrar o equilíbrio apropriado em que o risco calculado seja aceitável. A principal competência da organização está na avaliação do risco diante das condições presentes e futuras para, então, adaptar-se antecipadamente a possíveis situações. Nem toda incerteza é ruim. Muitas empresas aprendem a sobreviver em uma situação de risco considerável. Na exploração de petróleo, por exemplo, as empresas investem dinheiro o tempo todo em condições de alto risco, o que não é problemático, pois elas desenvolveram um marco conceitual e analítico para lidar com essa situação. Isso lhes permite considerar decisões individuais no contexto de um fluxo contínuo de muitas decisões similares as quais produzirão, em média, resultados positivos. O desempenho é julgado no longo prazo. Há a aceitação de que "não se pode ganhar todos". A abordagem é basicamente probabilística.

Há muitas situações em que os riscos podem ser administrados. Por exemplo, na área de finanças, a administração do risco é uma ferramenta bem desenvolvida. O risco é abordado quanto à sua natureza sistemática ou não de variabilidade dos retornos. A natureza sistemática de variabilidade de retornos dos investimentos faz que essa porção do risco total deva ser assumida sem existir possibilidades de redução de risco, "[...] já que é a parte da variabilidade total causada por fatores econômicos, políticos e sociológicos" (Salazar e Albuja, 1996, p. 61), que são inerentes à tendência predominante no mercado. Por outro lado, verifica-se também a natureza não sistemática que corresponde àquela porção de risco dos investimentos da organização que pode ser reduzida por meio de uma eficiente diversificação dos investimentos.

3.6.2 Incerteza estrutural

Essas condições não se aplicam quando as empresas se deparam com novos desafios impostos pela incerteza estrutural. Não há uma teoria que esclareça como as decisões individuais são parte de um fluxo contínuo de tomada de decisão. Não é possível ver os eventos de decisão como uma série contínua. Cada decisão é um evento isolado. As grandes questões estratégicas frequentemente falham nessa categoria. É nessa área que o planejamento de cenários se torna particularmente importante.

Em situações semelhantes, os cenários prospectivos podem ajudar a empresa a lidar com a incerteza de três maneiras:

a. Eles ajudam a organização a entender melhor o ambiente, permitindo que muitas decisões sejam vistas não como eventos isolados, mas como parte de um processo de "oscilações e ciclos". Assim, o planejamento de cenário ajuda os administradores a evitar o indevido conservadorismo ao permitir a tomada de risco "calculado".
b. Os cenários incluem as incertezas estruturais na agenda, alertando a organização de que essa sorte de acidentes pode ocorrer. Aqui, o planejamento de cenários auxilia os gerentes a evitar o risco indevido.
c. Os cenários ajudam a organização a se tornar mais adaptável ao expandir seus modelos mentais, acentuando, assim, o percentual de capacidades necessárias ao reconhecimento de eventos inesperados.

3.6.3 Incerteza em eventos impossíveis de ser conhecidos

Nessas condições, o que se sugere é que a empresa ou organização se torne mais hábil para reagir ao inesperado desenvolvendo habilidades de percepção. Aqui, os cenários podem fornecer uma poderosa ajuda. Mas não há indícios de que esses eventos possam realmente ocorrer.

3.7 Previsibilidade

A metodologia de cenários é uma abordagem geral acerca da administração de risco. Essa abordagem depende da existência de elementos previsíveis. A possibilidade de fazer previsões justifica a atividade de planejamento de cenário. Os elementos são, algumas vezes, chamados "elementos predeterminados".

Um exemplo é a demografia. Esse tipo de medida indica que os planejadores do negócio tendem a pensar (cinco, dez, ou até mesmo vinte anos) que a população é um fenômeno previsível. É previsível que as crianças de hoje serão os pais de amanhã. Porém, durante um período longo, as taxas de nascimento são imprevisíveis. Em síntese, em um período de tempo, o planejador do negócio trabalha com um sistema que exibe suficiente inércia para permitir fazer previsões.

A inovação tecnológica é outro exemplo. Enquanto a invenção é, provavelmente, o fenômeno mais imprevisível de todos, a inovação concerne à aplicação de invenções existentes. Portanto, é um período de processo de consumo que exibe um elemento de previsibilidade por meio do marco de tempo dos planejadores.

A taxa de crescimento da capacidade de produção é também exemplo de elemento predeterminado. As pessoas podem construir e expandir a capacidade de várias taxas, mas há um máximo além do qual a empresa mais dinâmica poderia encontrar dificuldade para se mover. Alguns grandes projetos de engenharia de construção lidam com tempos consideráveis, indicando que pode haver elementos predeterminados nessa área.

Há inércia em outras áreas. Por exemplo, a força política muda periodicamente e exibe um comportamento momentâneo que se tornará um elemento de previsão. Já a mudança cultural é mais lenta. Algumas características humanas são permanentes, como o desejo de sobrevivência.

Pode-se ainda decidir que um evento em particular seja predeterminado, mas sua ocorrência imprevisível. Por exemplo, todas as tendências políticas podem ser predeterminadas, mas quem ganhará a eleição ainda é um evento indeterminado. Enquanto o clima pode ser predeterminado, o mau tempo permanece incerto. Certos tipos de restrições permitem prever desenvolvimentos ambientais particulares:

- Atrasos, desenvolvimentos que estão na linha de informações e que emergirão; exemplo: demográficos.
- Restrições de sistemas; exemplo: limites para crescimento.
- Comportamento genérico de respostas estruturais no sistema; exemplo: "prova de braços".
- Lógica e motivação do ator.
- A inércia do sistema (incluindo a inércia social); exemplo: economia, desenvolvimento, cultura.
- Leis da natureza.

Isso significa que certos desenvolvimentos no futuro são "predeterminados". O planejamento de cenário precisa ser capaz de lidar com elementos predeterminados e com a incerteza, combinando sua função de planejamento com a avaliação do risco.

3.7.1 A necessidade de previsão

Não se pode viver sem previsão. Na vida pessoal, é possível evitar uma série de problemas por meio da previsão. Quando uma indústria está em estado de mudança incremental relativamente lenta, a previsão é uma via efetiva de planejamento. Ela projeta o futuro com base no passado. Se a demanda foi aumentando consistentemente 6% ao ano, pode-se planejar o próximo ano conforme esse evento.

O problema da previsão é que as pessoas começam a acreditar que determinada situação permanecerá para sempre. Mas existe um momento em que o comportamento muda estruturalmente. As previsões podem funcionar muito bem por um tempo, mas os responsáveis por elas precisam estar cientes de que algumas variáveis podem subitamente interromper o relacionamento com o passado e criar um freio na tendência. Isto conduz à opção por uma visão de futuro a longo prazo mediante a utilização de cenários.

3.8 Tipos de cenários

Cenários qualitativos e quantitativos – Os cenários podem ser apresentados de várias formas, destacando-se as narrativas descritivas escritas, muitas vezes denominadas cenários qualitativos. Existem também os dados numéricos gerados por técnicas econométricas ou matemáticas aplicadas, conhecidos como cenários quantitativos.

Cenários qualitativos exploram relações e tendências mesmo sob a condição de ausência de dados numéricos, incluindo choques e descontinuidades. As motivações, valores e aspirações humanas podem ser facilmente incorporados em métodos apropriados. Apesar de poderem abordar adequadamente atributos, como valores, cultura, comportamentos e instituições, choques e surpresas, que se aproximam quantitativamente como "ruído estocástico branco", os cenários qualitativos carecem de rigor científico e, muitas vezes, são dirigidos, à vontade do autor, pelos "preconceitos" do indivíduo.

Os cenários quantitativos proporcionam maior rigor, precisão e consistência, com suposições explícitas e resultados baseados em pressupostos (UNEP, 2002). Como isso, eles oferecem uma análise muito sistemática e rica em dados. Mas todos os modelos quantitativos assumem a continuidade estrutural dos sistemas socioecológicos, que os impedem de se render à descontinuidade e ao choque. Enquanto isso, a gama de futuros plausíveis fica restrita, e muitos aspectos qualitativos importantes do problema são ignorados no processo (UNEP, 2004).

3.8.1 Cenários exploratórios e antecipatórios

Apesar do fato de as posições ficarem turvas na prática, muitas vezes os cenários têm sido classificados como "exploratórios" e "antecipatórios". Cenários exploratórios são aqueles que começam no presente e exploram as tendências do futuro. Isto se resume a conceber uma sequência de eventos emergentes. Por outro lado, os cenários antecipatórios (também conhecidos como "prescritivos" ou "normativos") começam com uma visão prescrita do futuro e depois voltam no tempo para ver como essa visão pode emergir.

3.8.2 Cenários de referência e política de cenários

Alcamo (2001) sugere outra maneira de se classificar cenários, distinguindo entre cenários de referência e política de cenários. Cenários de referência são também conhecidos como "referência" ou cenários de "referência". Eles também têm sido chamados, no contexto de estudos ambientais, de cenários de "não intervenção". Eles apresentam o tipo de perspectiva de "nada novo", ou seja, situações que prevalecem no futuro caso o sistema se mova em uma direção idêntica e em um ritmo idêntico ao atual; ou quando não há intervenção sob a forma de regulamentos ambientais ou "sem novas intervenções políticas". Por outro lado, cenários políticos preveem um mundo onde as intervenções políticas causam um impacto perceptível sobre o funcionamento de um sistema socioecológico.

3.9 Métodos de desenvolvimento de cenários

A título de melhor compreensão do assunto, apresentamos uma síntese de alguns métodos de desenvolvimento de cenários que foram utilizados por distintas organizações especializadas nessas técnicas.

3.9.1 O Método do Ciclo FAR (*Field Anomaly Relaxation*) Básico

O método do Ciclo FAR Básico foi proposto por Rhyne (1971) para uso em projeções de padrões futuros alternativos para qualquer região razoavelmente homogênea. Esse ciclo pode ser apreciado na Figura 3.2.

Todo o corpo de projeções		Partes
Cones de planejamento	→	Linguagem esquemática
		Principais dimensões sociais (setores)
		Condições alternativas dentro de cada setor
Cenários	←	Sequências de configurações

Figura 3.2 O Ciclo FAR.

Fonte: Adaptado de Rhyne, 1971, p. 25.

No desenvolvimento do método, Rhyne sugeriu quatro passos:

Passo 1 – Análise de todos os dados que representam o estado inicial do ciclo que compreende uma visualização e registro de ideias sobre a estrutura e o conteúdo geral do todo – conjunto de alternativas futuras possíveis.

Passo 2 – Determinação de elementos componentes das alternativas futuras possíveis a serem investigados por abordagens mais analíticas.

Passo 3 – Uma vez determinados, esses elementos são manipulados para gerar uma lista de condições esquematizadas em uma matriz morfológica. Essa matriz viria a ser objeto de filtros para identificar a proporção das configurações inconsistentes internamente. As configurações que se apresentam autoconsistentes são unidas para formar esboços de cenários.

Passo 4 – Finalmente, os conhecimentos adquiridos com os três passos anteriores e os esboços de cenários desenvolvidos são usados como base para a construção de projeções detalhadas de linhas alternativas de futuro durante um período de tempo e, com isso, construir uma "árvore de futuros".

Uma vez encontradas essas primeiras projeções alternativas, retoma-se o método começando novamente o ciclo pelo Passo 1, utilizando os esboços de cenários do Passo 3, que formam a base para construir outra "árvore de futuros", dando continuação ao ciclo. Se, mediante ciclos sucessivos, não se apresentarem diferenças significativas em qualquer uma das quatro etapas, a tarefa está concluída.

3.9.2 Fundamentos do grupo consultor Battelle[2]

Durante os anos 1980, organizações foram desenvolvendo suas metodologias de planejamento de cenários usando técnicas de computador. O grupo consultor Battelle começou desenvolvendo análise de cenários, em 1980, e criou uma metodologia chamada Basics (Battelle Scenario Inputs to Corporate Strategy), que é uma adaptação da técnica de impacto cruzado desenvolvida na RAnd Corporation e na Universidade da Califórnia. Este grupo consultor de cenários trabalhou com aproximadamente 50 clientes de diversos segmentos aplicando a análise de cenário.

Em 1988, a Battelle trabalhou com uma empresa de Tecnologia de Informações (TI) dos Estados Unidos. Aplicou o método de cenário para uma previsão de mudança do mercado de TI na Europa (incluindo *hardware* "*smart*", máquinas, *software*, banco de dados e redes). Esta empresa possuía um negócio lucrativo na Europa, mas estava enfrentando a concorrência de outras empresas de TI dos Estados Unidos, Europa e Japão.

Enquanto a empresa unia uma grande parcela do mercado de alguns poucos produtos em nichos discretos, foi pesquisando a fórmula para ampliar o sucesso em mercados europeus competitivos e altamente lucrativos. A intenção

[2] Millet, 1992.

de seus dirigentes não era apenas a de defender a participação da empresa no mercado, mas expandi-la, se as circunstâncias fossem favoráveis.

A alta administração foi muito clara ao indicar seus objetivos ao grupo responsável pelo cenário. Esse grupo era composto tanto de analistas da Battelle como de administradores da empresa. A empresa de TI não queria que eles gerassem mais informações. Queriam um relatório organizado em conjunto de resultados alternativos antecipados pela investida do Mercado Único Europeu, em 1992, assim como respostas alternativas para que a empresa alcançasse seus objetivos. Desejava-se não um resumo simples do que poderia ser o futuro.

Deve-se ressaltar que a empresa queria várias perspectivas possíveis do que era chamado de Comunidade Europeia (European Community – EC), agora União Europeia (UE), a fim de poder avaliar os diferentes conjuntos de prováveis condições futuras e julgar melhor como eles poderiam afetar os negócios da empresa de TI.

Ao reconhecer essas alternativas potenciais dos ambientes de mercados, a empresa poderia começar a formular estratégias de contingências necessárias para mudar as circunstâncias. A alta administração queria que os administradores da empresa se adaptassem à abordagem de cenário, a fim de que pudessem continuar sua própria análise de cenário e pensamento estratégico sem depender muito de consultores externos.

Foram três os estágios do projeto:

a. **Identificação dos assuntos:** o primeiro passo foi indicar a questão de maneira mais precisa possível. Em 1988, a empresa necessitou conhecer:
   - como, provavelmente, a UE alcançou seus objetivos de coesão em um único mercado no final de 1992?
   - como poderia uma integração de mercado da UE resultar em uma "Europa forte", com uma política de protecionismo dirigida aos produtos feitos nos Estados Unidos da América?
   - como um mercado mais integrado da UE pôde afetar todo o crescimento e a concorrência do mercado de IT?

Essas perguntas poderiam ajudar a empresa a decidir quando investir nas indústrias com sede na Europa ou considerar que outros tipos de investimentos teriam maior presença local de marketing e serviços.

Para identificar os fatores mais importantes, a Battelle manteve uma série de reuniões em grupos para eliminar criticamente assuntos importantes usando uma técnica de dinâmica de grupo chamada "técnica nominal de grupo", um procedimento desenvolvido na Universidade de Wisconsin que coloca a opinião em uma via sistemática e não confrontável. Essa técnica foi escolhida porque eram necessários resultados rápidos e o orçamento estava apertado.

A técnica é bem apropriada para julgamentos de participantes frente a frente e tem registrado excelentes resultados, mesmo quando equipe e recursos são limitados.

Três reuniões foram mantidas, duas nos escritórios da empresa na Europa e nos Estados Unidos e uma no escritório central da Battelle, em Columbus, Ohio, com técnicos, economistas e analistas de mercado da empresa. Dessas reuniões, o grupo de cenário depurou 20 fatores críticos para a análise de cenários.

b. Análise de tendência

Foi inserido um ensaio sobre cada um dos fatores, tanto para os pesquisadores da Battelle como para o conhecimento dos administradores da empresa.

Em Basics, esses fatores são chamados "descritores", mas poderiam também ser chamados de variáveis, assuntos ou tendências. Cada ensaio definiu o fator, explicou sua importância, revisou sua história recente e a situação do momento, e especulou sobre os resultados alternativos para 1992. Após serem revistos e criticados, os ensaios elaboraram a documentação para os julgamentos das alternativas de resultados. O método Basics, diferente de outras análises de variações de impacto cruzado para geração de cenários, fornece dois, três ou quatro resultados prováveis para cada fator. Os autores que prepararam os ensaios selecionaram os resultados e as probabilidades principais baseados em seu julgamento.

c. Análise de impacto cruzado

Usando o programa *software* Basics PC, uma matriz foi composta com os fatores e resultados alternativos dispostos em cada eixo. As células da matriz foram preenchidas com valores indicadores de como a ocorrência de cada resultado poderia mudar as probabilidades anteriores de todos os outros resultados.

Em termos puramente estatísticos, os valores-índices foram usados como simples aproximações de probabilidades condicionais. Uma matriz de 20 descritores de cada eixo, que poderia utilizar uma matriz com 3.600 células, foi desenvolvida com relativa facilidade em um PC usando o *software*.

A matriz de impacto cruzado foi completada e revisada, com diferenças de julgamento discutidas e reconciliadas. Os algoritmos do Basics desempenharam cálculos para uma variedade de condições iniciais e probabilidades condicionais e organizaram os resultados com altas probabilidades em um conjunto que tinha consistência interna.

A partir desses resultados, o analista detectou um padrão claro dos resultados mais prováveis e preparou um relatório com os quatro cenários principais e o entregou à administração sênior da empresa em agosto de 1989.

3.9.3 Compreensão da situação mapeada (CSM)

A CSM é uma ferramenta que pode ajudar na estratégia ao designar uma fase inicial de construção, um modelo da situação para análises estratégicas, e modelar sistemas dinâmicos totalmente inovadores. Ela combina as vantagens do mapeamento cognitivo com uma ferramenta de mesa e incorpora princípios de sistemas dinâmicos e de pensamento. Nesse sistema, os relacionamentos entre as variáveis estratégicas não estão modelados parte a parte, mas as situações totais são capturadas de uma vez. Sabe-se que as partes envolvidas em uma situação são atores propositais, os quais podem manipular alavancas controláveis ou variáveis de decisão. O processo de modelar a argumentação dialética é um componente essencial dos sistemas de apoio de decisão do grupo computadorizado ou direto.

As características permitem a diagramação de complexas situações estratégicas e o cálculo de cenários de mudança no ambiente e na estratégia da empresa. As complexidades não estão baseadas somente nos pressupostos. Elas são os resultados computacionais de propagação da mudança por meio de uma elegante e simples técnica de modelagem, que estimula a maneira como as fontes ambientais afetam uma situação da empresa pela ativação, tanto por disparos externos de mudança como por via de alavancas internas, que podem ser puxadas decisivamente pela equipe de administração da empresa.

Em virtude das características essenciais, a simulação por computador pôde servir como uma ponte entre o pensamento qualitativo e a operação qualitativa de pesquisa/administração da ciência de modelo de simulação. Com a aplicação desse método, a equipe da alta administração da Combank quis obter vantagens sobre o aumento na entrada de investimentos estrangeiros no mercado dos Estados Unidos, tendo como finalidade atingir um balanço consistente enquanto mantinha um negócio de serviços altamente responsável por outros requerimentos, crescendo por meio da aquisição e permanência perto de seus clientes e fornecendo recomendação sobre o planejamento de negócios a longo prazo. A proposta ao banco foi que construísse sua reputação e história de servir as empresas estrangeiras e as instituições do mercado americano enquanto ajudava as subsidiárias de seus clientes estrangeiros nos Estados Unidos.

Guiados pelo vice-presidente de planejamento estratégico, os administradores seniores queriam entender melhor a sinergia potencial de seus produtos e explorar os relacionamentos entre lucro, capacidade de volume e importância de estar perto do cliente. O objetivo era lucrar e fazer do lucro potencial a base para futura identificação, medida e avaliação de desempenho. Esse primeiro passo manteve duas reuniões: uma envolvendo o vice-presidente de finanças e operações, e a outra os vice-presidentes de planejamento e de marketing, o que permitiu a formulação de uma tecnologia e uma visão centrada no mercado. A primeira reunião foi a base para criar a CSM integrada da Combank.

A CSM voltou a usar a abordagem de classificação variável (Godet, 1987) para verificar os efeitos de ordem mais alta e chocar a estabilidade do diagrama. Isso confirmou que a equipe da Combank tinha projetado a importância e a relação das variáveis-chave e a geração de cenários que capturaram os padrões comportamentais de crescimento do lucro e mostraram a potência da sinergia entre os serviços da empresa, a capacidade de volume e a importância de se estar perto dos clientes.

Essa via também levou à segunda e terceira criações de cenários baseadas em sistemas dinâmicos mais complexos. O segundo conjunto de cenários foi fundamentado em duas margens de respostas possíveis do banco: aumento de receitas e auxílio do aspecto da eficácia da CSM. Alternativamente, o aspecto eficiência do banco poderia ser iluminado com as operações de linha reta. Isso conduziu à criação de quatro conjuntos de cenários de mudança misturados e apoiados nos diferentes valores das variáveis de entrada, ou seja, pessoas capacitadas, fundos estrangeiros e eficiência.

Assim, usando o Basics da Battelle, foi avaliada a alta/média/baixa probabilidade de cada situação possível em termos de lucro potencial como resultado de um estado que afeta o influxo de fundos estrangeiros para os Estados Unidos.

3.9.4 Simulações por computador – Eg Strat*X

O uso de poderosos modelos de simulação é outra abordagem que vem sendo usada por algumas empresas para concentrar, em "o que seria se...", questões sobre o futuro fundamentadas nos pressupostos. Em 1977, foi desenvolvido um portfólio de simulação de negócios com base no Windows, cada um designado a unir a brecha entre a teoria e a prática em uma variedade de indústrias. A última versão do Markstrat 3 é destinada a atuar com grupos de 16 a 30 administradores divididos em equipes de quatro a seis pessoas. Cada equipe é responsável por administrar uma empresa de serviços simulada em concorrência direta com as demais equipes. Dá-se às pessoas, em um ambiente livre de riscos, oportunidade para testar algumas das aplicações manuais das ferramentas. Os programas são talhados para necessidades individuais.

A simulação pode percorrer de sete a oito períodos de decisão (anos), sendo que cada período leva aproximadamente duas a duas horas e meia para ser completado. Isso é acompanhado por sessões de leitura e discussão sobre ferramentas relevantes, conceitos e marcos de referência. Os participantes têm de conduzir vários e diferentes tipos de análises no processo de tomada de decisões:

- **Informação e análise de mercado** (por região), incluindo o tamanho do mercado total, taxa de crescimento do mercado e tamanho do segmento, número de produtos, preço médio, posicionamento do produto, comportamento do microssegmento.
- **Análise competitiva** (por região), incluindo a participação total do mercado, a participação do mercado por segmento/canal, número de produtos, marca registrada (patente), receitas e despesas (R&D).
- **Análise ambiental** (por região), incluindo taxa de crescimento do PIB, taxa de câmbio e custo do estoque remanescente.
- **Análise financeira** (por região), incluindo receitas, custos dos produtos vendidos, custos do estoque remanescente, propaganda, contribuição bruta de marketing, força de vendas R&D, pesquisa de mercado, custo/lucro excepcional, contribuição líquida de mercado, próximo período do orçamento.
- **Cada equipe administra uma empresa simulada dentro de uma indústria:** elas têm um portfólio de produtos/serviços e têm de administrar seus ciclos de vida, adicionando novos produtos, deixando alguns que estão perdendo eficácia, fazendo investimentos e planejando o marketing, incluindo o preço e a força de vendas a diferentes segmentos de mercado, dependendo da visão de melhor demanda ou vantagem competitiva. Na simulação, a pesquisa de mercado também pode ser comparada às atividades dos concorrentes, e os mapas percentuais podem mostrar a percepção da empresa em relação à equipe. O desempenho do participante é avaliado contra um número de possíveis medições com base na abordagem de *score card*.

Em 1984, uma empresa norte-americana queria cenários de diferentes futuros possíveis a fim de aplicá-los como método para ajudar seu público a se tornar atento a novas ideias e tendências. Chamado de "O jogo de futuros", o conceito foi um verdadeiro treinamento de criatividade com participantes encorajados a pensar no futuro e a comparar tendências na sociedade com o desenvolvimento dos negócios por meio de novas tendências e tentativas. Depois da discussão, tiveram de escolher qual seria o futuro mais provável baseado em três cenários do mundo, dando situações da sociedade dinamarquesa em dez anos. São eles:

- A sociedade verde, que quer um ambiente limpo e qualidade de vida.
- A sociedade tecnologicamente alta ou neoburguesa, caracterizada pela concorrência, com ênfase na introdução de novas tecnologias, e cuja economia é uma medida decisiva de valor.
- A sociedade da subcultura cuja população se divide em diferentes estilos de vida, tanto no ambiente doméstico como no de trabalho, e na qual as culturas de negócios são muito fortes.

A segunda metade do jogo foi introduzida para adaptar a empresa ao futuro que cada pessoa tinha escolhido usando inspiração e criatividade. Essa técnica ainda é usada, apesar de os cenários terem se desenvolvido. Tomando a sociedade como um todo, a base para o exercício ainda é válida.

3.9.5 Método de formar atores – formar fatores

O método consiste em dois principais estágios. No primeiro, produz-se uma ampla lista de fatores de formação.

- A formação de atores está composta de pessoas capazes de influenciar os fatores de formação de maneira interativa. Os atores podem ser os tomadores de decisão (políticas, econômicas, culturais) ou grupos de indivíduos.
- Fatores estruturais de longo prazo, de caráter socioeconômico, sociopolítico ou cultural, que têm influência sobre o futuro e que podem ser de caráter global, nacional ou regional.

No segundo estágio, é muito importante identificar a principal relação entre ator e fator. O método de formar atores é uma forma de método Delphi, que produz cenários pessimistas, otimistas e livres de surpresas, derivados de *workshops* realizados por especialistas.

O conjunto de fatores conduz à detecção de suposições ou conjeturas de mudança nas relações de força entre os atores, permitindo localizar as regras do jogo no futuro.

3.9.6 A escola francesa

Na metade de 1970, o estrategista francês Michel Godet deu início ao planejamento de cenários, e sua abordagem nesse planejamento, que evoluiu com o passar dos anos, consiste em várias ferramentas de computador e usa o Mic-mac (*Matrice d'impacts croisés multiplication appliqués à un classement*).

Em 2007, Godet apresentou a "Caixa de ferramentas" da prospectiva estratégica, cujo texto melhora sua abordagem sobre: 1) o posicionamento da prospectiva no campo das ciências; 2) as relações entre a prospectiva e a estratégia; e 3) os fundamentos do conceito sobre prospectiva e as condições de sua eficácia na prática.

Uma importante ferramenta oferecida por Godet é conhecida como Mic-mac para a estruturação de cenários, que se refere a uma análise estrutural dividida em três etapas:

a. Estruturação da base de dados. Esse processo começa com o estudo de variáveis externas e internas características da organização e seu ambiente para criar um sistema de elementos dinâmicos inter-relacionados.
b. Leitura de uma gama de possíveis incertezas e sua redução. Uma vez que as variáveis-chave foram identificadas e os atores estratégicos analisados, cenários futuros poderiam ser determinados por um conjunto de hipóteses que sugerem a continuação, o término ou o início de uma tendência. Uma análise morfológica pode ser usada para dividir assuntos que estariam sendo estudados em várias dimensões, e, assim, estudar possíveis recombinações de diferentes dimensões com aquelas recombinações incluídas em várias visões de possíveis futuros. Usando métodos inteligentes baseados em *software* SMIC, as incertezas podem ser reduzidas pela estimativa de probabilidades subjetivas de diferentes combinações que ocorrem ou de diferentes eventos-chave para o futuro.
c. Desenvolvimento de cenários. Nesta etapa, os cenários ainda estão em forma embrionária, uma vez que estão restritos a um conjunto de hipóteses. Consequentemente, a próxima etapa é descrever uma rotina que conduza da situação presente para uma visão futura.

3.9.7 *Future group*

É uma empresa sediada em Glastonbury, Connecticut, que cuida da estratégia internacional e da política de pesquisas de empresas. Desenvolveu uma abordagem do planejamento de cenários baseada na análise de tendências/ impacto e no seu principal modelo de planejamento podem ser identificadas três etapas: preparação, desenvolvimento de cenários e elaboração de relatórios e utilização.

a. **Preparação:**
   - Composta de uma definição de enfoque por meio da delimitação do esforço de estruturação de cenário e, a seguir, de uma tabela de forças condutoras, com a identificação de determinantes do sistema/ambiente.

b. **Desenvolvimento de cenários:**
   - Construção do "espaço de cenário" com base nas forças condutoras. Proporciona vários cenários alternativos do mundo; deve-se ter cuidado para excluir possibilidades ilógicas e as insuficientemente plausíveis dentro do horizonte de planejamento.
   - Seleção de mundos alternativos a serem detalhados: um pequeno conjunto de escolhas que abranja os maiores desafios e oportunidades geralmente é suficiente.

- Preparar cenários-contingentes: dependendo das forças que foram pressupostas em cada um dos mundos alternativos, projetam-se as tendências no tempo (quantitativa ou qualitativamente) para cada uma das variáveis indicadoras que os construtores de cenário identificaram.

c. **Relatórios e utilização:**
- Documentação que, em muitos casos, é uma série simples de tabelas e narrativas descritivas de histórias futuras relativas a cada cenário.
- Confrontação das implicações dos mundos alternativos para conhecer as diferentes decisões e objetivos de planejamento que poderiam ser seguidos, assim como as ações e os compromissos que a organização enfrentará nas incertezas.

3.9.8 Rede de negócios global (GBN)

Para ajudar a situar clientes globais em uma rede de "pessoas de destaque" – dar-lhes acesso a um enfoque elevado e a um fluxo de informação filtrada para, com isso, reorganizar as percepções sobre os futuros alternativos –, Schwartz (1991) concebeu um método de cenário. A rede abrange estrategistas e pensadores de uma variedade de disciplinas, de antropólogos, químicos e biólogos a músicos, passando por especialistas de organizações de negócios de maior evidência. Reunindo todos esses membros, de diferentes maneiras, podem-se explorar as forças condutoras, as incertezas e integrar esse esforço em histórias alternativas sobre o futuro. Schwartz fornece um roteiro básico, bastante útil para desenvolver cenários, que constitui a forma de abordagem da GBN, a saber:

a. **Identificar o assunto-foco ou decisão.** Especificar o assunto ou decisão com relação ao ambiente em que os tomadores de decisão estariam pensando para o futuro. Ademais, identificar as decisões que deveriam ser tomadas para que tenham influência no futuro da empresa.
b. **Fatores-chave no ambiente local.** Listar os fatores-chave que influenciariam o sucesso ou o fracasso e que estariam envolvendo decisões acerca de clientes, fornecedores, concorrentes etc.
c. **Forças condutoras.** Listar as forças condutoras no macroambiente que influenciam os fatores-chave identificados anteriormente e que estão relacionadas com aquelas forças econômicas, políticas, ambientais, sociológicas e tecnológicas. Esta é a etapa de maior intensidade de pesquisa.
d. **Classificar por importância e por incerteza.** A classificação deve ocorrer baseada em dois critérios:

- O grau de importância do assunto-foco ou da decisão identificada no item *a*.
- O grau de incerteza que está nos fatores e nas tendências.

e. **Selecionar a lógica do cenário.** O aproveitamento desta classificação está na possibilidade de apresentar os eventuais diferentes cenários ao longo de um eixo. Uma vez que os principais eixos de incertezas foram identificados, algumas vezes é útil apresentá-los como um espectro (ao longo de um eixo), ou uma matriz (com dois eixos), ou um volume (com três eixos), nos quais diferentes cenários, com seus detalhes, possam ser identificados.
f. **Cada tendência e fator-chave deve receber atenção em cada cenário.** Se dois cenários diferem quanto às políticas de protecionismo, então faz sentido atribuir uma taxa de inflação alta ao cenário protecionista e uma taxa de inflação baixa no caso de cenário não protecionista. É para esse tipo de conexão e implicações mútuas que os cenários são utilizados. Portanto, após reunir todas essas relações, faz-se uma narrativa referente à percepção de como o mundo se apresentará daqui para a frente.
g. **Implicações.** Uma vez que os cenários tenham sido desenvolvidos com algum tipo de detalhe, é preciso retomar os assuntos em foco e as decisões identificadas no item a para ensaiar o futuro.
h. **Seleção dos indicadores principais.** É importante destacar, o mais breve possível, qual dos cenários está mais próximo do curso da história atualmente.

Uma vez identificados os diferentes cenários e suas implicações quanto aos assuntos em foco, é valioso gastar tempo e imaginação na definição de alguns indicadores que serão monitorados de agora em diante. Se esses indicadores forem selecionados com cuidado e criatividade, a organização ganhará em sua posição competitiva ao conhecer o que lhe reserva o futuro em sua indústria e como esse futuro poderá afetar as estratégias e decisões nessa indústria.

3.9.9 Northeast Consulting Resources Inc. (NCRI)

Outra abordagem de cenários foi desenvolvida pela Northeast Consulting Resources Inc. (NCRI), fundada em 1984, em Massachusetts, por David Mason, baseada na técnica de cenários chamada mapeamento de futuros.

O método de mapeamento de futuros está baseado em dois pressupostos:

a. A contingência está presente no futuro e recai sobre as ações de vários participantes.
b. Na maioria das indústrias, os esforços destinados a buscar uma vantagem competitiva causarão uma mudança estrutural.

O método da NCRI está voltado para uma série de estados terminais e eventos relacionados ao redor de assuntos como geopolítica, indústria, organização, desenho de novos produtos e até funções. O processo começa pela criação de quatro a cinco estados terminais e de 150 a 200 eventos. Em uma reunião de trabalho, cujo objetivo é ajudar os administradores a pensar de forma diferente, a primeira tarefa é construir um cenário convencional, onde os administradores tornarão explícitas as decisões existentes. Isso envolve a identificação de eventos que os administradores acreditam ser altamente prováveis e totalmente improváveis. Esses eventos são dispostos cronologicamente nas paredes e organizados por temas agrupados por características semelhantes.

Se entre os membros há conflitos sobre a existência ou não de semelhança entre os eventos, deve-se explorar se isso constitui genuínos desacordos ou se são resultados de má interpretação da informação. Em uma segunda fase do processo de mapeamento de futuros, as equipes são orientadas a estruturar estados terminais. Há uma breve suposição da ocorrência do estado terminal; assim, constrói-se uma explanação lógica de como isso aconteceu. Dessa maneira, os administradores passam à posição de descobrir o relacionamento lógico entre os eventos e como estes se desenvolveram para configurar o estado terminal. Os eventos selecionados são agrupados em temas que, projetados ao longo do tempo, criam uma série de trilhas lógicas, que precisam ser desenvolvidas a fim de mostrar se o estado terminal se desdobrará da forma descrita. As equipes devem, então, descobrir as definições de indústria e de negócio nas quais possam construir uma história de sucesso no contexto do cenário.

3.9.10 Stanford Research Institute (SRI)

Esta metodologia de cenário abrange um processo de seis passos e considera o desempenho de equipe multidisciplinar em uma série de análises e de *workshops*. O processo enfoca a decisão que cobre os passos 1 e 2, que não se relacionam ao macroambiente, mas, sim, ao esclarecimento das decisões estratégicas. Esses passos ajudam os cenários a se relacionar com os fatores-chave de decisão que a administração gostaria de conhecer sobre o futuro, para, dessa maneira, tomar melhores decisões. Esse tipo de início assegura que os cenários resultantes abordem bem as tendências, eventos e incertezas que são estrategicamente relevantes no processo de tomada de decisão.

O passo 3 envolve análise das forças ambientais em que os participantes analisam os fatores-chave de decisão, mapeando toda a variedade de forças ambientais confrontadas pelos tomadores de decisão no futuro ambiente da organização. A análise dessas forças enfoca, geralmente, duas categorias: a indústria e o mercado.

No passo 4, os participantes identificam um limitado número de cenários lógicos, ou seja, diferentes visões ou teorias sobre a maneira como o mundo deverá trabalhar no futuro. O benefício desse passo está na identificação de direcionadores críticos do ambiente e das principais incertezas apresentadas em cada cenário.

O passo 5 envolve a descrição do cenário utilizando a estrutura lógica explicitada no passo anterior. Aqui, os participantes descrevem cenários com detalhes suficientes para identificar as implicações de decisão e ajudar a desenvolver e a avaliar as opções estratégicas (em uma forma de avaliação de risco–retribuição).

O passo 6 requer a realização de uma inter-relação das estratégias bem como a inter-realização das estratégias com todos os cenários, a fim de se chegar a resultados que se identifiquem, de forma cíclica, com os fatores-chave de decisão.

3.10 Procedimento integrado para a elaboração de cenários futuros

A construção de cenários é útil porque fornece aos membros de uma organização a oportunidade de testar o futuro em um ambiente de laboratório. Portanto, os cenários dão sinais de aviso de abordagem de oportunidades e ameaças, ajudam a evitar surpresas e intervêm no momento certo para influenciar o futuro em uma direção positiva. As decisões que tenham sido pré-testadas contra futuros potenciais darão aos tomadores de decisão um quadro melhor do amanhã. Isso provavelmente fará que eles sejam mais bem-sucedidos no planejamento desses eventos.

Conforme exposto anteriormente, são várias as abordagens e métodos para a construção da visão prospectiva de futuro. Consequentemente, o procedimento integrado engloba várias ferramentas estratégicas para a construção de cenários futuros, aliadas à participação de pessoas com muita experiência e estudos na área na qual haja interesse em ter uma visão prospectiva. Com isso, é necessário considerar um trabalho em grupo a ser executado em, pelo menos, cinco etapas de reuniões de trabalho.

O pulo do gato

Grigorita Ko/Shutterstock

O evento Revolução do Novo, que reuniu empresários, presidentes de empresas, personalidades e acadêmicos, teve por finalidade a discussão sobre as mudanças que afetam países, pessoas e empresas e que ocorrerão nos próximos meses. Seguem algumas observações:

- *Para os próximos anos é esperada uma explosão de novos empreendimentos e tecnologias capazes de tornar obsoletos setores como o automotivo, com os carros autônomos e elétricos, cujos desenvolvedores pioneiros não são as tradicionais montadoras, mas empresas de tecnologia.*
- *... é comum ouvir de executivos que a inovação é a prioridade da sua companhia. "A inovação pode ser uma coleção de pequenas mudanças em toda a empresa que, no conjunto, fazem toda a diferença", Vicente Falconi.*
- *Recursos, como automação, inteligência artificial, análise de* big data, *computação em nuvem e internet das coisas, são capazes de melhorar o desempenho dos negócios ao aumentar a eficiência e diminuir os erros e os desperdícios nos processos. "As tecnologias vão trazer muita eficiência para os negócios e, ao ser mais eficientes e ágeis, as empresas poderão transformar isso em benefícios para os clientes", Cristina Junqueira*
- *A mudança nas empresas também terá de passar pela maneira como elas se comunicam com a sociedade. "Nosso negócio não é só o produto. Nossa marca tem muito a agregar à sociedade do que simplesmente vender refrigerante", Flávia Neves.*
- *Casos de sucesso de inovações disruptivas, como o Uber, o Netflix e o Airbnb, refletem o novo comportamento das pessoas, que esperam serviços em uma economia mais compartilhada. Esse modelo pode servir de inspira-*

ção para as mais diversas companhias, até mesmo aquelas que afetam a vida de determinada sociedade. "A sociedade tem de se envolver nos problemas e fazer parte das soluções" Roberto Waack.[3]

(Pádua, 2017)

Questões

1. Comente os métodos para a criação de cenários com base em uma perspectiva de adaptabilidade para a área da sua atividade de trabalho.
2. Descreva sua compreensão sobre a situação mapeada da CSM e faça um mapa mental detalhado dessa modalidade.
3. Usando um dos métodos de construção de cenários, aplique-o à temática ambiental da energia eólica para os próximos dez anos.
4. Qual método de elaboração de cenários você usaria para os derivados do petróleo e gás? Desenvolva o cenário para os próximos cinco anos.
5. Utilizando o método de desenvolvimento da GBN, desenvolva o cenário dos próximos 20 anos para o setor econômico onde você trabalha.

Referências bibliográficas

ALCAMO, J. Scenarios as tools for international environmental assessments. *Environmental Issue Report*. Copenhagen, Dinamarca, n. 24, 2001, p. 6-30.

DIMSON, E.; Marsh, P. Volatility Forecasting without Data-Snooping. *Journal of Banking & Finance*, Amsterdan, n. 14, 1990, p. 399-421.

FAHEY, Liam; KING, William R.; NARAYANAN, Vadake K. Environmental scanning and forecasting in strategic planning – the state of the art. *Long Range Planning*. Grã-Bretanha, v. 14, 1981, p. 2-133.

FIGUEIREDO, Aymam Cobo de. *Tucano*. s.d. Disponível em: <https://www.infoescola.com/aves/tucano/>. Acesso em: 29 nov. 2017.

GODET, M. *Scenarios and strategic management*. Londres: Butterworth, 1987.

______. *Prospectiva estratégica, problemas y métodos*. San Sebastian: Instituto Europeo de Prospectiva Estratégica, 2007.

GREGORY E.; HARRIS G.; OGILVY, J. *After the scenarios, then what?* Strategic Conversation, Early Indicators, and the Art of Communication Scenarios, v. 2, n. 1. Emeryville, CA, 2004, p. 1-26.

---

[3] PÁDUA, Luciano. Mudar para sobreviver, *Exame*, São Paulo, ed. 1134, ano 51, n. 6, 29 mar. 2017.

HEIJDEN, Kess Van Der. *Scenarios*: the art of strategic conversation. Inglaterra: John Wiley & Sons, 1996.

KAHN, Herman. *On thermonuclear war*. Londres: Oxford University Press, 1960.

LASTRES, Helena Maria Martins; CASSIOLATO, José Eduardo; MACIEL, Maria Lucia. *Pequena empresa, cooperação e desenvolvimento local*. Rio de Janeiro: Relume Dumará, 2002.

LIEDTKA, Jeanne M. Strategic thinking. Can it be taught? *Long Range Planning*. Grã-Bretanha, v. 31, n. 4, 1998, p. 120-9.

MILLETT, Stephen M. Case Study. Los Angeles 2007: Implications of a scenario analysis for energy forecasting. *Planning Review*. Wagon Lane, v. 20, n. 3, maio/jun., 1992, p. 38-39.

MINTZBERG, H. *The rise and fall of strategic planning*. Nova York: The Free Press, 1994.

_____; AHLSTRAND, J.; LAMPEL, J. *Safári de estratégia*. Porto Alegre: Bookman, 2000. p. 70.

PÁDUA, Luciano. Mudar para sobreviver. *Exame*, São Paulo, ed. 1134, ano 51, n. 6, mar. 2017, p. 70, 29.

RHYNE, Russell. Projecting – Whole body of future Patterns – The Feld Anomaly Relaxation (FAR) Method. *Memorandum Report*. Standford, Stanford Research Inst., National Center for Research and Development, Washington – DC, 1971, p. 3-69.

SALAZAR, J. N. e ALBUJA. *Avaliação empírica do comportamento das ações no contexto da reavaliação da carteira teórica do índice Bovespa*. 1996. 347 p. Tese (Doutorado) – Escola de Administração de Empresas de São Paulo, Fundação Getulio Vargas, São Paulo, 1996.

SCHWARTZ, Peter. *The art of the long view*. Nova York: Doubleday Currency, 1991.

UNEP – United Nations Environment Program. Outlook 2002-32. *Global Environment Outlook*, Nairobi, n. 3, 2002, p. 320-401.

_____. *Global environment outlook scenario framework Nairobi*: background paper for UNEP's Third Global Environment Outlook Report (GEO-3). Boston: SEI – Stockholm Environment Institute, 2004.

WEINER, Antony J. *The year 2000:* framework for speculation on the next thirty years. Nova York: Macmillan, 1967.

WILSON, I. Strategic planning isn't dead – it changed. Reino Unido: Elsevier. *Long Range Planning*. v. 27, n. 4, 1994, p. 12-24.

WRIGHT, James E.; SPERS, Renata. O país no futuro: aspectos metodológicos e cenários. *Estudos Avançados*. São Paulo, v. 20, n. 56, 2006, p. 3-28.

Capítulo 4 – Estratégias emergentes

Belmiro do Nascimento João

A persistência é o caminho do êxito.
Charles Chaplin

SINOPSE: Formular estratégia é promover uma contextualização revolucionária.

PLANEJAMENTO COMO CONFIGURAÇÃO
O ANIMAL METAFÓRICO: PEIXE-BOI

Ggary Powell/Shutterstock

Lema: Agregar, revolucionar níveis de adaptação dinâmicos, contextualização.
Décadas: 2000 e seguintes.
Principais nomes: Mintzberg, Chandler.
Principal contexto: Transformar, remodelar, reconfigurar, revitalizar.
Autor nacional homenageado: José Celso Contador
Campos e armas da competição. São Paulo: Saint Paul, 2008.

FORMULAÇÃO DA ESTRATÉGIA COMO CONFIGURAÇÃO

Premissas essenciais

1. Clemente Nóbrega – *Em busca da empresa quântica* (São Paulo: Ediouro, 1996) e em artigo publicado pela revista *Exame* n. 673, ano 32, out. 98 – descreve a nova lógica empresarial como controle central.
2. O poder e a inteligência coletiva estão distribuídos entre os agentes organizacionais.
3. Períodos de configuração são sucedidos por períodos de transformação visando sustentar a estabilidade.
4. Sequências padronizadas podem, ao longo do tempo, descrever o ciclo de vida da organização.
5. A organização pode adotar posições ou perspectivas como "meios de iludir" a concorrência.

(Mintzberg, 2000, p. 224)

TRILHA TROPICAL

O **peixe-boi** (*Trichechus sp.*) é um mamífero marinho, da ordem dos sirênios, que possui um nicho ecológico muito diversificado, utilizando-se de vegetais para sua alimentação e tendo sua distribuição relacionada a ambientes de rios, estuários e mares rasos. O peixe-boi é integrante da família *Trichechidae*.

No Brasil podemos encontrar duas formas do peixe-boi. Uma delas é o peixe-boi-marinho (*Trichechus manatus*), encontrado na região costeira da Flórida (EUA), Grandes Antilhas, México, América Central e também no Nordeste brasileiro. A outra forma é o peixe-boi amazônico (*Trichechus inunguis*), que vive dentro do sistema fluvial do rio Amazonas.

(Garcia, s.d.)

CONCEITOS-CHAVE DA ESTRATÉGIA COMO CONFIGURAÇÃO

1. Atingir uma configuração estável adequada a um determinado tipo de contexto.
2. Existem estados sucessivos de configuração.
3. Períodos de estabilidade são interrompidos por períodos de transformação.
4. A mudança se dá por um salto quântico para outra configuração.
5. As escolas de pensamento sobre estratégia representam diferentes configurações.
6. Estratégias podem ser planos, padrões, posições, perspectivas e até meios de iludir, porém, sempre adequadas ao tempo e à situação.

(Mintzberg, 2000 e Herzog et al., 2016)

Uma estratégia potencializará as competências em planejamento para focar no seu plano de negócio. Mesmo a flexibilização de planos, quando necessária, deve seguir padrões, precedentes, normas, valores e leis.
Randes Enes, docente da Fundação Getúlio Vargas
(Casagrande, 2017)

Objetivos do capítulo

Este capítulo visa reunir as principais ideias sobre o tema e discuti-las com o leitor. Mostra a discordância sobre o que realmente é uma estratégia ou sobre como desenvolvê-la. Tanto nos meios acadêmicos como empresariais, não há duas pessoas que compartilhem a mesma definição de estratégia.

Palavras-chave: *estratégias adaptativas; tomada de decisão estratégica; tecnologias de ruptura; melhorias de ruptura*

4.1 Introdução

Quando as mudanças eram lentas no ambiente e as forças conservativas predominavam, estávamos seguros quanto às predições e a estratégia reduzia-se ao planejamento. As questões fundamentais eram efetivamente determinadas, e, durante anos, os objetivos eram facilmente definidos e as ações requeridas para sua execução previsíveis. Em contrapartida, agora que a velocidade das mudanças é extremamente rápida, a tecnologia e suas aplicações estão imprevisíveis e os competidores aparecem em toda parte e a qualquer tempo, o papel da estratégia é valorizado. Há uma demanda para pensar em novos caminhos e distinguir novos níveis de abstração. A questão fundamental dos nossos tempos não está ainda definida. Muitas são as publicações que neste momento utilizam a palavra *rules* (regras, leis) para identificar que as antigas "receitas" não são mais válidas e que há novas leis, com novos líderes inseridos em uma "nova economia".

Quando mudanças rápidas ocorrem em todo lugar, podemos ter certeza de que seremos afetados. Quando formadores de opinião bem informados ficam surpresos com novos desenvolvimentos, podemos ter certeza de que essa é a hora para um novo pensamento estratégico; mas não estratégias herdadas de antigos modelos de gestão. Portanto, não estamos falando de planejar, que é sobre análise, metas, etapas e sua formalização, bem como da articulação das suas consequências; mas do pensamento estratégico, que é síntese, envolvendo intuição e criatividade. Como resultado, devemos ter uma perspectiva integrada, uma visão não muito articulada de direção que deve estar livre para surgir a qualquer momento e em qualquer parte da organização.

4.2 Sistemas complexos e estratégias adaptativas

Nenhuma espécie de qualquer classe (relativa a animais) dominou um território ecológico por um longo período de tempo. O mesmo fenômeno pode ser transportado para a economia global ou mercados locais. Não há garantia de sobrevivência. Os vencedores por longos períodos em ecologias complexas são aqueles que têm uma grande sensibilidade em relação ao ambiente externo. Atravessam períodos de recessão, guerras etc., com aprendizagem contínua (organização de aprendizagem), valorizando pessoas, e não ativos, competem em um contexto de cooperação, possuem um senso de identidade e comunidade e criam sistemas que se tornam cada vez mais complexos, ao passo que permanecem extremamente flexíveis. Há uma tolerância a novas ideias, novas experimentações, uma política de sucessão mantendo os valores de longo prazo e certo conservadorismo financeiro, em que não se corre riscos gratuitamente, segundo Arie de Geus (1997).

O desafio, para um sistema inteligente e complexo – a organização –, é continuamente desenvolver a habilidade para se adaptar ao ambiente competitivo e a habilidade para influenciar esse ambiente. Essa questão nos leva a apresentar algumas organizações que sobrevivem há séculos com estratégias de crescimento sustentável. O Quadro 4.1 apresenta empresas com grande capacidade de sobrevivência. As datas referem-se ao surgimento de cada organização.

Quadro 4.1 O elixir da longevidade.

Data	Empresa	País de origem
1288	Stora	Suécia
1590	Sumitomo	Japão
1697	Mitsui	Japão
1802	DuPont	Estados Unidos
1837	Procter & Gamble	Estados Unidos
1847	Philip Morris	Estados Unidos
1847	Siemens	Alemanha
1850	Wal-Mart	Estados Unidos
1883/90	Daimler-Benz	Alemanha
1890	Mitsubishi	Japão
1891	Merck	Estados Unidos
1892	GE	Estados Unidos
1892	American Express	Estados Unidos
1902	3M	Estados Unidos
1903	Ford	Estados Unidos
1907	Royal Dutch/Shell	Reino Unido/Holanda
1908	GM	Estados Unidos
1911	IBM	Estados Unidos
1915	Boeing	Estados Unidos
1945	Sony	Japão
1968	Intel	Estados Unidos
1975	Microsoft	Estados Unidos

Fonte: GEUS, 1998, p. 68.

O desenvolvimento de estratégias requer de gerentes e executivos que predigam o futuro; muitos o fazem de maneira errada com base em padrões históricos percebidos, que, de acordo com os sistemas complexos, não têm grande valor preditivo. Sistemas complexos compostos de várias partes interagindo dinamicamente são difíceis e muitas vezes impossíveis de se predizer porque exibem equilíbrios pontuais (períodos de calma relativa entremeados por mudanças drásticas) e dependência de sentido. Pequenas mudanças em determinado tempo podem resultar em sistemas radicalmente diferentes em um segundo momento. O que o estrategista deve fazer então?

Beinhocker (1999) recomenda o cultivo e a administração de populações de múltiplos estrategistas que evoluam com o passar do tempo. Isso porque as forças de evolução que agem em uma população de estrategistas os tornam mais robustos e adaptáveis, uma vez que se trata de sistemas adaptáveis complexos, do mesmo modo que os cientistas usam para entender melhor a evolução biológica. O autor indica, então, seis ações para reforçar o foco em sistemas robustos adaptáveis: i) investir em uma diversidade de estratégias; ii) avaliar estratégias como opções reais que abram possibilidades futuras e removam preconceitos contra a experimentação e a flexibilidade; iii) diversificar estratégias ao longo de três dimensões: prazo, risco e falta de vínculo com os negócios atuais; iv) assegurar que as estratégias incluam iniciativas suficientemente diversas em áreas promissoras; v) verificar que a seleção de pressões na população de estrategistas da organização reflete nas populações de estrategistas nas demais organizações; vi) utilizar métricas de desempenho de capital de risco (*venture capital*).

4.3 Estratégia e tomada de decisão estratégica

Corporações com estratégias bem-sucedidas têm processos de tomada de decisão rápidos e de alta qualidade. Segundo Eisenhardt (1999), elas apresentam quatro abordagens para criar uma estratégia: i) a equipe de gestores constrói uma intuição coletiva por meio de frequentes reuniões e métricas de tempo real que aumentam a sua capacidade para detectar ameaças e oportunidades. Outras raramente reúnem os gestores em grupo, confiando em análises de mercado e projeções de tendência de futuro que são idiossincráticas à decisão; ii) executivos devem estimular o conflito, ajustando diversas equipes enquanto as desafiam a quebrar táticas acentuando alternativas múltiplas para melhorar a qualidade da tomada de decisão. Outros tomam decisões rápidas visando alguma alternativa; iii) tomadores de decisão eficientes focalizam a manutenção dos passos da decisão e não forçam a velocidade da decisão. Protótipos e consenso são utilizados com frequência. Enquanto outros, ainda, oscilam entre a procrastinação ou o disparo imediato da estratégia; e iv) gerentes de equipes bem-sucedidas têm uma visão negativa da "politicagem". Sua perspectiva é de colaboração, e não de competição, e enfatizam metas comuns e clareza. Outros têm uma orientação competitiva e falta de senso de equipe.

4.4 Uma estratégia voltada para a inovação

Como visto, a noção de estratégia passa por uma reformulação. Necessitamos de novos arquitetos da revolução, dos autores das mudanças fundamentais. Como veremos, as melhores práticas, por si só, já não garantem uma vantagem competitiva para as organizações. Exemplo disso é o uso generalizado de *softwares* empresariais. A preocupação passa a ser a transição para a nova economia emergente. Os ciclos de inovação são cada vez menores. Com a internet, há alteração no clássico ciclo de vida de produtos. Temos também ciclos de estratégias mais curtos. Perguntas como "Quem somos?", "Como é que competimos?", "Quais clientes servimos?" e "Para onde vamos?" passam a ter ciclos menores de resposta.

A seguir, um exemplo da turbulência e da velocidade do tempo: o telefone levou 40 anos para atingir 10 milhões de usuários; o navegador para internet, 18 meses para 10 milhões de usuários; a linguagem Java, 13 meses para 100 milhões de computadores; a AOL (como provedor de internet), 10 anos para ter 10 milhões de usuários; o Hotmail (serviço de *e-mail* gratuito), 24 meses para 10 milhões de usuários. A inovação passa a ser uma nova fonte de valor. Mais do que gerar extensões de linhas de produtos ou ganhos de eficiência incrementais, deve-se passar a reinventar o modo como gerir uma empresa. Simplesmente tornar-se maior ou melhor não é mais uma estratégia. Uma vontade irreversível de ser diferente; esta, sim, é uma estratégia. Isso suscita questões como:

> ***"Somos capazes de mudar as regras do jogo?", "Somos capazes de mudar a nossa própria estratégia?", "Conseguiremos reinventar a nossa indústria de uma forma proativa?"***

Quando a IBM adotou a consultoria em Tecnologia da Informação trouxe uma inovação interna, mas a EDS ou a Andersen Consulting já atuavam nessas áreas. Outras, como a Monsanto, conseguem se reinventar e se tornam líderes dessas novas indústrias. Há, ainda, quem consiga ouvir a voz do futuro com estratégias não lineares para a criação de uma nova riqueza. Não que essas estratégias sejam de alto risco ou que haja uma enorme insegurança por parte dos altos executivos, mas as não lineares devem conduzir a uma aprendizagem mais experimental do que analítica e ter a mesma velocidade daquela que ocorre no mundo que nos cerca. A Dell Computers revolucionou o marketing direto e a distribuição de PCs nos Estados Unidos, e, com a chegada da internet, esse novo canal foi incorporado naturalmente com suas redes digitais. A aprendizagem passa a ser experimental, sempre.

O processo de inovação não deve ser centrado no produto, e, sim, em uma visão sistêmica de inovação.

Naquela que está centrada no produto, temos as extensões da linha de produto e o uso de novas tecnologias. *No entanto, só essa visão não garante o futuro da organização.* Hamel e Prahalad (1994) já falavam em criação de competências básicas *(core competences)*, e não concentração nos produtos finais. Segundo essa mesma visão, compartilhada por Levitt (2004), as companhias deveriam definir seu negócio de modo amplo, não consoante os produtos que vende, mas de acordo com a funcionalidade subjacente dos seus produtos. Uma visão sistêmica da inovação está levando empresas, como a Starbucks, a inovar na distribuição e hábitos de consumo do produto (café); ou diversas outras a criar um novo modelo de negócios, como a Amazon.com em um confronto com a gigantesca Wal-Mart pelo domínio do *e-commerce*; ou a Carpoint.com para a venda de veículos em confronto direto com líderes da indústria, como a General Motors, que foi obrigada a entrar na briga com seu *site* na internet, o BuyPower.

Hamel (1996) nos alerta que os visionários Bill Gates (Microsoft), Anita Roddick (The Body Shop) e Richard Branson (Virgin) podem vir a ser os conservadores de amanhã. Ao contrário deles, os ativistas é que devem ser valorizados, devendo ouvir as vozes internas, em vez de muitos consultores externos. Devem ser estimuladas hierarquias de imaginação, em que a criatividade e a inovação tenham papel essencial. Os quadros de jovens funcionários (muitos dos quais recém-formados e mesmo com experiências em áreas diferentes e não gerenciais) bem como aqueles que estão na periferia do negócio (nós mesmos, brasileiros, longe das matrizes das corporações multinacionais), enfim, todos aqueles que trabalham com menos recursos precisam ser mais criativos e inovadores, e disso se apercebem os executivos recém-chegados à empresa, principalmente aqueles que não se deixam levar pela "miopia" gerencial, pelos programas de *trainees* e pelas *blue chips* da velha economia. Esses programas, na verdade, destinam-se a socializar indivíduos para terem uma forma de pensar comum e ao uso das melhores práticas de gestão.

Uma coerência na estratégia é importante, mas não pode levar ao autoritarismo ou a um raciocínio de grupo. A inovação livre, fragmentada, pode, no máximo, transformar-se em anarquia. As empresas passaram as últimas duas décadas procurando a otimização dos seus processos, do *benchmarking*, das melhores práticas de gestão. Porém, deveriam estar atentas aos novos mercados, aos seus novos grupos de clientes e aos novos paradigmas. Uma estratégia de inovação deve se comportar como a internet, com sua arquitetura estratégica que possibilita delimitar a inovação e é composta de arquiteturas abertas e não proprietárias.

Aos executivos cabe a tarefa de estabelecer esses vetores de inovação – não de inibi-los –, estabelecer uma coerência dando consistência à inovação. Esse processo de questionamento estratégico deve ser amplo, contínuo e profundamente criativo. A inovação, desse modo, deve ser descontínua, tornando-se uma capacidade. Essa inovação não linear é a vantagem competitiva para as organizações que estão se tornando vencedoras na economia conectada. A inovação não pode ser formulada por uma elite e, em seguida, ser implantada pelas massas. Seu processo de gestão como uma estratégia deve apresentar os seguintes aspectos:

- **Descoberta:** quando encontramos os revolucionários nas organizações, ao olhar por novas lentes, instigamos a paixão pela criação do futuro.
- **Síntese:** é o trabalho dos executivos que procuram padrões dentro da diversidade de ideias não convencionais.
- **Experimentação:** serve para continuar a orientação para o futuro.

O processo de inovação estratégica deve ter uma urgência maior que as disciplinas voltadas para a qualidade.

4.5 Estratégias baseadas no tempo

Há um conceito de estratégias baseadas no tempo, criado por George Stalk et al. (1992), com a seguinte mensagem: "encurtar os ciclos de tempo na produção, na concepção de novos produtos, nas vendas, na distribuição e no serviço, reduzirá os custos, servirá melhor os clientes e promoverá a inovação". Com a revolução digital em curso, a vantagem competitiva da velocidade será ainda mais decisiva.

Stalk nos diz que "criar valor utilizando o tempo como arma competitiva requer estratégias que aprisionem os mais atraentes clientes e que mantenham os concorrentes encurralados". Essa estratégia significa selecionar uma das opções: coexistir com os concorrentes, bater em retirada (consolidar posições, abandonar mercados) ou atacar, direta ou indiretamente.

No ataque direto, temos uma estratégia de redução de preços ou aumento da escala de produção; nesse caso, os recursos estarão comprometidos no ataque. Com o aumento da competência das empresas na competição pela internet, batalhas têm sido travadas entre os gigantes da indústria e os novos competidores, como David e Golias. Os novos competidores são rápidos e flexíveis e desafiam as companhias tradicionais, como a rede de livrarias Barnes & Nobles e a Amazon.com. Os mais fracos serão derrotados se optarem pela confrontação direta (*sumo strategy*). A alternativa é o movimento rápido para um novo terreno, e, quando isso não for possível, usar a força do oponente contra ele próprio. Essa é a essência da *judô strategy*, baseada em três princípios:

- ter rapidez, evitando o corpo a corpo;
- ter flexibilidade, cedendo quando o ataque vem de um competidor superior;
- alavancar, aproveitando o peso e a força do adversário em benefício próprio.

Em parte, isso explica a nova onda de livros cujo tema é estratégia de guerra, que estão inundando o cenário da administração. Entre os mais populares está o de Sun Tzu, escrito na China por volta do ano 400 a.C. A primeira tradução ocidental data de 1963 por um oficial da Marinha dos Estados Unidos. Os princípios da guerra aplicados aos negócios sugerem duas palavras: surpresa e antecipação. No ataque indireto, estratégias de surpresa são utilizadas para deixar os competidores atordoados, sem entender o que está se passando. Para ter êxito, esse tipo de estratégia requer recursos superiores aos dos competidores. Webber (1999), editor e fundador da revista *Fast Company*, menciona George Stalk e apresenta seis princípios para "companhias digitais" que desejam competir em velocidade:

a. Tornar a velocidade uma norma. No passado, ser mais rápido gerava benefícios significativos. Hoje, permite dar saltos gigantescos de eficiência. Os consumidores já não toleram as ineficiências dos vendedores tradicionais.
b. Fidelizar os melhores clientes. Se não acelerar o ritmo digital, a empresa terá uma base de clientes que gasta menos, mas que tem maior custo para atendimento.
c. Aumentar a rapidez nas entregas. Acelerar os sistemas de distribuição da empresa.
d. Simplificar o que era complexo. A era digital reduziu a distância entre a informação e a decisão. Permite eliminar todas as dúvidas quanto à qualidade e preços dos produtos e construir os mais diversos cenários de compras. Paradoxo: entregues a si próprios, os consumidores acabam por comprar mais e melhor.
e. Reinventar a segmentação. O mercado pulverizou-se em nichos ainda menores. O grande desafio está em detectar os segmentos emergentes e saber satisfazê-los. No passado, os elementos-chave eram poder de compra, regiões geográficas, idade etc. Hoje, é oferecer a melhor oferta a uma escolha quase individual, porque, a cada experiência de compra, o consumidor adota um novo tipo de comportamento.
f. Esquecer as médias estatísticas. Uma empresa que toma decisões com base em médias estatísticas está condenada ao fracasso.

4.6 Uma estratégia voltada para o conhecimento

Na virada do século, algumas coisas contraditórias estão acontecendo. A internet criou uma série de empresas bem-sucedidas, extremamente jovens e com alto valor de mercado. As Tecnologias da Informação (TIs) foram o grande diferencial competitivo da década passada. Empresas como o HSBC ou o

Citibank só sobrevivem com sistemas financeiros globais. Wal-Mart é líder no mercado de varejo, em grande parte graças aos seus sistemas de logística e de informações; seus gigantescos bancos de dados são o centro nervoso da corporação. A Federal Express utiliza os bancos de dados como uma grande vantagem competitiva.

Uma contradição, no entanto, surpreende: as Tecnologias da Informação detêm uma parte considerável do orçamento de todas as empresas atuais. O principal executivo a lidar com as TIs é o *chief information officer* (CIO), que sabe da importância do conhecimento, mas que, na segunda metade da década de 1990, teve de lidar com situações como: boa parte dos recursos em TI seriam consumidos para tornar os sistemas das empresas compatíveis com o ano 2000 e, na Europa, a preocupação adicional gerada pelo euro. Qual seria a alternativa mais adequada? Investir em sistemas já existentes e geralmente problemáticos, que consumiriam boa parte do orçamento de TI, ou investir em *softwares* de gestão empresarial (denominados ERP) construídos com arquiteturas cliente/servidor (tendência marcante nas empresas desde o início dos anos 1990) e com as melhores práticas de gestão incorporadas (resultantes de *benchmarking* de classe mundial com as melhores empresas em suas respectivas indústrias)?

A resposta natural é que as grandes e médias empresas do mundo utilizaram seus orçamentos em *softwares* de gestão. O que temos, então, é uma homogeneização dos sistemas de informação das principais organizações. O que não resulta em diferencial competitivo sustentável, e, sim, em vantagens competitivas temporárias, conforme nos diria Porter (1994). Isso significa que reestruturações organizacionais e *softwares* de gestão não bastam para resultar em diferencial competitivo. Estratégias baseadas em inovação, tempo e conhecimento é que fazem a diferença. A grande corrida prevista daqui em diante é, na realidade, uma verdadeira guerra. Partiremos de uma "guerra de informações" para uma "guerra de conhecimentos" como preparação para a mudança de paradigma. Sabemos que o conhecimento cresce quando é compartilhado, usado; caso contrário, deteriora-se. Ter o conhecimento dos clientes e dos funcionários ou colaboradores é um dos passos básicos para um empreendimento bem-sucedido.

Pode-se considerar o conhecimento organizacional o mais valioso recurso estratégico.

A habilidade para criá-lo e aplicá-lo é a mais importante capacidade para gerar vantagem competitiva. Por esse aspecto, há uma forte ligação entre gestão do conhecimento e estratégia do negócio para toda a corporação. Para um debate mais abrangente sobre estratégias fundamentadas no conhecimento temos de abordar, no mínimo, os seguintes tópicos:

a. A visão de que as empresas competem em seus recursos estratégicos e suas capacidades no lugar de produtos e serviços específicos.
b. A visão de que empresas podem considerar uma estratégia baseada no conhecimento explicitamente como um recurso estratégico fundamental.
c. As características do conhecimento como um recurso estratégico e quais as implicações para a administração, gerentes e executivos.
d. Como se dá a relação conhecimento-estratégia e quais as implicações para administrar o conhecimento para criar vantagem competitiva.

4.7 Tecnologias de ruptura e estratégias voltadas para o futuro

Em uma época em que se fala muito de internet e do seu impacto sobre as organizações, podem-se visualizar novas estratégias empresariais a serem seguidas com base na conexão dos funcionários, dos consumidores e não consumidores e parceiros; estamos falando de uma estratégia voltada para as conversações.

Há muitas ideias de como isso seria colocado em prática, incluindo as ferramentas que a efetivariam. Mas dizer somente "precisamos de uma estratégia para a internet" é uma declaração no mínimo defensiva. Por que isso? Era possível perceber, desde a segunda metade da década de 1990, o potencial da rede. E o dinheiro? Quando haverá retorno disso? Esse é o primeiro fator para o que se denomina "tecnologia de ruptura". Deve ser pensado no longo prazo em detrimento do curto prazo. Temos de sobreviver enquanto o futuro não chega, mas temos de disputar o sucesso do futuro do comércio eletrônico.

As empresas são bem-sucedidas na internet do mesmo modo que foram em outras áreas. Isso é resultado de um pensamento claro, realístico e de planejamento deliberado. *Não há curto prazo, somente experimentação e trabalho duro.* Uma ideia clara leva a um trabalho consistente. Como estabelecer uma ideia clara sem projetar cenários ou conhecer retornos financeiros? Alguns passos podem ser visualizados:

a. **Estabelecer um modelo empresarial.** É assim que a organização será vista. Será baseada em excelente serviço e no relacionamento com o cliente? Serão sugeridos novos usos para os seus produtos e com isso um aumento de consumo pelos atuais clientes?
b. **Qual é a sua audiência?** Com quem vamos conversar? Quem queremos atrair? O que eles desejam? Não é somente visitantes que queremos, e, sim, clientes ou *prospects*.
c. **Definir seus indicadores de sucesso.** Todo modelo de negócio precisa ser monitorado, a fim de obter novos dados ou informações para novas tomadas de

decisão, novas experimentações, mantendo a estratégia viva. Deve ser medido o que é realmente importante, não aquilo que é fácil de ser medido.

d. **Executar uma verificação realística.** Seu público tem apresentado o comportamento desejado? É necessário fazer pesquisa de mercado ou é possível discutir tendências?

Em um mercado competitivo não há regras, não há respostas para tudo; os riscos são grandes, as oportunidades também. Muitas vezes, ouvir o cliente pode conduzir a erros. Quando se trabalha com uma tecnologia de ruptura como a internet isso pode ser perigoso, como observou Christensen (1997), que apresenta diversos casos de empresas líderes de mercado que perderam grandes oportunidades por utilizar as melhores práticas de gestão, incluindo "ouvir seus clientes".

Muitas vezes, é falso ouvir as necessidades do próprio cliente, investindo em tecnologias que "prometiam" maior retorno. Ouvir somente os acionistas e quais os seus desejos pode conduzir a uma ditadura do acionista e, desse modo, tomar decisões estratégicas erradas. A postura deve ser proativa, e não reativa. Temos de nos antecipar às necessidades dos consumidores. Isso exige experimentação. Há três princípios. Utilizaremos como exemplo uma instituição financeira auxiliada pelo início da televisão nos Estados Unidos. Todos os princípios são baseados no pensamento de Christensen:

a. **Há uma diferença entre melhorias sustentáveis e de ruptura.** Uma melhoria sustentável pode sugerir que necessitamos abrir novas filiais ou aumentar as horas de atendimento, como o *in-store banking*, que opera dentro de supermercados ou *shoppings* em horários que vão além dos das agências, ou mesmo reduzir a espera na fila do caixa com a abertura de novos caixas. Uma melhoria de ruptura, ao contrário, sugere o uso intensivo de redes de comunicações entre o cliente e a instituição financeira, ou seja, *internet banking, home banking,* quiosques, bancos 24 horas e centrais de atendimento ao cliente (*call center*). Todos satisfazem às necessidades de conveniência, mas de diferentes maneiras. Melhorias sustentáveis oferecem soluções de curto prazo e desafios de longo prazo. Melhorias de ruptura oferecem soluções de longo prazo, mas desafios de curto prazo, ou seja, altos custos iniciais, treinamento dos colaboradores, falta de interesse inicial pelo cliente etc.
b. **Melhorias de ruptura avançam mais rapidamente que as demandas de mercado.** Exemplo é o da televisão, cuja tecnologia já existia antes da Segunda Guerra Mundial, mas as vendas eram extremamente lentas. Os comerciantes começaram a tentar vender, embora muitas pequenas cidades nos Estados Unidos não recebessem sinal de televisão, e, por isso, muitos consumidores

não viam necessidade de comprar um aparelho que ficaria mudo e sem imagem. Uma série de pequenas melhorias ocorreu com a instalação de antenas conectadas nas lojas dessas pequenas cidades; assim, o cliente passou a ser atraído pelos programas de TV. Eventualmente, as lojas podiam instalar essas antenas na casa dos consumidores por uma pequena taxa. Com isso, houve o início da era da televisão. Podemos ter várias instituições financeiras que não tenham adotado as entregas eletrônicas como estratégia, pois seus clientes não desejavam isso. O exemplo da introdução da televisão nos dá uma postura proativa. Mas melhorias sustentáveis poderão tornar esses novos canais (a entrega eletrônica, por exemplo) a preferência do cliente.

c. **Líderes em suas respectivas indústrias tendem a ver as melhorias de ruptura como investimentos não desejáveis.** Do mesmo modo que a indústria de disquetes de computadores, as instituições financeiras tendem a escutar os seus membros, possivelmente muitas vezes. Investimentos em tecnologias de informação que os clientes não desejam acabam sendo feitos por instituições menores ou mais novas que investem em tecnologias de ruptura. O banco americano Security First Network Bank investiu cerca de US$ 50 mil em meados da década de 1990 para construir o primeiro banco baseado somente na internet. Nenhum dos líderes do setor assim fez. Estes tinham seus clientes nas agências, nos bancos 24 horas ou nas centrais de atendimento. Por que deveriam gastar dinheiro em *internet banking*? Temos agora todos os grandes bancos correndo atrás para não perder *market share.* Mas isso é só o início. Pequenas corretoras passaram a vender fundos ou ações pela rede. As próprias bolsas de valores podem se sentir ameaçadas. Outras empresas passarão a vender seguros, fundos de aposentadoria, créditos imobiliários etc. Podemos ter megaorganizações que vendam de tudo. Bancos necessitam disponibilizar uma oferta, não de 40, não de 400, mas de 4.000 diferentes produtos. Qual é a estratégia então? Vejamos algumas propostas:
   - **Atrair novos mercados** – Para que uma empresa sobreviva no século XXI, ela tem de capturar novos mercados. Não há como confiar em estratégias ultrapassadas, métodos ou simplesmente princípios. Tem de se adaptar continuamente às mudanças. Muitas organizações atuais não conseguirão avançar com a estrutura que possuem hoje. Este é o momento para uma agressividade maior e penetração em novos mercados. Uma organização estaria, em teoria, presa pela necessidade de satisfazer aos seus membros com produtos e serviços que estes exigem; caso contrário, não sobreviveria. Captura-se um novo mercado, em parte, com investimentos em tecnologias de informação, com desenvolvimento de canais eletrônicos e agências não tradicionais e também com novas organizações.

- **Construir novas organizações** – Uma organização atual não pode se dedicar com energia a servir a todos os seus clientes potenciais, cujas necessidades são substancialmente diferentes das dos clientes atuais. Assim, uma solução proativa e totalmente autônoma é o estabelecimento de novas organizações para servir a esses mercados novos, podendo atender a um segmento definido de mercado e também estar debaixo da estrutura da organização atual, mas de modo autônomo. Existe a possibilidade "menos traumática", que é construir, de modo gradual, uma nova organização já existente; esses novos mercados podem ser atraídos e retidos pela mudança na direção estratégica do negócio. Alguns clientes atuais podem continuar desejando os produtos ou serviços que exijam uma interação pessoal. Por meio da pesquisa de mercado, pode-se determinar quais produtos ou serviços ajudariam a reter os clientes atuais se estes fossem mudados e se novos produtos fossem oferecidos.
- **Criar novos métodos de planejamento** – Como foi exposto, historicamente o processo de planejamento confundia-se com a estratégia, e, na prática, era um evento do tipo "o que precisamos fazer durante o próximo ano". Isso frequentemente fazia que se olhasse o desempenho financeiro, bem como as decisões baseadas em dados históricos. Se for uma instituição de crédito, na qual os juros são baixos e a inadimplência pequena, pode-se implementar uma estratégia de concessão de empréstimos baseados em risco. Se o crescimento de vendas estiver baixo, serão feitas novas campanhas de marketing. Caso as ideias fluam desse modo, o planejamento está inadequado. É reativo, e não proativo, e devemos planejar necessidades para focalizar o futuro, e não o passado.

4.8 Estratégias para "empresas digitais"

Como foi exposto, estratégias complexas envolvem questões inteligentes e complicadas, que podem abranger toda a organização para sua efetivação. Slywotzky e Morrison (1999) descreveram um repensar radical da organização, que leva a uma série de questões que podem auxiliar na estratégia de qualquer indústria, seja qual for o seu tamanho:

1. Quão digital é a sua empresa?
2. Quais são, atualmente, as cinco questões estratégicas mais importantes para o futuro da empresa?
3. Quais são os processos orientados para responder a essas questões? Como funcionam hoje? Quais são as principais limitações?

4. Até que ponto esses processos são gerenciados como "átomos"? Como poderiam ser gerenciados como bits?
5. Como os gestores gerenciam os bits da empresa hoje? Como uma abordagem digital do negócio permitiria gerenciar esses bits de um modo radicalmente diferente?
6. De que modo a nova forma de gerenciar esses processos afetaria produtividade, tempo de ciclo de processo, ativos e tomada de decisões na operação?
7. Entre os problemas identificados, escolha pelo menos 20 itens que podem ser modificados para ajudar a transformar a empresa em um negócio digital. Qual é a sequência de implementação a ser seguida?
8. Quantas pessoas na empresa estão mentalmente preparadas para a operação digital? Qual é a combinação de treinamento, comunicação e marketing interno necessária para mudar a atitude dos menos aptos?
9. Que novas arenas de oportunidades se abririam para a empresa caso mudasse para uma operação digital?

4.9 Considerações finais

As organizações – como a principal instituição social e econômica da sociedade moderna, bem como seus gerentes e executivos – buscam novos modelos de gestão e novas estratégias. Durante as últimas décadas, concentraram-se em aumentar a competitividade, melhorando sua eficiência operacional: cortaram custos, desperdícios, utilizaram diversas técnicas, como o *downsizing* e o *outsourcing*, e extraíram valor, resultando em retorno para os acionistas. Mas, a que preço? Outras organizações, como HP, 3M, Disney e Microsoft, nunca aceitaram essa lógica, fugiram das teorias e práticas dominantes. Um novo modelo de gestão surge baseado em um melhor entendimento do indivíduo e motivação corporativa. Novas estratégias também aparecem. Uma visão dinâmica da estratégia é necessária. Estratégias duais: **competir hoje e preparar o amanhã é o caminho.**

O pulo do gato

Grigorita Ko/Shutterstock

Muitas alterações no varejo têm ocorrido com maior rapidez e demandado muitos investimentos, mostrando que o varejo brasileiro passa por transformações que só serão vistas com clareza dentro de alguns anos, mas que já estão sendo definidas hoje. As fortes pressões ambientais estão ajudando a formar um novo consumidor. Esses indivíduos, de acordo com as pressões externas, adaptam-se ao ambiente, e o varejista necessita adaptar sua empresa a eles, procurando satisfazer suas necessidades, praticando preços mais baixos, atendendo às suas conveniências, como: dificuldades em se deslocar para uma loja física, a falta de tempo para fazer compras, a preocupação com sua saúde e da sua família tanto do ponto de vista nutricional (qualidade de vida) quanto do econômico (orçamento doméstico). Reportando-se a Nogueira (1995), o varejo passa por um momento de quebra de paradigmas que foram respeitados por um longo período:

a) A atuação volta-se do produto para o cliente. Como exemplos existem os clubes de compra, uma modalidade de comércio em expansão; no caso brasileiro, pode-se citar o Sam's Club do grupo Wal Mart, presente em 11 estados e distritro federal, tendo 27 lojas com tamanho médio de 6.300 m^2; tem como principais grupos de clientes pequenos empresários e grandes famílias associados ao empreendimento. Em 1996 movimentou cerca de R$ 100 milhões de reais.[1]

b) Operação com o chamado preço global, decorrente da soma de custo e lucro. Aí a necessidade de controlar e reduzir custos para trabalhar com preços baixos e com lucro; por exemplo, o Pão de Açúcar e seu o sistema EDI – Eletronic Data Interchange.

[1] Disponível em: <www.walmartbrasil.com.br/bandeiras/sams-club>. Acesso em: 30 ago. 2017.

c) *Além de oferecer produtos, como fazem todas as empresas varejistas, surge a necessidade de oferecer aos clientes serviços diferenciados.*
d) *No local de compras a loja deve agregar espaços de lazer para crianças, espaço de leitura para adultos, pontos de internet e* wi-fi *gratuito e outras estratégias de merchandising.*
e) *Vender com o objetivo de manter ou fidelizar a clientela. A regra da Stew Leonard's, localizada em Connecticut, nos Estados Unidos, tornou-se uma lenda nas últimas décadas e já foi apresentada no programa "Acredite se quiser" e no livro* Guinnes de recordes; *sua premissa consagrada há tempos no mercado é "O cliente sempre tem razão".*
f) *Surge um novo tipo de "loja no cliente", ou levar produtos e serviços até onde estiver o cliente, sem se ater apenas aos clientes que habitual ou esporadicamente vêm até a loja.*

(Giuliani, 2001)

Questões

1. Qual é a importância do pensamento estratégico? Imagine um cantor de sucesso. Como ele pode usar o pensamento estratégico?
2. Há uma relação entre empresas que sobrevivem por décadas ou séculos e estratégias adaptativas? Há empresas nacionais nesta situação?
3. O que vem a ser uma estratégia baseada no tempo? Qual é a relação entre a velocidade das empresas digitais e os modernos sistemas de logística?
4. Acrescente ao exemplo da Dell os componentes de uma possível estratégia relacionada aos ambientes interno e externo, fornecedores, clientes e demais parceiros.
5. O que são tecnologias de ruptura? Como podem destruir negócios tradicionais de empresas bem-sucedidas? Qual é a sua relação com estratégias duais?

Referências bibliográficas

BEINHOCKER, E. D. Robust adaptive strategies. *Sloan Management Review*. Massachusetts, v. 40, n. 3, primavera 1999, p. 95-106.

CASAGRANDE, Marcelo. Não confunda ambição com ganância. *Gestão e Negócios*. São Paulo, ed. 96, p. 64, 2017.

CHRISTENSEN, Clayton M. *The innovator's dilemma: when new technologies cause great firms to fail*. Boston: Harvard Business School Press, 1997.

EISENHARDT, K. M. Strategy as strategic decision making. *MITSloan Management Review*, Massachusetts, v. 40, n. 3, primavera 1999 p. 65-72.

GARCIA, José Henrique. s.d. *Peixe-boi*. Disponível em: <https://www.infoescola.com/mamiferos/peixe-boi/>. Acesso em: 27 nov. 2017.

GEUS, Arie de. The living company. *Harvard Business Review*. Boston, mar./abr. 1997. Disponível em: <https://hbr.org/1997/03/the-living-company>. Acesso em: 30 nov. 2017.

______. O elixir da longevidade. Entrevista concedida em Londres ao jornalista Jorge Nascimento Rodrigues na *Coluna Tendências/Gestão da Revista Executive Digest*, ano 4, ed. 47, set. 1998. Disponível em: <http://www.janelanaweb.com/manageme/longevidade.html>. Acesso em: 4 dez. 2017.

GIULIANI, A. C. Perspectivas e desafios para o varejo: um novo ciclo de expansão para as empresas. In: SIQUEIRA, Elisabeth Stradiotto et al. *Administração, evolução, desafios e tendências*. São Paulo: Cobra, 2001.

HAAPANIEMI, Peter. Bank to the future. *EXEC:* The executive's guide to information solutions. Nova York: Unisys, maio 1999, p. 10-6.

HAMEL, Gary; PRAHALAD, C. K. *Competing for the future*. Boston: Harvard Business School Press, 1994.

______. Strategy as revolution. *Harvard Business Review*, Boston, jul./ago., 1996, p. 69-82.

HERZOG, Ana Luiza et al. Prontas para a guerra. *Exame*, São Paulo, ed. 1111, ano 50, n. 7, p. 32-33, abr. 2016.

LEVITT, T. Marketing myopia. *Harvard Business Review*. Boston, jul./ago., 2004. Disponível em: <https://hbr.org/2004/07/marketing-myopia>. Acesso em: 30 nov. 2017.

______. How digital is your company. *Fast Company*, p. 104, fev./mar. 1999.

LOSEE, Stephanie. Mr. Cozzete buys a computer. *Fortune*, 9 abr. 1994, p. 69-72.

McMASTER, Michael D. *The intelligence advantage:* Organizing for complexity. Newton: Butterworth-Heinemann, 1996.

MINTZBERG, Henry et al. *Safári de estratégia*. Porto Alegre: Bookman, 2000.

PORTER, M. *Competição:* estratégias competitivas essenciais. Rio de Janeiro: Campus, 1994.

PRAHALAD, C. K. *Competing for the future*. Boston: Harvard Business School Press, 1994.

SIQUEIRA, Elisabeth Stradiotto et al. Perspectivas e desafios para o varejo: Um novo ciclo de expansão para as empresas. In: *Administração* (evolução, desafios e tendências). São Paulo: Cobra, 2001.

SLYWOTZKY, A. e MORRISON, D. How digital is your business? *Fast Company*, 1999, p. 164.

STALK Jr., George. Time: the next source of competitive advantage. *Harvard Business Review*. Boston, jul. 1988. Disponível em: <https://hbr.org/1988/07/time-the-next-source-of-competitive-advantage>. Acesso em: 30 nov. 2017.

STALK, G.; EVANS, R; SHULMAN, L. E. Competing on capabilities: the new rules of corporate strategy. *Harvard Business Review*. Boston, mar. 1992, 70, 2, p. 54-69.

YOFFIE, David B.; CUSUMANO, Michael A. Judo strategy: The competitive dynamics of Internet time. *Harvard Business Review*. Boston, jan./fev. 1999, p. 70-81.

WEBBER, Alan. Are you on digital time? *Fast company*, fev./mar., 1999, p. 114-8.

Parte 2 – Gestão estratégica interorganizacional

Luciano Queiroz/Shutterstock

Capítulo 5 – Gestão estratégica da produção
Walther Azzollini Júnior e José Benedito Sacomano

Filipe Frazao/Shutterstock

Capítulo 6 – Gestão estratégica de marketing
Antonio Carlos Giuliani, Thel Augusto Monteiro e Edgard Monforte Merlo

Rafael Martos Martins/Shutterstock

Capítulo 7 – Gestão estratégica de pessoas
Yeda Cirera Oswaldo, Elaine Aparecida Dias e Vera Lúcia B. Baroni

Travel Stock/Shutterstock

Capítulo 8 – Gestão estratégica de finanças
Carlos Eduardo Francischetti, Clóvis Luíz Padoveze e Paulo Sérgio Castilho

Catwalker/Shutterstock

Georges Lemaître (1894-1966), teólogo, engenheiro, físico, astrônomo, pai da teoria do "big-bang"

> *"Ele (o pesquisador cristão) sabe que coisa alguma em toda a criação foi feita sem Deus, mas ele sabe também que Deus em nenhum lugar assume o lugar de suas criaturas. Atividade divina onipresente em todos os lugares é essencialmente escondida. Jamais esteve em questão reduzir o Ser supremo ao posto de uma hipótese científica."*

Capítulo 5 – Gestão estratégica da produção

Walther Azzollini Júnior
José Benedito Sacomano

Se você quer uma mudança permanente, pare de focar no tamanho dos seus problemas e comece a focar no seu tamanho.
T. Harv Eker

SINOPSE: Formação da estratégia ao longo do tempo, às vezes de forma acidental e sempre incremental.

ESTRATÉGIA COMO APRENDIZADO E PROCESSO EMERGENTE O ANIMAL METAFÓRICO: MACACO-PREGO

Luciano Queiroz/Shutterstock

Lema: Se não conseguir, tente de novo.
Década: 1980.
Principais nomes: Lindblom, Quinn, Burgelman.
Principal contexto: Aprender.
Autor nacional homenageado: Sílvio Pires
Gestão estratégica da produção. Piracicaba: Unimep, 1995.

FORMULAÇÃO DA ESTRATÉGIA COMO APRENDIZADO

Premissas essenciais:

1. Não existe resposta certa. Existe apenas uma variedade de possíveis ações, cada uma produzindo consequências desejadas e indesejadas.
2. Não existe forma de desmembrar um sistema e consertá-lo. Os sistemas têm integridade e é preciso tratar o todo, não apenas as partes individuais. De acordo com Senge (1990), não se pode dividir um elefante no meio para gerar dois elefantes.
3. Causa e efeito muitas vezes não estão intimamente relacionados no tempo e no espaço. O resultado é que a verdadeira causa de um problema pode não ser óbvia.
4. As soluções mais óbvias podem, simplesmente, não funcionar. Se funcionarem, podem melhorar a situação no curto prazo, mas piorá-la no longo prazo.
5. Muitos dilemas aparentes, como qualidade *versus* custos, podem não ser situações em que devemos nos decidir entre duas opções. Ao longo do tempo, talvez seja possível trabalhar com as duas opções se estivermos dispostos a ser pacientes. Conforme Senge (1990): "Você pode assobiar e chupar cana – mas não pode fazer as duas coisas ao mesmo tempo".
6. Embora as pessoas gostem de culpar os outros por suas dificuldades, os problemas de um sistema muitas vezes são causados por pessoas dentro dele, e não por alguma força externa.

(Boyett e Boyett, 1999)

Paradigmas organizacionais: um novo rumo

Século XX	Século XXI
Estabilidade, previsibilidade	Descontinuidade da mudança, melhoria contínua
Porte e escala	Velocidade e responsividade
"Comando e controle" de baixo para cima	*Empowerment*, liderança de todos
Rigidez organizacional	Organizações "virtuais", flexibilidade permanente
Controle por meio de regras e hierarquia	Controle por meio da visão e dos valores
Informações em segredo	Informações compartilhadas
"Racional", análise quantitativa	Criatividade, intuição

(continua)

(continuação)

Século XX	Século XXI
Necessidade de certeza	Tolerância à ambiguidade
Reativo; avesso ao risco	Proativo; empreendedor
Orientado para o processo	Orientado para os resultados
Autonomia e independência corporativa	Interdependência: alianças estratégicas
Integração vertical	Integração "virtual"
Foco na organização interna	Foco no ambiente competitivo
Consenso	Contenção construtiva
Orientação para o mercado nacional	Foco internacional
Vantagem competitiva	Vantagem colaborativa
Vantagem competitiva sustentável	Hiperconcorrência, constante reinvenção da vantagem
Competindo por mercados atuais	Competindo por mercados futuros

Fonte: KIERNAN, M. *11 mandamentos da administração do século XXI*. São Paulo: Makron Books, 1998.

TRILHA TROPICAL

O **macaco-prego** (*Cebus apella*) é um mamífero onívoro, primata da família *Cebidae*. Existem 12 espécies conhecidas do gênero *Cebus*. Como a maioria dos primatas, o macaco-prego é inteligente e muito ativo. Atinge no máximo 60 cm de comprimento e 3,5 kg.

Essa espécie é encontrada na América do Sul, principalmente nas florestas tropicais. Muito ágeis, os macacos-prego vivem no topo das árvores, onde passam a maior parte do tempo. Normalmente só descem ao chão para beber água ou para "atacar" plantações nos arredores da floresta.

Vivem em bandos compostos de até 30 indivíduos, na maioria fêmeas e com um macho dominante. Comunicam-se através de assobios, gritos e chiados, entre outros tipos de sons, e se reconhecem pelo cheiro. São muito colaborativos entre si.

(Pacievitch, s.d.)

Estamos buscando desperdícios com lupa.
Rodrigo Galindo, presidente da Kroton.
HERZOG, Ana Luiza et al. Prontas para a guerra.
São Paulo: *Exame*, ed. 1111, ano 50, n. 7, abr. 2016.

Objetivos do capítulo

Este capítulo visa apresentar a gestão estratégica da produção, com ênfase na automatização do sistema de apontamento do desempenho desde os processos de fabricação até a programação da produção. Pesquisas abordam inovações tecnológicas com base em supervisão e controle dos recursos de manufatura, a fim de detectar e ajustar possíveis restrições do fluxo de produção e minimizá-las, de acordo com os trade-offs *requeridos entre as estratégicas corporativas e as da manufatura.*

Palavras-chave: *remote method invocation (RMI); representational state transfer (Rest); public cloud; private cloud; software defined network (SDN).*

5.1 Introdução

Com ênfase na automatização do sistema de apontamento do desempenho desde os processos de fabricação até a programação da produção, pesquisas abordam inovações tecnológicas com base em supervisão e controle dos recursos de manufatura, a fim de detectar e ajustar possíveis restrições do fluxo de produção e minimizá-las, de acordo com os *trade-offs* requeridos entre as estratégicas corporativas e as da manufatura.

Essas soluções inovadoras, desenvolvidas com base nas inovações da tecnologia da informação, são caracterizadas pelo elevado nível das inovações tecnológicas que representam, devido principalmente à presença de profissionais empenhados no aprimoramento do uso dos recursos de modo distribuído, o que por sua vez demonstra a possiblidade da redução dos investimentos nos projetos de TI no curto e médio prazos.

Não há dúvidas de que o avanço da tecnologia da informação torna realidade o acesso remoto a sistemas computacionais e *softwares* especialistas por meio de uma configuração distribuída, e deve contribuir razoavelmente para a redução dos custos operacionais e de manutenção do projeto de TI das empresas industriais. Esse novo contexto vai permitir às empresas avançar no uso de projetos de TI mais sofisticados. Cabe, contudo, o delineamento de estratégias de utilização da computação em nuvem mais consistentes, o que requer a definição das estratégias de utilização.

5.2 A interface do gerenciamento por meio do *application program interfaces* (APIs)

5.2.1 Simple object access protocol (SOAP v 1.2)

Segundo Starke e Tilkov (2007), um princípio básico do acesso computacional a objetos é tratar preferencialmente a funcionalidade de cada serviço encapsulando a implementação por trás das interfaces. Além disso, conforme ressaltam Maier et al. (2009), reduz-se o nível de acoplamento (*coupled*) do projeto para evitar a dependência entre serviços.

Para esses autores, os dois aspectos mais relevantes do protocolo SOAP v 1.2 são o encapsulamento e a redução do acoplamento nos projetos de TI, mais efetivamente no ambiente industrial. Diante disso, há um número significativo de trabalhos científicos que vêm aumentando o número de patentes nos campos de pesquisa das aplicações relacionadas a projetos de TI orientados a serviço. De acordo com Bärenfänger, Leveling e Otto (2016), aumentam também significativamente os níveis do desempenho de projetos de implementação de TI no mundo dos negócios.

Romero e Vernadatb (2016) consideram que não muito recentemente as arquiteturas computacionais, do ponto de vista técnico, evoluíram fortemente na direção da orientação para serviço. Como resultado, de acordo com os autores, arquiteturas como *service-oriented architecture* (SOA) e *service-oriented computing* (SOC) evoluíram significativamente visando fornecer soluções de *middleware* independentes de plataforma, linguagem e sistemas operacionais, o que resultou em mais inovações tecnológicas com o propósito de atender a novas demandas da *web services*.

A fim de suportar a interoperacionalidade e a integração dos sistemas, aplicações e fontes de dados, Romero e Vernadatb ressaltam também o propósito do surgimento de novos protocolos computacionais que visam minimizar o nível de *coupling* entre as interfaces, como o protocolo SOAP v 1.2 e a metodologia *Business Process Management* (BPM), que passaram a apoiar a criação de códigos pouco acoplados e um rol de orientações de boas práticas na seleção da arquitetura de implementação dos sistemas e *softwares* relacionados em um projeto de TI.

Romero e Vernadatb afirmam ainda que o protocolo SOAP v 1.2 tem como objetivo principal proporcionar a comunicação entre diversas arquiteturas com tecnologia orientada para objeto, como *object request broker architecture* (Corba), *remote method invocation* (RMI), *distributed component object model* (Dcom) etc.

Kim et al. (2016) definem a Corba como uma arquitetura capaz de agregar um protocolo aberto, com o propósito de realizar a comunicação *internet interorb protocol* (IIOP), mantendo um grau de acoplamento inferior às demais arquiteturas. Os autores destacam a dependência, no caso das demais plataformas, de um código de programação computacional gerado a partir do *start* do serviço definido por *stub* que, por sua vez, faz uso de um mecanismo padronizado de comunicação no qual todos os objetos são transcritos para XML através de uma requisição de serviço *Hyper Text Transfer Protocol Secure* (HTTPS). Esse serviço disponibiliza as informações a serem transferidas para o servidor, definindo o procedimento de comunicação com objetos remotos, através do Remote Method Invocation (RMI).

5.2.2 *Remote method invocation* (RMI)

O *remote method invocation* (RMI), de acordo com Durfee et al. (2016), é um método de invocação remoto que utiliza um mecanismo padrão empregado em sistemas *remote procedure call* (RPC) para se comunicar com objetos remotos definidos como *stubs, skeletons,* que nada mais é do que um código similar a um *proxy* destes objetos.

Com base nos autores referenciados neste trabalho podemos considerar que o processo de invocação RMI pode ser descrito como aquele iniciado da invocação de um método por parte de um objeto local a um objeto remoto. Tecnicamente, a literatura considera que o *stub* é responsável, neste caso, por enviar a invocação ao método para o objeto remoto com base em determinados passos, sendo:

1. A conexão com a *virtual machine*, que por sua vez incorpora o objeto remoto, deve ser iniciada;
2. Os parâmetros são escritos e transmitidos remotamente para a *Virtual Machine*;
3. Há um tempo para se obter os resultados da invocação do método;
4. Uma vez que os resultados são retornados, os mesmos são lidos;
5. O objeto que executou a invocação recebe o retorno.

Para Durfee et al. (2016), o *desktop* local começa a operar como um emulador de interfaces durante a requisição de determinados serviços, de acordo com um modelo de serviço com o avanço para um estado de transferência dos dados, apoiado no *Representational State Transfer* (Rest) ou no SOAP v 1.2. O protocolo SOAP v 1.2 é um padrão da indústria, concebido com protocolos bem definidos e um conjunto de regras bem estabelecidas (Rozlog, 2013).

5.2.3 *Representational state transfer* (Rest)

Em tempos recentes, o modelo SOAP era utilizado na maioria dos processos de comunicação entre os objetos remotos. Mas em muitos projetos acabou sendo substituído pela técnica Rest, considerada uma opção melhor em comunicação para a Web 2.0 (Rozlog, 2013). Embora, segundo o autor, o *upgrade* do SOAP para SOAP v 1.2 represente um aprimoramento da tecnologia, tornando-a mais adequada por ter um padrão definido e consagrado neste tipo de aplicação.

Para Blaiszik et al. (2016), é possível interagir com dados publicados e metadados via *representational state transfer* (Rest) com as interfaces dos programas de aplicação (*application program interfaces* (APIs)) para facilitar a automação no ambiente industrial similar ao SOAP com a possibilidade da realização de análises e *feedback*.

A técnica *representational state transfer* (Rest) permite essa interação de maneira mais simples e rápida por ser considerada pelos pesquisadores uma abstração da arquitetura *world wide web*, que, por sua vez, é peculiar como arquitetura, pois, com base em um conjunto de restrições ordenadas, diante da concepção de uma arquitetura mais adequada à aplicação a componentes, como conectores e elementos de dados dentro de um sistema distribuído, pode facilitar as transferências de dados entre interfaces (Blaiszik et al., 2016).

Blaiszik et al. (2016) concluem que a aplicação do Rest garante a redução do tempo de manutenção, que depende do nível de acoplamento, uma vez que a redução do acoplamento que o método permite entre as rotinas viabiliza a disponibilidade do serviço. O Rest pode atender a um dos maiores objetivos do projeto de uma arquitetura orientada para serviços (*web services*): a redução de acoplamento, além do ganho com a gestão das interfaces por meio das *application program interfaces* (APIs), o que deve garantir a liberação do serviço sem grande esforço em um ambiente de *cloud computing*.

5.3 Tipo de *cloud computing*

Svantesson e Clarke (2010) ponderam que, embora a *cloud computing* possa ser considerada um conjunto de duas palavras de significado vago na busca por uma definição mais objetiva, ela abre uma ampla perspectiva na busca por definições assertivas da tecnologia. Eles ainda destacam que há um consenso mundial de que o termo *cloud computing* tipicamente refere-se a um arranjo técnico de componentes de *software*, *hardware* e *network*, no qual os usuários podem armazenar dados em servidores remotos sobre o controle de outros componentes da mesma ou de outra infraestrutura. Em Wu et al. (2015) há três possibilidades do uso da computação em nuvem quanto aos investimentos em sua infraestrutura e direito ao uso.

- ***Public cloud*** – pacotes de *softwares* de engenharia, como *softwares* NX, CAD, Catia e *SolidWorks* e pacotes de *softwares* PLM (*softwares* de simulação, como o *plant simulation* e serviços terceirizados, como impressão 3D para prototipagem e fornecedores de componentes com auxílio ao *supply chain management*), que podem ser utilizados a partir da *public cloud computing*. Neste caso, a empresa assume apenas o custo do uso dos recursos de que necessita e pelo tempo de uso no formato de serviço disponibilizado por um fornecedor remoto, tendo a possibilidade de maiores ganhos quanto à redução do investimento necessário no pagamento de licenças de uso dos *softwares* e do uso da infraestrutura de TI.
- ***Private cloud*** – *softwares* especialistas, como os aplicativos *advanced planning systems* (APS), e sistemas corporativos podem ser utilizados a partir da *private cloud computing*, principalmente quando há questões de confidencialidade dos dados e a necessidade de se manter o domínio sobre a infraestrutura. Neste caso o investimento por parte da empresa, por causa das proporções, deve aumentar significativamente.
- ***Hybrid cloud*** – nesse modelo a empresa pode fazer uso de uma plataforma de nuvem pública para determinados fins e de uma plataforma de nuvem privada para uso interno. O que define qual delas utilizar é a necessidade de manter dados sigilosos sob o domínio da organização, o que deve influenciar na decisão sobre a configuração a ser adotada.

5.4 *Software defined industrial internet of things* (SDIIoT)

Segundo Xia et al. (2012), a *internet of things* (IoT), também conhecida como a *internet dos objetos*, representa a interconexão de objetos de uso cotidiano, na maioria das vezes equipados com inteligência distribuída, o que vem aumentando a ubiquidade da *internet*, integrando todos os objetos para interação por meio de sistemas embarcados. Nessa perspectiva, esses autores definem IoT como uma rede altamente distribuída de dispositivos de comunicação que interage em tempo real com os seres humanos, bem como com outros dispositivos.

Para Xia et al., há avanços tecnológicos significativos que devem persistir sem que tenhamos a dimensão do quanto ainda devem evoluir, tanto a médio quanto a longo prazo. Para os autores, a IoT deve abrir oportunidades para um grande número de novas aplicações com perspectivas de melhorar a qualidade de vida das pessoas. Há na literatura um número razoável de *frameworks* para diferentes fins, como o *Software defined industrial internet of things* (SDIIoT), um *framework* apresentado por Jararweh et al. (2015).

Jararweh et al. consideram que a *Industrial Internet of Things* (IIoT) deve crescer significativamente até 2020, tendendo a cobrir todos os objetos de uso comum em diferentes ambientes: industrial, comercial e residencial, criando o que esses autores definem como a *Internet of everything* (IoE). Eles apresentam um *Software defined industrial internet of things* (SDIIoT), que é um *framework* com o propósito de atender a necessidades específicas de armazenamento, gerenciamento, controle e manutenção da segurança dos dados do fluxo de informações de transações máquina a máquina (M2M), por meio de um *Software defined industrial internet of things* (SDIIoT).

O *Software defined industrial internet of things* (SDIIoT), *framework* abordado por Jararweh et al., explora os principais sistemas encontrados na literatura propondo soluções *OpenFlow* com ênfase no avanço da IIoT. Os principais tipos de *framework* com o propósito de conceber uma rede definida por *software* com base nas ideias de Jararweh et al. são:

5.4.1 *Software defined network* (SDN)

De acordo com Jain e Paul (2013), o SDN pode ser considerado a mais recente inovação em ambiente de rede. Simplifica o gerenciamento de rede, dividindo-a em dois planos:

a. **de dados** – utiliza as tabelas de encaminhamento preparadas pelo plano de controle no controlador de transmissão das mensagens e pacotes de fluxos de dados, entre outros.
b. **de controle** – nele, o elemento controlador reside na camada de dados entre as aplicações de rede e os seus elementos de direcionamento como um *middleware* para transferir e gerenciar a comunicação.

No caso do plano de controle, as APIs são posicionadas entre as aplicações definidas no SDN e o *controller-switch* com propósito de suportar o processo de comunicação e de transferência de informações entre os elementos da rede através de protocolos de rede, como o protocolo *OpenFlow*. Hu et al. (2011) destacam o aumento na velocidade da realização de qualquer trabalho a partir da distribuição e virtualização da carga dos componentes de *hardware*, e os provedores de *cloud computing* acabam explorando os benefícios da SDN de gerenciar a heterogeneidade da infraestrutura dos *switches/routers*.

Para Jararweh et al. (2015), os provedores de computação em nuvem podem explorar os benefícios da SDN para gerir a heterogeneidade da infraestrutura de *switches* e *routers*. A habilidade atribuída ao SDN é a de gerenciar os dispositivos *switches* por um único ponto de aplicação definido como a camada do *controller-switch*.

Essa possibilidade, segundo os autores, permite aos usuários usar a *cloud computing* de maneira eficiente por meio da criação de diferentes recursos oferecidos ao usuário, como a virtualização do componente ou de parte do componente em conjuntos de recursos distintos envolvendo desde o uso de um *software* a elementos de uma infraestrutura virtual. Neste caso, para ambas as abordagens descritas pelos autores, os recursos a serem oferecidos aos usuários, *softwares* e *hardwares*, podem ser utilizados de modo compartilhado, e a parte que cabe ao usuário em determinado momento em função da sua demanda é chamado *sliver* do componente que utilizado como serviço.

Cada componente deve incluir mecanismos de *hardware* ou *software* que isolem os *slivers* uns dos outros, considerando que um *sliver* é um *container* de recursos. Trata-se de uma abstração da parte que cabe à experimentação descrita como *slice*, definida pelo grupo de *slivers* espalhados por um grupo de componentes e o grupo de usuários com permissão de acessar os *slives*.

- ***Software defined storage*** (**SD*Store***) – tem a função de isolar a *data control layer* da *data storage layer*. A camada de controle contém os componentes de *software* com a função de gerenciar e controlar os recursos de armazenamento, enquanto a camada de dados tem a função de gerenciar a infraestrutura dos ativos armazenados (Palanivel e Li, 2013).
- ***Software defined security*** (**SDSec**) – tem a função de isolar o plano de envio e processamento dos dados do plano de controle similar ao SDN. Sua principal função, contudo, é minimizar a sobrecarga de trabalho no processo de gerenciamento dos sistemas computacionais complexos (Vizard, 2013).

O propósito da separação é fornecer uma *scalable distributed security solution* capaz de virtualizar as funções de segurança sem impedir que a rede seja gerenciável como um único sistema lógico de acordo com o modelo de concepção da *cloud computing* no ambiente industrial.

5.5 Modelos de concepção da *computing cloud* com base no paradigma da manufatura digital

O novo paradigma da manufatura digital pode ser dividido em duas vertentes principais de modelo:

- ***Cloud based design* (CBD)** – o modelo CBD foi inicialmente tratado na literatura por Wu et al. (2013 e 2015) como uma derivação do modelo *cloud based design and manufacturing* (CBDMS);
- ***Cloud based manufacturing* (CBM)** – o modelo CBM também é uma derivação do *cloud based design and manufacturing* (CBDMS), abordado por Wu et al. (2013 e 2015).

Esses dois modelos podem compor um modelo mais amplo: o *cloud based design and manufacturing* (CBDMS), abordado por Wu et al. (2015).

5.5.1 *Cloud Based Design and Manufacturing* (CBDMS)

Tanto Wu et al. (2015) quanto Zheng, Xu e Xie (2015) consideram o *cloud based design and manufacturing* (CBDMS) um modelo amplo, aplicado à manufatura, por reunir os dois citados: CBD e o CBM. Isso favorece significativamente o desempenho de empresas de pequeno e médio portes cujo *engineer to order business model* é voltado para a produção *one of a kind production* (OKP), uma vez que reduz de modo considerável os investimentos em TI, tornando o acesso à tecnologia viável para essas empresas.

O **sistema *cloud based design and manufacturing* (CBDMS)**, de acordo com Wu et al. (2013 e 2015), é um modelo de gestão de projetos de novos produtos e de projeto e operação de sistemas de produção com ênfase na descentralização. Esse modelo é fundamentado no conceito de *networked* e no uso de novas tecnologias com plataformas (que atendem aos pré-requisitos funcionais da computação em nuvem) aplicadas às organizações industriais, a fim de facilitar a integração do sistema de gestão da empresa com as mídias sociais e a *internet*.

De acordo com as necessidades ou demandas da organização no fluxo da operação no chão de fábrica, esses sistemas proporcionam reduções significativas de investimento em tecnologia da informação. A adesão das organizações de arquiteturas tecnologicamente inovadoras da Tecnologia da Informação, como a *service-oriented architecture* (SOA), reforça cada vez mais a tendência de a manufatura se tornar um sistema distribuído, tornando o conceito *networked* a espinha dorsal deste novo paradigma de concepção de novos projetos de fábricas de última geração.

Contudo, foi a partir do paradigma da manufatura digital que houve um grande impulso às novas tecnologias da informação e aplicações específicas para uso no chão de fábrica e na gestão corporativa e de desenvolvimento. Deste modo, Wu et al. (2015) consideram que, para a concepção de um sistema CBDMS, deve-se observar:

- características-chave que o sistema deve contemplar definidas a partir do escopo do *business model*;
- a inserção de novas arquiteturas computacionais cada vez mais inovadoras;
- a construção de novos modelos *open systems interconnect* TCP/IPv6 de programação computacional;
- concepção de um *datacenter* projetado para abrigar servidores, componentes e ativos de rede (*switches*, roteadores);
- projeto preciso dos processos operacionais e ferramentas com procedimentos adequados de diagnósticos desses processos;
- a construção de novos modelos de informação e de comunicação;
- avaliação de novos modelos de negócio.

Para Zheng et al. (2016), cabe aos *gestores de TI da organização buscar manter o conhecimento do amplo espectro de alternativas atualmente oferecidas pela tecnologia da informação e avaliá-las de acordo com as necessidades da organização com diferentes possibilidades de uso.*

5.5.2 Uso da *cloud computing* no *engineering design process* com ênfase no novo paradigma da manufatura digital

Pahl e Beitz (1984) e Ulrich e Eppinger (1995) propuseram quatro etapas principais para a concepção de um *engineering design process* com ênfase na integração. O modelo proposto por Pahl e Beitz apresenta uma abordagem sistemática para o desenvolvimento de *engineering design process*, incluindo quatro núcleos principais das fases de desenvolvimento:

- planejamento do produto com a visibilidade das tarefas relacionadas ao desenvolvimento do projeto;
- projeto conceitual ou projeto conceito;
- personificação do projeto;
- detalhamento do projeto.

Similarmente, Ulrich e Eppinger introduziram um processo de projeto de engenharia mais refinado incorporando teste do protótipo e fabricação do produto com base na proposta original de Pahl e Beitz. Esse processo avançou para a incorporação da tecnologia *cloud computing* a fim de fazer uso dos novos conceitos abordados pelos autores entre as décadas de 1980 e 1990, contribuindo para o aprimoramento das boas práticas aplicadas atualmente no *product lifecycle management* (PLM) a partir do *engineering design process* (EDP).

5.5.3 *Engineering design process*

Segundo Tolio et al. (2010) e Hu et al. (2011), similar aos modelos de tecnologia *cloud computing* com ênfase no desenvolvimento de projetos de novos produtos está o modelo *cloud based design and manufacturing* (CBDMS). Este dá ênfase à manufatura, conforme o novo paradigma de manufatura digital, e pode ser considerado o sistema que tem sofrido o maior número de mudanças significativas, devidas principalmente a alterações do comportamento da demanda e ao surgimento de tecnologias emergentes tanto de TI quanto dos processos de fabricação.

Assim, para Wu et al. (2012, 2013a e 2015), esses novos paradigmas da manufatura que surgiram e devem surgir no futuro, como as linhas de montagem de Henry Ford evoluindo para o *Toyota production system* (TPS) em conjunto com os *flexible manufacturing systems* (FMS), os *reconfigurable manufacturing systems* (RMS) e atualmente os sistemas de manufatura baseados na *web* em consonância com os *agent based manufacturing systems* (ABMS), acabaram por tornar vital no contexto da globalização a busca por novas abordagens das estratégias de manufatura.

Considerando as proposições abordadas nos trabalhos de Wu et al., podemos definir que o modelo *cloud-based manufacturing system* (CBMS), como *framework* de uma rede de fabricação, explora o acesso ao engajamento dos recursos do sistema de manufatura em atender a uma solicitação de produto para um conjunto compartilhado de recursos de produção diversificados e distribuídos.

Para Wu et al. (2015), como a globalização refere-se a um mundo inerentemente distribuído, tanto do ponto de vista geográfico quanto do processamento e disponibilidade das informações, o resultado não poderia ser diferente do descrito por novos modelos de gestão da manufatura, como finalmente se constata através do modelo proposto neste trabalho e da evolução da tecnologia de TI.

Com base nas afirmações de Wu et al. (2015), o *cloud-based design and manufacturing system* (CBDMS) pode ser considerado um modelo de gestão adaptado, inspirado no paradigma da *cloud computing* e introduzido no âmbito do desenvolvimento do produto assistido por computador. Esse modelo está ganhando impulso significativo quanto à evolução da tecnologia entre os desenvolvedores e maior atenção da academia e da indústria no novo paradigma da manufatura digital. Ainda de acordo com Wu, o sistema CBDMS é baseado em rede virtual descentralizada capaz de disponibilizar muitas tecnologias facilitadoras, como:

- *cloud computing;*
- *social media;*
- *industrial internet of things (IIoT);*
- *service-oriented architecture (SOA).*

5.5.4 Características e requisitos para *cloud-based manufacturing systems* (CBMS)

Wu et al. (2015) ponderam que a infraestrutura de TI para viabilizar o modelo CBMS deve atender a oito princípios que definem as seguintes condições:

Condição 1 (C1). É fundamental disponibilizar um serviço de conexão individual para os usuários, tanto colaboradores quanto consumidores e fornecedores, em um ambiente de rede capaz de suportar os serviços requisitados por usuários baseados em mídia social e em rede virtual.

Condição 2 (C2). A proposta deve permitir que os usuários, ao fazer uso da tecnologia, colaborem e compartilhem dados de modelos de projeto do produto e seus respectivos componentes com geometria 3D.

Condição 3 (C3). Ren et al. (2012), Marozzo, Talia e Trunfio (2012) e Wu et al. (2015) destacam a necessidade de o sistema ser capaz de processar e gerenciar grandes conjuntos de dados, os chamados metadados com algoritmos de *data mining*, operando de modo paralelo e distribuído em um *cluster hadoop* de computadores.

Condição 4 (C4). De acordo com Wu et al. (2015), o projeto de um sistema CBDMS deve considerar que, para fornecer aplicações SaaS aos clientes, precisa suportar uma arquitetura multiusuário (*multi-tenancy*), com capacidade de processamento e transferência de dados e informações superior ao modelo tradicional em tempo real.

Condição 5 (C5). Capacidade do sistema para permitir a alocação de recursos de produção e de controle (máquinas, robôs, células de manufatura, sistemas físicos de apontamento e linhas de montagem) de modo eficaz e eficiente. Trata-se do monitoramento em tempo real do fluxo de materiais, da disponibilidade e da capacidade dos recursos de produção com maior precisão.

Condição 6 (C6). Implementar um modelo de arquitetura orientada para serviço (*service oriented architecture model*) para projetos e manufatura.

Condição 7 (C7). Cheng e Prabhu (2012) e Wu et al. (2015) afirmam que, para ajudar os usuários a encontrar recursos de produção adequados por meio do uso da tecnologia de *cloud computing*, um sistema CBDMS deve fornecer um mecanismo de busca inteligente para o projeto e a fabricação contribuindo para as consultas (*queries*).

Condição 8 (C8). Um sistema CBDMS deve fornecer uma ferramenta computacional *on-line* capaz de gerar cotações de orçamentos instantâneas baseadas em especificações do projeto, tanto de novos produtos quanto de projetos de manufatura de produtos já existentes. A comunicação do sistema CBMS é facilitada pelo uso do *broker integration bus advanced (enterprise service bus)* com fornecedores externos.

5.5.5 Função do *broker – integration bus advanced (enterprise service bus)*

De acordo com Wu et al. (2015), a função do *broker* na *cloud computing* é fornecer serviços que permitem aos usuários analisar o fluxo de informações e de materiais em sistemas CBDMS. Contudo, a função do *broker* (*service broker*) pode ser definida pelas possibilidades de execução das tarefas de modo estruturado e sincronizado:

- a integração do sistema consiste em diversas fontes de entrada de dados e do conjunto de dados recebidos; o *broker* deve analisar e processar apenas os dados requisitados pelos subcomponentes, e não a base completa;
- como as tarefas são estruturadas;
- como são executadas;
- qual é a sua sequência de execução e interdependência;
- como sincronizar;
- como os fluxos de informação suportam as tarefas;
- como é feita a rastreabilidade da execução das tarefas.

Para os autores, ao responder às questões apontadas, o *broker* deve atuar como executor do processo e, portanto:

- conectar serviços entre si permitindo o fluxo de processos e de negócios;
- operar todas as conexões entre os componentes;
- atuar com o interconector entre componentes em um processo de negócio;
- utilizar as informações dos componentes residentes no registro SOA e reunir os componentes para acionar os *workflows*. O desenho dos *workflows* requer um conhecimento profundo do *business model*, por parte dos coordenadores do projeto de TI, da concepção do projeto e do *framework* para sua implementação.

Para Park et al. (2016), a função *broker* ou *cloud service broker* (CSB) é requerida para inter-relacionar a disposição dos serviços por meio da computação em nuvem dos fornecedores e as necessidades dos eventuais clientes que desejem usar os serviços mediante regras de acesso. De acordo com os autores, as ações do *broker* são desencadeadas na *network* por meio de um procedimento de acesso muito simples:

- qualquer usuário que acesse o sistema com o seu *login* pode solicitar a execução de uma aplicação. Assim que o processo de execução da aplicação começa, o *broker* é notificado e entra em ação;
- o *broker* deve consultar o registro com as instruções ou procedimento de como deve executar o serviço. Cabe ao registro, assim que acionado, consultar o mecanismo de regras e verificar se a aplicação está em condições de ser executada dentro dos critérios de execução que norteiam a *network* para a aplicação;
- o *broker* acaba por verificar e começar a execução dos subserviços caso ainda não estejam ativos;
- o *broker* verifica de quais interfaces entre os componentes precisa para interconectá-los. As informações sobre as conexões encontram-se em adaptadores, e são criadas na primeira conexão dos componentes;
- o *broker* somente especifica qual subconjunto de informação da interface deve ser utilizado;
- os componentes podem então conectar-se (*bind*) entre si de maneira direta.

Segundo Park et al. (2016), além da configuração dos componentes e definição das regras, como a das ações executadas pelo *broker*, o desenvolvimento de sistemas CBDMS usando a *web* semântica e o mapeamento das regras de negócio devem, contudo, ser capazes de fornecer uma camada comum entre os usuários da corporação industrial e o ambiente externo à *network* da empresa.

5.6 Considerações finais

Finalmente, cabe destacar a definição de *cloud services brokerage* (CSB) de Gartner (s. d.) como uma entidade de intermediação de serviços compartilhados na nuvem, ou seja, uma função da TI e do modelo de negócio da empresa através da qual outra companhia ou entidade adiciona valor a um ou mais serviços em nuvem pública ou privada, em nome de um ou mais consumidores, de qual serviço deve ser disponibilizado.

Com base na tecnologia descrita neste capítulo, podemos concluir que se torna realidade a proposta de plataforma do modelo do fluxo de informações do planejamento e controle da produção, com ênfase na integração do chão de fábrica com a função de planejamento e controle envolvendo a *application integration framework of software defined network*.

Trata-se, portanto, de um avanço da aplicação da tecnologia de TI na manufatura contribuindo definitivamente com um novo paradigma: Indústria 4.0.

Um dos efeitos mais importantes da digitalização (em geral) e a transformação para a Indústria 4.0 (em particular) é a enorme aceleração da dinâmica de inovação. Como a criação de valor econômico se desloca para o mundo virtual, inovações em produtos e serviços digitais fomentam, cada vez mais, a competitividade das empresas industriais. Isto porque a oferta de um novo serviço digital exige apenas investimentos muito modestos de tempo e dinheiro (no que diz respeito às instalações de produção ou organizações de vendas) quando comparado a inovações em produtos tradicionais: o tempo de *market-to* pode ser reduzido significativamente.

***Isso significa novas possibilidades, novas empresas de TI, denominadas* start-ups.**

Atualmente, profissionais da Tecnologia da Informação (TI) podem fundar uma empresa *start-up* atendendo a nichos de mercado com serviços digitais inovadores em um prazo muito curto. Esses serviços inovadores constituem uma ameaça aos negócios das empresas tradicionais, levando a inovações disruptivas, que mudam conceitos e modelos de negócios existentes.

A indústria tem que acompanhar o ritmo da velocidade, agilidade e inovação de* start-ups *digitais.

Abordagens promissoras para gerir o desafio do mundo digital valem-se de modelos de colaboração inovadores. Redes de empresas e de negócios alimentam alianças estratégicas geradoras de novas ideias e de novas estratégicas sustentáveis.

Não basta uma* única *empresa de determinado nicho sobreviver.* É *importante que o nicho surja, cresça e se desenvolva como um todo.

O Vale do Silício é um nascedouro de empresas de base tecnológica, e este modelo está se espalhando pelo mundo, como já presente na França, no Canadá, na Alemanha e no Brasil. Isto é necessário, pois, para sobreviver em um ambiente cada vez mais turbulento e em constante evolução, as empresas industriais terão que encontrar novas soluções para lidar com a velocidade crescente e a complexidade da inovação na era da tecnologia da informação.

O pulo do gato

Grigorita Ko/Shutterstock

O grupo Mexichem, dono da marca de tubos plásticos Amanco, aproveitou o contexto (de crise) para se desfazer de um problema antigo. Em uma de suas aquisições, em 2008, a empresa herdou uma fábrica em um terreno alugado em Maceió, Alagoas. Desde o início, havia planos de fechá-la e transferir as máquinas para outra fábrica da companhia, em Suape, Pernambuco. Com a economia aquecida, a decisão acabou postergada. Até o final de 2014, ano em que o Mexichem cresceu 12%, a fábrica em Maceió operou em três turnos para dar conta da demanda. Em outubro, com a forte queda da demanda, a fábrica foi fechada. Cerca de 80 pessoas foram demitidas e as máquinas transferidas para Suape.

Renegociar aluguéis, fechar fábricas, demitir. Após a fase dos cortes mais óbvios, *as empresas começam a sofisticar os mecanismos de ganho de produtividade e de inteligência para encontrar nichos de crescimento.*

(Herzog, 2016)

Não é raro encontrar pequenas empresas inchadas de pessoal ocioso. Em alguns casos, o empreendedor não tem caixa suficiente para indenizar seus funcionários e o problema vai se agravando. Em outros casos, tem receio de despedir o funcionário imaginando que ele entrará na justiça do trabalho agravando o seu problema financeiro. Há ainda aqueles que se sensibilizam com colaboradores de longos anos que ficaram tempos desempregados. O consultor deve mostrar a ele que é menos pior demitir dois ou três colaboradores do que fechar a empresa e desempregar mais de vinte pessoas.

Questões

1. As inovações tecnológicas nos processos de manufatura apresentam uma vantagem competitiva significativa para o mundo dos negócios das empresas? Quais aspectos podem ser observados e destacados dentro deste contexto?
2. De acordo com Wu et al. (2013), defina e explique o *sistema cloud based design and manufacturing* (CBDMS).
3. Discuta a importância da construção de novos modelos de informação e de comunicação para a concepção de um sistema de informação para futuros projetos destinados ao uso no chão de fábrica e à gestão corporativa e de desenvolvimento.
4. Identifique e descreva os procedimentos de acesso que podem operacionalizar em uma *network*, serviços de computação em nuvem de fornecedores e necessidades de clientes em potencial.
5. Com base na tecnologia da plataforma do modelo do fluxo de informações do planejamento e controle da produção, com ênfase na integração do chão de fábrica com a função de planejamento e controle, justifique como esse processo pode facilitar a evolução para o paradigma da Indústria 4.0 e o que se pode esperar para o futuro.

Referências bibliográficas

BÄRENFÄNGER, R.; LEVELING, J.; OTTO, B. Linking service and capability-driven design – Towards a framework for designing digital businesses. *Tagungsband multikonferenz wirtschaftsinformatik*. University of St. Gallen, Research Platform Alexandria, 2016.

BLAISZIK, B.; CHARD, K.; PRUYNE, J.; ANANTHAKRISHNAN, R., TUECKE, S.; FOSTER, I. The materials data facility: Data services to advance materials science research. The Minerals, Metals & Materials Society, *JOM*, 68(8), 2016.

BOYETT, J.; BOYETT, J. (orgs.). *O guia dos gurus*. Rio de Janeiro: Campus, 1999.

CHENG, C. Y.; PRABHU, V. Evaluation models for service oriented process in spare parts management. *Journal of Intelligent Manufacturing*, 23(31), 2012, p. 37-8.

DURFEE, J. D.; FRAZIER, C. R.; BANDLOW, A.; JONES, K. A. *Contingency Contractor optimization phase 3 sustainment, software design document –*

contingency contractor optimization tool – Prototype. US Department of Energy/Sandia National Laboratories. Novo México/Califórnia, maio 2016.

GALLÓ, José. As lições do sucesso – Lojas Renner –As lições do rei da crise. *Exame*, São Paulo, ed. 1111, ano 50, n. 7, abr. 2016, p. 46.

GARTNER IT Glossary. *Cloud Services Brokerage (CSB)*. s.d. Disponível em: <http://blogs.gartner.com/it-glossary/cloud-services-brokerage-csb/>. Acesso em: 29 nov. 2017.

HERZOG, Ana Luiza et al. Prontas para a guerra. *Exame*, São Paulo, ed. 1111, ano 50, n. 7, abr. 2016.

HU, S. J.; KO, J.; WEYAND, L.; ELMARAGHY, H. A.; LIEN, T. K.; KOREN, Y. Assembly system design and operations for product variety. *CIRP Ann*, 60(2), 2011, p. 715-33.

JAIN, R.; PAUL, S. Network virtualization and software defined networking for cloud computing: A survey. *IEEE Commun Mag*, 51(11), 2013, p. 24-31.

JARARWEH, Y.; AL-AYYOUB, M.; DARABSEH, A.; BENKHELIFA, E.; VOUK, M.; RINDOS, A. SDIoT: A software defined based internet of things framework. *Journal of Ambient Intelligence and Humanized Computing*, 6, 2015, p. 453-61.

KIERNAN, M. *11 mandamentos da administração do século XXI*. São Paulo: Makron Books, 1998.

KIM, D. W.; LEE, Ho-Dong; DE SILVA, C. W.; PARK, Jong-Wook. Service-provider intelligent humanoid robot using TCP/IP and CORBA. *International Journal of Control, Automation and Systems*, 14(2), 2016, p. 608-15.

MAIER, B.; NORMANN, H.; TROPS, B.; UTSCHIG-UTSCHIG, C.; WINTERBERG, T. Event-driven SOA – ein Überblick, *SOA Spezial*, 1(1), 2009.

MAROZZO, F.; TALIA, D.; TRUNFIO, P. P2P-MapReduce: Parallel data processing in dynamic cloud environments. *Journal Comput. System Sci*, 78(5), 2012, p. 1382-402.

PACIEVITCH, T. *Macaco-prego*. s.d. Disponível em: <https://www.infoescola.com/mamiferos/macaco-prego/>. Acesso em: 28 nov. 2017.

PAHL, G.; BEITZ, W. *Engineering design, the design council*. Londres: Springer, 1984.

PALANIVEL, K.; LI, B. Anatomy of software defined storage challenges and new solutions to handle metadata. In: *Report*. University of Minnesota, Minneapolis, 2013.

PARK, J.; AN, Y.; KANG, T.; YEOM, K. Virtual cloud bank: consumer-centric service recommendation process and architectural perspective for cloud service brokers. *Computing*, 98, 2016, p. 1153-84.

PIRES, Sílvio. *Gestão estratégica da produção*. Piracicaba: Unimep, 1995.

REN, L.; ZHANG, L.; TAO, F.; ZHANG, X.; LUO, Y.; Zhang, Y. A. Methodology towards virtualization-based high performance simulation platform supporting multidisciplinary design of complex products. *Enterprise Information System*, 6(3), 2012, p. 267-90.

ROMERO, D.; VERNADATB, F. Enterprise information systems state of the art: Past, present and future trends. *Computers in Industry*, 79, 2016, p. 3-13.

ROZLOG, M. REST e SOAP: Usar um dos dois ou ambos? Trad. Marcelo Costa. 2 out. 2013. Disponível em: <https://www.infoq.com/br/articles/rest-soap-when-to-use-each>. Acesso em: 29 nov. 2017.

SENGE, P. M. *A quinta disciplina*. São Paulo: Best Seller, 1990.

STARKE, G.; TILKOV, S. *SOA-Expertenwissen*. Heidelberg: Dpunkt Verlag GmbH, 2007.

SVANTESSON, D.; CLARKE, R. Privacy and consumer risks in cloud computing. *Computer Law & Security Review*, 26, 2010, p. 391-97.

TOLIO, T.; CEGLAREK, D.; ELMARAGHY, H. A.; FISCHER, A.; HU, S. A.; LAPERRIE, L.; NEWMAN, S. T.; VÁNCZA, J. SPECIES. Co-evolution of products, processes and production systems, *CIRP Annals – Manufacturing Technology*, 59, 2010, p. 672-93.

ULRICH, K. T.; EPPINGER, S. D. *Product design and development*. Nova York: McGrawHill, 1995.

VIZARD, M. What software-defined security could mean for the channel. 26 nov. 2013. Disponível em: <http://goo.gl/OABC3D>. Acesso em: 29 nov. 2017.

WU, D.; THAMES, J. L.; ROSEN, D. W.; SCHAEFER, D. Towards a cloud-based design and manufacturing paradigm: looking backward, looking forward. In: *Proceedings of the ASME 2012 international design engineering technical conference and computers and information in engineering conference* (IDETC/CIE12). Paper n.: DETC2012-70780, Chicago, US, 2012.

WU, D.; THAMES, J. L.; ROSEN, D. W.; SCHAEFER, D. Enhancing the product realization process with cloud-based design and manufacturing systems. *Journal of Computing and Information Science in Engineering*, 13(4), 12 set. 2013a, p. 1-14.

WU, D.; GREER, M. J.; ROSEN, D. W.; SCHAEFER, D. Cloud manufacturing: strategic vision and state-of-the-art. *Journal Manufacturing System*, v. 32, n. 4, out. 2013b, p. 564-79. Disponível em: <https://pdfs.semanticscholar.org/85ed/b615cfc2f246626722ac8c749f183246a9f4.pdf>. Acesso em: 29 nov. 2017.

WU, D.; GREER, M. J.; ROSEN, D. W.; WANG, L. Cloud-based design and manufacturing: A new paradigm in digital manufacturing and design innovation. *Computer-Aided Design*, 59, fev. 2015, p. 1-14.

XIA, F.; YANG, L. T.; WANG, L.; VINEL, A. Internet of Things. International Journal of Communication Systems Int. *Journal Commun*. System, 25, p. 1101–02, 2012.

YANG, J. J.; LI, J. B.; DENG, X. Z.; ZHANG, H. A web services-based approach to develop a networked information integration service platform for gear enterprise. *Journal of Intelligent Manufacturing*, 23(5), 2012, p. 1721-32.

ZHENG, P.; XU, X.; XIE, S. Q. Integrate product planning process of OKP companies in the cloud manufacturing environment. In: *Advances in Production Management Systems*: Innovative Production Management Towards Sustainable Growth. Springer, 2015, p. 420-26.

ZHENG, P.; XU, X.; XIE, S. Q.; LU, Y. A system framework for OKP product planning in a cloud-based design environment. *Robotics and Computer Integrated Manufacturing*, v. 45, jun. 2016, p. 73-85.

Capítulo 6 – Gestão estratégica de marketing

Antonio Carlos Giuliani
Thel Augusto Monteiro
Edgard Monforte Merlo

Os clientes nem sempre dizem a você o que eles querem, mas sempre podem dizer a você o que está errado.
Fiorina, 2007

SINOPSE: Elaboração das estratégias de marketing com foco no cliente.

ESTRATÉGIAS DE MARKETING O ANIMAL METAFÓRICO: PAPAGAIO-VERDADEIRO

Filipe Frazao/Shutterstock

Lema: Resgatando os conceitos consagrados em marketing e relacionando-o com a gestão estratégica empresarial.
Décadas: 1980 e 1990.
Principais nomes: McCarthy, Kotler, Keller, Hooley, Saunders, Piercy, Richers.
Principal contexto: Estratégias de marketig, marketing de relacionamento.

Autor nacional homenageado: Raimar Richers.
Surfando as ondas do mercado. São Paulo: RR&CA, 1997.

FORMULAÇÃO DA ESTRATÉGIA COMO PLANEJAMENTO

Premissas essenciais:

1. O planejamento é formal, consciente e decomposto em etapas, subestratégias, planos delineados e apoiados por técnicas.
2. A responsabilidade pela execução é dos planejadores.
3. As estratégias surgem prontas, baseadas no processo de planejamento.
4. As estratégias são implementadas atendendo-se a orçamentos, objetivos, programas e planos de ação.

(Mintzberg, 2000)

TRILHA TROPICAL

O **papagaio-verdadeiro** (*Amazona aestiva*) é uma ave pertencente à ordem *Psittaciforme* e à família *Psittacidae*, cujo gênero Amazona (papagaios) é bastante diverso. Possui asas arredondadas, largas e curtas. Não apresenta dimorfismo sexual de plumagem, sendo predominantemente verde, com cabeça amarela e fronte azul-esverdeada. Mede de 35 a 37 centímetros de comprimento e pesa cerca de 400 gramas. É uma espécie generalista que se alimenta de frutos e sementes e habita o interior da América do Sul (Bolívia, Paraguai e Argentina). No Brasil é encontrado no Nordeste (Piauí, Pernambuco e Bahia), Centro-Oeste, Sudeste (Minas Gerais) e no Sul (Santa Catarina e Rio Grande do Sul).

Devido à capacidade de imitar a fala humana, esses papagaios são muito requisitados como animal de estimação.

(Figueiredo, s.d.)

CONCEITOS-CHAVE DO PLANEJAMENTO ESTRATÉGICO CLÁSSICO

1. Extensos procedimentos quantificam as metas da organização para longo, médio e curto prazos.
2. As auditorias formais analisam condições internas e externas da organização.
3. A atenção volta-se para o valor mercado/contábil da empresa e o custo do valor líquido.
4. Todo o conjunto – objetivos, orçamentos, estratégias, programas – é reunido de forma hierárquica em diferentes níveis e momentos do tempo.
5. O plano "mestre", ou seja, um sistema de planos operacionais, é executado no curto prazo, em geral um ano.

(Mintzberg, 2000)

Alguns dos erros mais comuns que as empresas cometem em relação ao atendimento são não saber o que o cliente espera da marca, falta de treinamento, abordagens agressivas ou passivas demais, falta de conhecimento dos produtos ou serviços e atendentes mal-educados. Paulo Ancona, sócio diretor da Vecchi Ancona – Inteligência Estratégica.
(Feltrin, 2017)

Objetivos do capítulo

Este capítulo mostra que o planejamento estratégico de marketing pode desenvolver respostas eficazes aos ambientes em mudança por meio da definição de segmentos de mercado, desenvolvimento e posicionamento de ofertas de produtos para os mercados-alvo. Dessa forma, o desenvolvimento de estratégias requer sinergia em toda a organização para que a estratégia seja implementada com sucesso. É importante que haja um compromisso do gestor para com sua equipe de marketing para desenvolver uma vantagem competitiva a longo prazo.

Palavras-chave: *composto de marketing; marketing de sexta geração; marketing direto; marketing indireto; marketing mix*

6.1 Introdução ao planejamento estratégico de marketing

Inicialmente, é imprescindível compreender o sentido da palavra planejamento. Planejamento é o estabelecimento de objetivos e a formulação, avaliação e seleção de políticas, estratégias, táticas e ações necessárias para alcançá-los. O planejamento corporativo tem início no topo da organização e impacta cada aspecto e cada divisão ou departamento da empresa. A estratégia e os planos corporativos estão claramente ligados para alcançar a missão e a visão da empresa, e cada unidade de negócio tem a responsabilidade pelo desenvolvimento de seus próprios planos de funções.

O departamento de marketing é muitas vezes responsável pela prestação e coleta de informações fornecidas para apoiar o processo de planejamento corporativo. Para ter sucesso no desenvolvimento de estratégias, é essencial que todos os departamentos trabalhem juntos de forma integrada e inovadora, evitando que as unidades de negócios planejem isoladamente. É essencial demonstrar um conhecimento geral da hierarquia de planejamento de marketing e do papel do planejamento corporativo. O gestor deve ser capaz de demonstrar como o papel e a função de marketing sustenta o desenvolvimento bem-sucedido da estratégia corporativa e do planejamento corporativo.

É nesse contexto que o planejamento de marketing ocorre. O planejamento de marketing consiste de uma estratégia que indique os mercados-alvo específicos e os tipos de vantagens competitivas a desenvolver e a explorar, o que pode ser alcançado por meio do fornecimento de vantagem competitiva superior aos clientes, da realização de investimentos a longo prazo em organizações parceiras e do estabelecimento de fortes relacionamentos. O compromisso da gestão e do pessoal e uma cultura de aprendizagem, aberta à mudança e à inovação, com foco no desenvolvimento de relacionamentos duradouros e sustentáveis com os clientes, permitem às empresas construir cadeias de suprimentos e infraestrutura de tecnologia da informação (TI) eficazes para oferecer um desempenho operacional superior, e, portanto, com resultados melhores.

O planejamento de marketing tem como objetivo principal desenvolver respostas eficientes nos ambientes em constante mudança por meio da definição de segmentos de mercado e do desenvolvimento e posicionamento de novas ofertas para os mercados-alvo. O desenvolvimento de estratégias de marketing requer sinergia na organização para que seja implementada com sucesso. É imperativo que haja um compromisso do gestor para com sua equipe de marketing com a finalidade de entregar valor agregado a longo prazo. Em suma, o planejamento de marketing deve analisar a exploração de oportunidades.

6.2 Modelos de marketing *mix*

As práticas e os conceitos de marketing no contexto contemporâneo estão em constante evolução, mas nem tudo pode ser aplicável no mesmo momento em todas as organizações. Para facilitar aos leitores o entendimento e a análise dos estudos de casos e dos exercícios, apresentamos a seguir os modelos de marketing *mix* que os auxiliarão na análise e discussão dos casos.

O modelo tradicional, denominado marketing *mix*, introduzido por um administrador, Neil H. Borden (1964), tornou-se rapidamente um dos pilares da teoria e da prática do marketing. Marketing *mix*, ou composto mercadológico, pode ser compreendido como fatores sobre os quais o profissional de marketing tem controle para solucionar problemas, como preço, promoção, canais de distribuição e embalagem, entre outros. Pode-se consolidar essas ações nos chamados 4 Ps de marketing: produto, preço, praça e promoção.

Esse modelo apresentou dois vieses: primeiro, foi idealizado para ser aplicado em produtos industriais de consumo de massa; em seguida, concentrava-se em dar vazão ao que a organização estava preparada para produzir, ou seja, as ações se davam de dentro para fora, em contradição ao pensamento do marketing atual, segundo o qual a produção é realizada em função da demanda do mercado.

6.2.1 Os 4 Ps

O modelo mais tradicional criado para explicar e classificar os elementos de marketing é o de Jerome McCarthy, professor da Universidade de Michigan (EUA), apresentado em seu livro intitulado *Basic marketing:* A managerial approach [*Marketing básico*: uma abordagem administrativa], publicado em 1961. Esse modelo se popularizou como os 4 Ps do marketing: produto (*product*), preço (*price*), ponto de venda/distribuição (*place*) e promoção do produto (*promotion*). O modelo proposto é simples e apreende todas as variáveis do marketing, como se pode conferir:

- produto: a formatação do produto ou do serviço em si;
- preço: o esforço exigido do consumidor final;
- ponto: a distribuição, o local de venda e de disponibilização do produto ou serviço;
- promoção: o conjunto de elementos de divulgação, propagação e promoção.

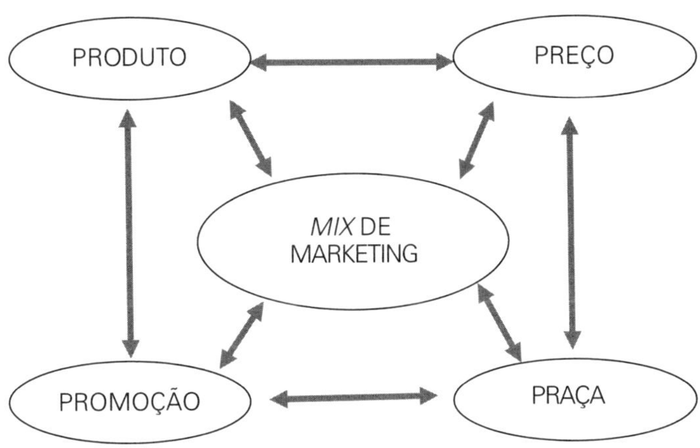

Figura 6.1 4 Ps: Interação entre as ferramentas de marketing.

Fonte: Adaptado de McCarthy, 1992.

Quadro 6.1 Composto de Marketing – 4 Ps

Produto	**Promoção**	**Preço**	**Praça**
Qualidade	Publicidade		
Características	Propaganda	Alto	Ponto de venda
Linha – Modelos	Venda Pessoal	Baixo	Físicas ou virtuais
Marca	Promoção de vendas	Médio	Logística
Embalagem	Relações públicas	Formas de pagamento	Varejo
Tamanhos	Merchandising	Custos	Atacado
Garantias	Trade marketing	Demanda	Atacarejo
Serviços	Marketing direto	Descontos	Distribuidores
Patentes	Redes sociais		

Fonte: Elaborado pelos autores, 2017.

6.2.2 Os 5 Ps

Em 1965, John A. Howard, com base no modelo dos 4 Ps de McCarthy, apresentou uma crítica a essa teoria propondo a inserção de um quinto P, destacando o termo *personal selling* no composto de promoções. Howard justificou sua proposta demonstrando que o modelo de gestão, as competências e as atividades relacionadas à venda pessoal são distintos dos demais elementos do composto de comunicação.

Quadro 6.2 Composto de marketing – 5 Ps

Produto	**Promoção**	**Preço**	**Praça**	***Personal selling***
Idem	Idem	Idem	Idem	Apresentação oral
Quadro 1	Quadro 1	Quadro 1	Quadro 1	Habilidades nas negociações

Fonte: Elaborado pelos autores, 2017.

Ambos os modelos, 4 Ps e 5 Ps, convergem na combinação da interdependência do público-alvo e do diagnóstico dos fatores externos.

6.2.3 Os 3 Ps

Algumas empresas do setor de prestação de serviços incluem em suas propostas os 3 Ps relacionados a serviços: processos, presença (estrutura física) e pessoas.

- **Processos:** são os sistemas e o suporte tecnológico necessários para que o serviço seja prestado de modo eficiente e econômico, os quais podem ser entendidos como os valores intangíveis, patentes e conhecimentos.
- **Presença:** são os recursos físicos e as estruturas disponibilizadas para a prestação do serviço, os quais podem ser considerados como o ponto físico da distribuição e do acesso a esse serviço, e os valores tangíveis como ambiência e equipamentos.
- **Pessoas:** é o pessoal necessário à prestação do serviço básico, o tamanho da equipe e as competências desta.

Quadro 6.3 Os 3 Ps relativos ao composto de marketing

Processos	**Presença**	**Pessoas**
Suporte tecnológico	Recursos físicos	Recursos humanos
Conhecimento	Ponto físico de distribuição	*Network* colaborativo
Patentes	Ambiência	Atributos tangíveis
	Equipamentos	Competências

Fonte: Elaborado pelos autores, 2017.

6.2.4 Os 10 Ps

Segundo Madia (1994), o marketing ingressa, a partir da década de 1990, na sexta geração, do *data marketing behavior*, na tentativa de conquistar, sensibilizar, encantar e fidelizar os novos consumidores denominados "camagurus", ou seja, aqueles que se adaptam, de formas inimagináveis, às condições impostas pelo meio. O autor propõe os 10 Ps que fazem parte da matriz da sexta geração do marketing.

Quadro 6.4 O Marketing de sexta geração

Phocus	Concentração no mercado alvo
Positioning	Posição do produto na mente do consumidor
Product	Serviços dos produtos
Promotion	Data base marketing
Place	Disponibilidade dos produtos
Price	Valores e atributos
People	Endomarketing
Providers	Fornecedores parceiros externos
Post-Place	Serviços pós-venda
Protection	Proteção ao consumidor

Fonte: Adaptado de Madia, 1994.

No marketing de sexta geração, cada componente dos 10 Ps deve atentar, respectivamente, para os seguintes componentes:

a. ***Phocus***: concentração no mercado alvo para tornar as organizações mais competitivas; saber definir o mercado que irá atingir;
b. ***Positioning***: ações empreendidas para que o produto ocupe posição clara, distinta e desejável na mente dos consumidores alvo, para definir a identidade do produto e da marca ao público-alvo;
c. ***Product***: o foco não deve ser dirigido aos produtos, mas aos serviços que estes podem oferecer;
d. ***Promotion***: o composto promocional, para o autor, deve concentrar-se em três dimensões:
    - A primeira é denominada **marketing indireto**, que é utilizado para promover e comunicar seus produtos, marcas e imagens por meio de canais de comunicação, como propaganda e promoções. Essas ações são recomendadas a empresas, produtos e marcas globais que desejem chegar ao marketing direto.
    - A segunda, **marketing direto**, consiste em ter um *database* marketing, isto é, um banco de informações dos clientes, com a finalidade de estabelecer relacionamentos duradouros com eles.
    - A terceira dimensão caracteriza-se pelo uso correto do ***merchandising***, estabelecendo contato direto entre consumidor, produto e marca.
e. ***Place***: deve prever e garantir a todos os produtos da empresa, incluindo seu consumo final, e a melhor e mais segura das trajetórias;
f. ***Price***: o valor numérico do preço cede lugar a uma série de valores e variáveis que o consumidor julga barato ou caro;
g. ***People***: políticas específicas para o chamado público interno, denominado endomarketing;
h. ***Providers***: fornecedor – parceiro externo que deve ser respeitado e valorizado;
i. ***Post place***: refere-se a serviços pós-vendas, extensão da segurança e garantia aos clientes;
j. ***Protection***: relaciona-se ao direito de proteção do consumidor e à ordem ética nos negócios.

6.2.5 Os 4 As

Apresentado em 1970 por Raimar Richers, um suíço naturalizado brasileiro, esse modelo pauta-se em uma contribuição essencial para o desenvolvimento da noção de que o marketing depende fundamentalmente de processos e tarefas. O modelo proposto foi denominado 4 As: análise, adaptação, ativação e avaliação ou auditoria de marketing. Sua teoria envolve o entendimento de quatro aspectos: variáveis do mercado, da concorrência e da empresa, tomada de decisões, métodos de implementação, do controle e da métrica dos resultados.

a. **Análise:** compreende analisar a situação do mercado e suas forças vigentes, como economia, política, sociedade, concorrência, legislação, tecnologia e suas interações com a empresa. Os meios utilizados são: pesquisa de mercado e o sistema de informações em marketing.
b. **Adaptação:** consiste na adequação das linhas de produtos/serviços às necessidades de consumo identificadas pela análise do mercado. As ferramentas de marketing envolvidas são: produto, ciclo de vida do produto, marca, embalagem, preço, assistência ao cliente.
c. **Ativação:** implica ativar o marketing por meio da distribuição, da venda e da comunicação. Os elementos-chave são: distribuição, logística, venda pessoal, promoção de vendas, propaganda, merchandising e relações públicas.
d. **Avaliação ou auditoria de marketing:** consiste no controle da gestão de marketing e implica, por meio de mensuração, avaliar os resultados alcançados e a aderência do planejamento inicial.

Quadro 6.5 Composto de marketing – 4 As

Análise	**Adaptação**	**Ativação**	**Avaliação**
Pesquisas	Produto e/ou serviço	Comunicação	Controle
Informações	Design	Distribuição	Auditoria de marketing
	Marca	Logística	
	Embalagem	Venda pessoal	
	Preço	Publicidade	
	Assistência ao cliente		

Fonte: Richers, 1981.

6.2.6 Os 4 Cs

A premissa do modelo introduzido em 1990 por Robert Lauterborn, em artigo publicado na revista *Advertising Age*, pautava-se no pressuposto de que os "Ps" estavam relacionados a um mundo em extinção dominado pela indústria de bens de consumo de massa e com pouca competição. De acordo com Lauterborn, esse modelo olhava o mercado sob o ponto de vista da empresa, e não do consumidor. Os 4 Cs vêm a contribuir com a visão do mercado em relação à empresa, a saber:

a. **Consumidor:** o produto/serviço deve ser definido pelos desejos do cliente;
b. **Custo:** significa não apenas os esforços monetários, mas a relação entre valor, benefício, tempo e esforço disponível;
c. **Conveniência:** o consumidor compra onde for mais cômodo, ou seja, em lojas virtuais, lojas próximas de sua casa, via telefone etc.;
d. **Comunicação:** são as ações desenvolvidas para estabelecer relação bidirecional e interativa do diálogo com o cliente.

Quadro 6.6 O modelo dos 4 Cs

Consumidor	Custo	Conveniência	Comunicação
Anseios e desejos do consumidor	Relação valor-benefício-tempo	Consumidor compra pela comodidade	Interação empresa-cliente bidirecional

Fonte: Elaborado pelos autores, 2017.

6.2.7 Os 4 Rs

Proposto por Cristal e Sealy (2001), os 4 Rs significam: recolocar (*replace*), reagrupar (*repackage*), repor (*replenish*) e reposicionar (*reposition*). Em um contexto no qual o ciclo de vida dos produtos está cada vez mais curto, os 4 Rs propõem uma reengenharia do marketing na qual se deve, praticamente, repensar, reorganizar e refazer produtos ou serviços que atendam ao consumidor. Assim:

a. **Recolocar:** substituir produtos e serviços múltiplos por bens integrados;
b. **Reagrupar:** agregar e consolidar produtos, serviços e ideias em soluções e fontes de suprimentos;
c. **Repor:** assegurar um processo contínuo e sistemático de entrega, com qualidade, das soluções, reduzindo as decisões de compra dos consumidores;
d. **Reposicionar**: desenvolver comunicação para o bem reformatado.

Quadro 6.7 O modelo dos 4 Rs

Recolocar	Reagrupar	Repor	Reposicionar
Reposicionar produtos	Agregar valores, serviços	Processo contínuo de entrega	Reformatar a comunicação

Fonte: Elaborado pelos autores, 2017.

6.2.8 Os 4 Ps[2]

Um sistema de marketing adequado é aquele cujas decisões são as mais apropriadas e relevantes diante do contexto econômico e de mercado. Os autores Magalhães e Sampaio (2007) apresentaram um modelo denominado Matriz de Marketing, que corrobora o modelo simplificado dos 4 Ps. O raciocínio utilizado para a elaboração desse modelo foi elevar o marketing *mix* à sua potência máxima, ou seja, considerar o composto de marketing relacionando todas as decisões às ações necessárias para implementá-las, a saber:

a. **Decisões:** dizem respeito ao produto, ao preço, à distribuição e à promoção;
b. **Ações**: refere-se a saber como formatar, valorizar, disponibilizar e comunicar o produto;
c. **Formatar:** ações que materializam os atributos para se obter vantagem competitiva real. Concentra-se em verificar o que devemos oferecer ao mercado e quais atributos incorporar ao produto/serviço;
d. **Valorizar:** ações que visam gerar valor adicional à percepção do cliente. Deriva-se da pergunta: o que fazer ou agregar ao produto/serviço para aumentar seu valor percebido pelo mercado?
e. **Disponibilizar:** ações voltadas a aumentar a disponibilidade e conveniência para o consumidor. Deriva-se da seguinte questão: como fazer o produto/serviço ser mais disponível e mais conveniente ao mercado?
f. **Comunicar**: ações que promovem de maneira mais eficiente as vantagens competitivas, questionando: O que comunicar? O que valorizar? Como atingir e convencer os integrantes do mercado-alvo?

Ao final, a matriz é composta de 16 elementos essenciais do composto de marketing que combinam as quatro decisões com as quatro ações, para que o planejamento e a implementação do marketing sejam mais eficazes.

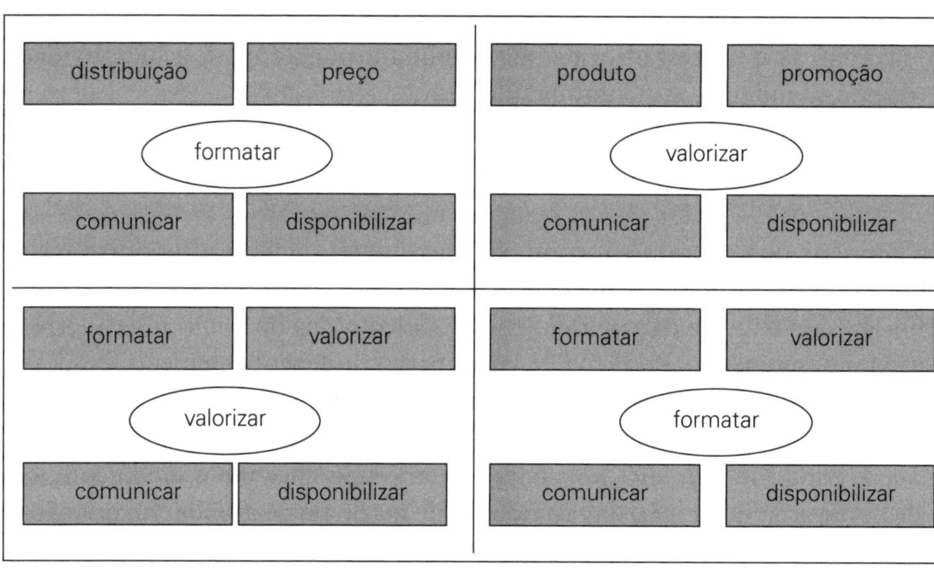

Figura 6.2 Matriz de marketing.
Fonte: Magalhães e Sampaio, 2007.

6.2.9 Os 4 Es

Ao revisar o conceito de marketing para o século XXI, Nascimento e Lauterborn (2007) ressaltam que não faz sentido uma empresa ter uma marca e não investir nela. Os autores propõem os 4 Es de *branding*, que fecham o novo conceito vendas – marketing – *branding*.

Quadro 6.8 4 Es de marketing e *branding*

Entusiasmar	Encantar		Enlouquecer	Enriquecer
Público interno	Clientes finais e intermediários		Concorrência	Empresa *Stakeholders* Comunidade em geral

Fonte: Elaborado pelos autores, 2017.

a. **Entusiasmar funcionários:** voltar-se para o público interno da empresa, isto é, os funcionários ou clientes internos. Não se pode mais falar em marketing sem considerar o marketing interno.
b. **Encantar clientes finais e intermediários:** fazer o produto chegar até o ponto de venda e o consumo, aos chamados membros componentes da infraestrutura do negócio, seja o cliente intermediário ou as pessoas do *trade*.
c. **Enlouquecer os concorrentes:** monitorar os concorrentes diretos e indiretos.
d. **Enriquecer a todos:** criar condições para o enriquecimento da própria empresa e de seus *stakeholders*, da sociedade, dos consumidores diretos e indiretos, da comunidade financeira e dos governos. A sociedade está cobrando das marcas uma gestão orientada, simultaneamente, para a lucratividade, responsabilidade e sustentabilidade.

6.3 O processo de planejamento estratégico de marketing

As empresas que operam em condições favoráveis de mercado podem ter resultados tanto positivos quanto negativos. A razão para o fracasso pode ser a definição de metas de curto prazo em detrimento das de longo prazo, privilegiando o desempenho e o lucro de curto prazo, independentemente do desenvolvimento do mercado em que a empresa atua, o que significa a inexistência de um plano de marketing bem construído. Um plano de marketing de qualidade é condição *sine qua non* para o marketing eficiente e inteligente, que pode garantir a integração das atividades de marketing e auxiliar na criação de condições favoráveis para o sucesso no mercado-alvo da empresa.

Fiorina (2007), uma das líderes do pensamento empreendedor da contemporaneidade, diz: “Os clientes nem sempre dizem a você o que eles querem, mas eles sempre podem dizer a você o que está errado". Ao ler esta declaração, cabe apresentar os pontos de vista de Ward (2009) e Mladenovic (2013), segundo os quais um plano de marketing define as ações específicas planejadas com o objetivo de identificar clientes potenciais do produto ou serviço de uma empresa, levando-os a adquirir esse produto ou serviço.

Na visão de Veresová (2002), o processo de planejamento em geral inclui três etapas: a) uma situação (que pode ser entendido como "onde estamos e para onde vamos"), b) a definição de objetivos (que pode compreender "onde estamos e onde queremos estar"); e c) a especificação de atividades de marketing (apresentadas aqui como a alocação de recursos de marketing para alcançar objetivos definidos). Um elemento relevante consiste na identificação de oportunidades de mercado de acordo com novas oportunidades e novas demandas por produtos que, até então, não estavam disponíveis ao público consumidor. A criação do plano de marketing pode ser compreendida como um processo de natureza estratégica que se baseia em informações e atividades. O resultado é o plano de marketing, que é simultaneamente realizado e monitorado em relação aos resultados obtidos.

6.3.1 As etapas principais

Veresová (2002) apresenta as etapas da construção do plano de marketing em três passos: Análise da situação, determinação dos segmentos alvo (público-alvo) e o desenvolvimento do programa de marketing. Após o desenvolvimento desses três passos, é necessário implantar o plano de marketing e, durante a determinação dos resultados, é importante controlá-los à medida que forem identificados. A seguir, os passos:

Passo 1: Análise da situação

Com o objetivo de avaliar a situação da empresa em determinado momento, é importante obter informações detalhadas sobre o momento passado, assim como sobre o momento atual da organização. Elementos como custos, receitas e lucros obtidos são analisados ao longo do tempo e, preferencialmente, projetados para o longo prazo. É recomendável comparar o desenvolvimento da empresa com o concorrente mais influente, bem como analisar o desenvolvimento de produtos comparáveis com os da concorrência. Uma análise dos resultados alcançados é realizada como um todo, ou também de acordo com segmentos de mercado individuais, caso a empresa opere dessa forma. Uma análise detalhada dos resultados alcançados auxilia a estabelecer objetivos de marketing realistas, preparando o caminho para o segundo passo do planejamento. São necessárias mais informações para elaborar e implementar as estratégias de marketing, sendo possível adotar medidas corretivas na fase de controle.

Passo 2: Determinação dos segmentos alvo (público-alvo)

Os objetivos de marketing têm que estar em conformidade com os objetivos empresariais e devem ser definidos da maneira mais precisa possível. O método mais adequado para determinar objetivos específicos é por meio da cooperação da alta administração com gerentes de níveis inferiores, de acordo com as proporções da empresa. Drucker (1957) identificou elementos (ver Quadro 6.9) para a definição de objetivos na construção de planos de marketing. Esses elementos continuam a ser utilizados por grandes CEOs (*Chief Executive Officers*) nas organizações.

Quadro 6.9 Elementos para a construção de objetivos realistas

1. Posição no mercado	Quota de mercado no total de vendas de acordo com os produtos e segmentos de mercado e nível de serviço ao cliente.
2. Disponibilidade de produto ou serviço	Capacidade da empresa de disponibilizar (oferecer) um produto ou serviço ao seu público-alvo.
3. Inovação	Novos produtos ou serviços que são necessários para alcançar os objetivos de mercado.
4. Produtividade	Aplica-se ao nível de produtividade dos colaboradores e também ao capital que a empresa está disposta a aplicar.
5. Recursos	Categorizados como financeiros, humanos, organizacionais e tecnológicos.
6. Desempenho	Aplicados em sua essência aos gestores e sua melhoria.
7. Responsabilidade pública	Iniciativas que a empresa pode desenvolver para aprimorar a imagem de sua marca.

Fonte: Elaborado pelos autores, adaptado de Veresová, 2002.

Geralmente, os objetivos de marketing possuem a forma de resultados esperados em segmentos de mercado específicos e também para o mercado como um todo. De acordo com McDonald (2004), eles abrangem os seguintes campos: volume de vendas, participação de mercado, lucro, objetivos do cliente e despesas de marketing.

Os objetivos de natureza estratégica mais alta não precisam ser quantificados e podem ser formulados como comuns ou duradouros, conforme a declaração de missão da empresa. Os objetivos estratégicos devem estar ligados à missão e ser complementados por um sistema de objetivos específicos, preferencialmente quantificados e limitados a um período de tempo. Uma vez determinada a missão, a cada um de seus pontos deve ser atribuído um objetivo específico.

As empresas devem considerar como gerenciarão a produtividade individual para alcançar os objetivos preestabelecidos. Dessa forma, é necessário garantir o equilíbrio no crescimento dos ganhos, o fluxo de caixa e o risco atribuído ao negócio em si. Com um crescimento ou declínio na gama de serviços e uma mudança no mercado, a natureza geral da carteira de negócios se altera significativamente.

Para estimar a atratividade de unidades estratégicas individuais, pode-se utilizar a matriz criada pelo Boston Consulting Group, mais conhecida como Matriz BCG, que dá precedência ao fluxo de rendimentos sobre outros critérios. O gestor deve levar em consideração a posição competitiva da empresa, a fidelização de clientes, a natureza do sistema de distribuição e o nível de despesas. Uma avaliação criteriosa do perfil de seus clientes ou da natureza de seu mercado-alvo auxilia os gestores a definir objetivos e estratégias que estejam de acordo com as possibilidades e capacidades da organização.

Passo 3: Desenvolvimento do programa de marketing

Segundo Veresová (2002), o objetivo dos programas de marketing consiste em garantir que a realização prática das estratégias de marketing das organizações sejam adotadas, o que inclui uma distribuição de direitos e responsabilidades de empregados individuais, bem como a distribuição dos recursos financeiros disponíveis.

Programas de marketing, como objetivos e estratégias de marketing, devem atender a certos requisitos. Cada programa deve definir de forma clara e consistente seus recursos e o cronograma. Antes de realizar um programa de marketing é necessário estabelecer um orçamento detalhado de marketing, incluindo as despesas e a implantação de recursos, sejam eles de natureza financeira, organizacional, tecnológica ou humana.

O papel do programa de marketing é priorizar as atividades de marketing, dividindo-as em atividades específicas, etapas parciais e tarefas táticas. Parte disso consiste na preparação de planos de tempo ou cronogramas estipulando os limites para o cumprimento de tarefas-chave. É possível, também, ser avaliado em reuniões regulares. Um plano de marketing requer os seguintes elementos:

a. um bom nível de comunicação interna e externa entre todos os sujeitos envolvidos no processo de implementação do plano de marketing;
b. pesquisa de mercado precisa que determine as necessidades do cliente e o nível de qualidade dos serviços em comparação com a concorrência;
c. suporte organizacional para o apoio externo ao marketing (pós-venda).

As estratégias de marketing compreendem três elementos: meios (ferramentas), tempo e recursos necessários para alcançar com êxito os objetivos. Como parte do plano, o *mix* de marketing apresenta as características específicas do preço, do produto, da praça e dos aspectos promocionais.

Não se pode negar que uma parte relevante do programa de marketing consiste em uma estimativa dos resultados esperados, e é necessário analisar se a estratégia escolhida pode promovê-los de forma adequada, atendendo às necessidades da organização. Caso contrário, é preciso modificar a estratégia para atender às novas demandas.

Uma proposta útil na estimativa de resultados são declarações preliminares de receitas esperadas que preveem o montante de custos operacionais, bem como o nível de demanda. A estimativa da demanda pode ser imprecisa; por exemplo, um desvio padrão da taxa de aplicação na implementação de novos produtos. Portanto, duas variantes são recomendadas – a otimista e a pessimista. Vários métodos de probabilidade podem ser utilizados para se obter a estimativa, como extrapolação, análise de regressão, levantamento das opiniões dos gestores, teste de marketing da reação do cliente, teste de produto piloto, entre outros. McDonald (2004) apresenta uma proposta interessante sobre o programa de marketing, que subdivide em quatro fases distintas, conforme o Quadro 6.10.

Quadro 6.10 Fases do programa de marketing de McDonald

1. Determinação de metas	É explicitada a missão da empresa bem como seus objetivos corporativos, que podem ser entendidos como metas.
2. Revisão da situação	São declaradas a auditoria de marketing, a análise SWOT e as premissas estratégicas da empresa.
3. Formulação da estratégia	Devem ser descritos os objetivos e estratégias de marketing, estimados os resultados e identificados planos de *mixes* alternativos (se necessário).
4. Alocação de recursos e monitoração	Descreve-se o orçamento bem como o programa detalhado de implementação para o primeiro ano.

Fonte: Elaborado pelos autores, adaptado de McDonald (2004).

A qualidade dos planos de marketing depende da estratégia formulada. Os objetivos e estratégias de marketing definem como os lucros serão formulados, como as receitas serão recebidas e como será feita a escolha do *mix* de marketing para alcançar os objetivos em segmentos de mercado individuais. A estratégia de marketing, de acordo com Veresová (2002), pode ser elaborada em níveis predeterminados:

1º nível: definição de objetivos comuns de marketing. Definir a rentabilidade a longo prazo e os objetivos estratégicos da empresa, assim como reforçar a comunicação perante o público-alvo.
2º nível: definição de objetivos para áreas de negócio essenciais para a empresa, que são mais específicas e ligadas às funções de negócio.
3º nível: definição de objetivos setoriais, ou que auxiliam a atingir objetivos comerciais comuns.

Pode-se observar que os objetivos de marketing são declarações relativamente comuns, segundo as quais a estratégia de marketing é específica e estabelece medidas específicas. Dessa forma, os objetivos estratégicos de marketing no domínio do mercado dizem respeito aos consumidores atuais, com os quais a estratégia de marketing tem dois papéis fundamentais – o de mantê-los e o de fortalecer, por meio da cooperação mútua, o estímulo para compras mais frequentes; e aos novos consumidores, com os quais a estratégia de marketing tem como função atendê-los e evocar uma resposta positiva, o que leva a uma cooperação de longo prazo junto à empresa e, naturalmente, a um nível de fidelidade maior.

A Figura 6.3 ilustra o processo de planejamento de marketing.

6.4 Estrutura do plano estratégico de marketing

A literatura disponível a respeito do plano de marketing apresenta diferentes conteúdos. O apresentado aqui baseia-se nas análises dos diversos autores já abordados. Todo plano deve ter coerência e, ao mesmo tempo, racionalidade dos dados. Este é um dos diversos modelos possíveis, pois parece ser suficientemente abrangente e genérico para que, com algumas alterações, seja utilizado em grande número de organizações e situações. Este modelo é composto das partes discriminadas a seguir.

a. Resumo e sumário executivo

Um plano de marketing deve ser iniciado com um breve relato histórico das principais metas e recomendações, mostrando a visão do negócio. O resumo deve ser elaborado tendo em vista que a alta administração compreenda o direcionamento geral do plano, e o sumário deve delinear o plano com detalhes operacionais.

b. Análise da situação

Consiste no diagnóstico do que está acontecendo e no prognóstico de situações futuras. A análise deve ser baseada em informações internas e externas à organização, obtidas através dos Sistemas de Informação de Marketing (SIMs).

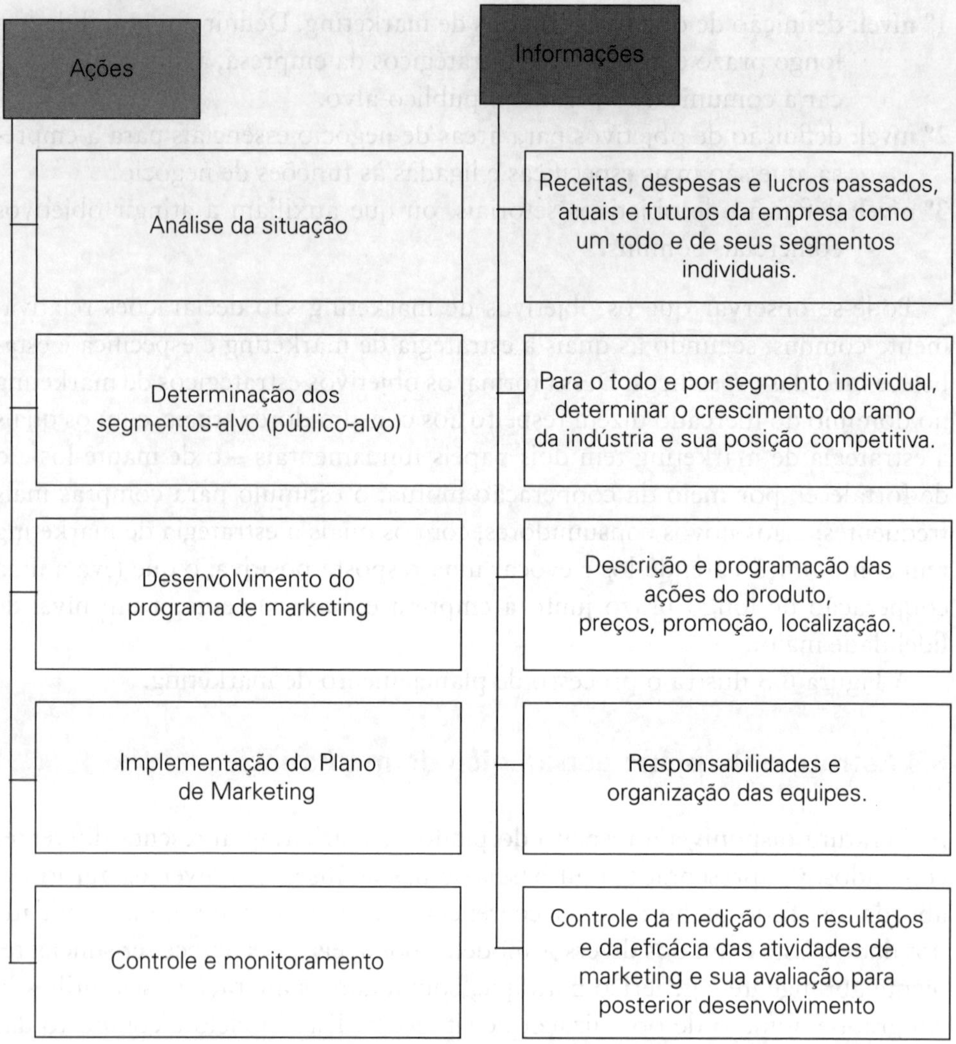

Figura 6.3 Processo de planejamento de marketing.
Fonte: Elaborado pelos autores, adaptado de Veresova, 2002.

- **Análise interna** – Abordar a análise dos fatores controláveis e o composto de marketing, identificando-se os pontos fortes e fracos referentes ao produto, preço, promoção e praça. O Quadro 6.11 apresenta os pontos que possivelmente devem ser analisados.
  Identificam-se os pontos fortes e fracos da organização pela análise dos seus elementos internos, que mostram como a organização está em relação à sua capacidade de competir no mercado.

- **Análise externa** – Outra etapa do diagnóstico deve envolver a análise externa, identificando as ameaças, situações desfavoráveis do macroambiente e oportunidades. A análise dos ambientes interno e externo é denominada análise PFOA, que significa avaliação sistemática das forças e deficiências internas de uma organização e de oportunidades e ameaças externas. Denominada também SWOT, do inglês: *strenghts* (força), *weaknesses* (fraquezas), *opportunities* (oportunidades) e *threats* (ameaças). O objetivo principal da análise PFOA (SWOT) é identificar forças, deficiências, oportunidades e ameaças a fim de ajudar os gestores a encontrar os pontos fortes da empresa e adaptá-los com as oportunidades do ambiente. A junção de uma situação favorável do ambiente com um ponto forte da organização faz surgir uma oportunidade de mercado que pode ser aproveitada. Para isso, a organização deve desenvolver ações de marketing, combinando suas variáveis controláveis no sentido de transformá-las em diferenciais competitivos. Por outro lado, uma situação desfavorável somada a um ponto fraco da organização produz uma ameaça de mercado, provocando um problema a ser resolvido. A seguir são apresentados os fatores que podem ser analisados em relação ao ambiente externo.

Quadro 6.11 Os 4 P's aplicados ao planejamento estratégico de marketing

Produto	**Ponto**
Histórico e evolução Ciclo de vida Características Benefícios Marca *Design* Embalagens e rótulos Qualidade Serviços e garantias Formas de uso e cuidados Necessidades regionais Desenvolvimento Pesquisas previstas	Canais de distribuição Relacionamento com os canais Logística de mercado Estoques Transporte Armazenagem Previsão de vendas Primeiros 12 meses Primeiros cinco anos Pesquisas previstas

(continua)

Quadro 6.11 Os 4 P's aplicados ao planejamento estratégico de marketing (*continuação*)

Promoção	Preço
Propaganda • público-alvo; • *copy-strategy*; • agência de propaganda; • mídia. Promoção de vendas Relações públicas Venda pessoal e equipe de vendas Marketing direto Evento de lançamento Endomarketing Quadro de orçamento para cada ferramenta de comunicação Pesquisas previstas	Nível do preço e motivos para a escolha desse nível Controle de preços Comparação com a concorrência Margens de comercialização dos canais de venda • Descontos não promocionais; • condições de pagamento; • financiamento; • estrutura de preços; • estrutura de custos; • pesquisas previstas.

Fonte: Elaborado pelos autores.

- **Mercado** – Definir quem são os consumidores do produto. Para tanto, torna-se necessário responder às seguintes questões:
  1. Qual é o tamanho do seu mercado? (A resposta pode ser em volume, peso ou unidades.)
  2. Qual é o faturamento médio mensal neste mercado?
  3. Sua participação no mercado é de ( )%, ou seja, (2/1) × 100.

Além do conhecimento do mercado, fatores do macroambiente que devem ser analisados são forças políticas, econômicas, culturais, ambientais, legais, físico-climáticas, sociais e tecnológicas.

- **Forças políticas** – negócios internos e externos de qualquer governo que possam ter impacto no plano de marketing.
- **Forças econômicas** – aspectos ligados à disponibilidade de capital externo, renda familiar e *per capita*, custo de vida, padrões de consumo, inflação, índices de preço, taxas de juros e desemprego, distribuição de renda.
- **Forças culturais** – conjunto de valores, ideias e símbolos que auxiliam as pessoas a se comunicar, a interpretar e a avaliar como membros de uma sociedade.
- **Forças ambientais** – todos os fatores ligados ao ambiente natural podem influenciar nas questões de ordem mercadológica.
- **Forças legais** – fator formado por leis, órgãos governamentais e grupos de interesse.
- **Forças físico-climáticas** – alguns produtos demonstram resultados sazonais de vendas em função das condições físico-climáticas.

- **Forças sociais** – fatores ligados a demografia, composição socioeconômica e etária da população, crescimento ou diminuição populacional, migração de classes sociais, níveis de instrução e crescimento ou queda de grupos etários.
- **Forças tecnológicas** – desconsiderar os avanços tecnológicos é assumir condição estática de mercado.

c. **Metas**

Estão em um nível de intenções gerais, ou seja, não constituem um resultado numérico ou que possa ser quantificado. São exemplos de metas:

- ser líder de mercado;
- fornecer alternativas de baixo custo;
- alcançar consumidores da classe C.

d. **Objetivos**

São o alvo ou ponto quantificado com prazo de realização que se pretende atingir através de esforço extra. Após a análise da situação e conhecendo as ameaças e oportunidades que a organização tem ou terá no futuro, é possível determinar seus limites, e, com isso, fixar objetivos.

Devem ser específicos, mensuráveis, desafiadores e estabelecidos de comum acordo entre a administração e os responsáveis pelo seu alcance. Precisam abranger todos os aspectos do marketing e ser compatíveis com os objetivos estratégicos da organização.

Objetivos não são metas de vendas e lucro. Ao contrário, são resultados desejados que levam à venda e lucros. É importante lembrar que um objetivo deve representar a solução de um problema ou a exploração de uma oportunidade.

Os objetivos típicos podem dizer respeito a:

- tornar seu produto disponível para ou ao alcance de um número maior de compradores;
- oferecer maior satisfação às necessidades do cliente;
- expandir (ou mudar) a distribuição;
- explorar um ponto fraco do principal concorrente.

Os objetivos devem ser específicos:

- quantidades específicas;
- espaço de tempo específico;
- produto: mercado ou área geográfica específicos.

Sempre que possível, o objetivo deve ser quantificado; por exemplo, acrescentar 25 novos distribuidores atacadistas no próximo ano, cada um com média de vendas de R$ 100.000,00 no primeiro ano e com um potencial anual de até R$ 240.000,00 em dois anos.

e. Estratégia de marketing

A finalidade das estratégias é estabelecer os caminhos, os cursos e os programas de ação que devem ser seguidos para alcançar os objetivos e desafios estabelecidos. O conceito básico de estratégia está relacionado à ligação da empresa e seu ambiente; nesse processo, a empresa deve definir e operacionalizar estratégias que maximizem os resultados.

A palavra estratégia é derivada de uma palavra grega originalmente aplicada apenas a questões militares e significa, literalmente, "a arte do general" (sua raiz é a palavra *strategos*, que significa general). Na Grécia Antiga, a palavra estratégia significava "aquilo que o general fez", estendendo-se aos movimentos políticos e econômicos visando a melhores mudanças para a vitória militar. Pela perspectiva da administração de empresas, e sob o enfoque de marketing, o termo define-se como um delineamento geral de decisões e áreas de atividades necessárias para atingir um objetivo. Isso implica dizer que a formulação da estratégia precede a ação necessária para atingir os objetivos fixados. Ela refere-se à definição de caminhos para atingir objetivos predefinidos em mercados e segmentos alvo.

Assim, a estratégia de marketing é um processo que busca manter a empresa ajustada às suas rotas, levando em consideração as oportunidades de mercado e as capacitações da empresa para aproveitá-las. A estratégia de marketing implica aspectos agressivos e defensivos e é precipuamente dirigida à identificação de oportunidades de serviços para clientes, bem como à tarefa de consolidar as relações existentes entre a organização e o ambiente.

A estratégia de marketing é um processo que busca manter a empresa ajustada ao mercado e permite a formulação de um plano que resuma e coordene os objetivos estratégicos; as ações táticas de marketing devem ser planejadas. O planejamento do plano de marketing termina no conhecimento dos limites. Eles são apenas referenciais de trabalho, não são fixos, e podem variar de acordo com a realização ou a velocidade de evolução. Aconselha-se adaptar às turbulências do macroambiente, aproveitando as oportunidades que o mercado aponta; deve-se definir onde a empresa está e para onde deseja ir; caso contrário, deve-se concordar com Aristóteles quando diz que "nenhum vento é bom para quem não sabe aonde ir".

A elaboração das estratégias pode ser considerada a parte operacional e de maior aplicação prática do plano. Nessa etapa deve ser destacado o composto de marketing (4Ps – produto – preço – ponto e promoção). O Quadro 6.12 mostra as ferramentas do composto de marketing que devem ser consideradas.

Quadro 6.12 Composto de marketing

Produto	Preço	Ponto de venda	Promoção
Ciclo de vida do produto	Preço	Canais	Promoção
Variedade	Desconto	Cobertura	Propaganda
Qualidade	Condições	Sortimento	Relações públicas
Design	Prazo	Localizações	Marketing direto
Estilo	Crédito	Estoque	Venda pessoal
Características		Transporte	Merchandising
Marca		Logística de mercado	
Embalagem			
Tamanho			
Serviços e garantias			
Devoluções			

Fonte: Elaborado pelos autores.

f. Plano de ação

Deve-se organizar todos os programas contidos na implementação do plano, permeando a fim de dar uma visão mais ampla de todas as ações, descrevendo-as e definindo-as quando ocorrerem. Veja um exemplo no Qaudro 6.13.

Quadro 6.13 Cronograma do plano de ação

Estrutura	Período	Responsável
Elaboração de folhetos	Janeiro	Agência X
Elaboração e publicação site	Fevereiro a Março	Agência X

Fonte: Elaborado pelos autores.

g. Projeção financeira

Devem ser destacados os investimentos e o retorno. Os dados devem ser elaborados de forma criteriosa após detalhar os elementos que geram receita e custo. Devem ser apresentados em formato compreensível por qualquer profissional da área financeira e comercial, procurando destacar o quanto investir e o retorno. O Quadro 6.14 apresenta uma forma simples, mas eficaz, de abordar os resultados para análise.

Quadro 6.14 Demonstrativo de resultados

Demonstrativo de resultados	Previsão
Receita bruta sobre vendas (–) Custo dos produtos vendidos = Margem de contribuição (–) Despesas com plano de marketing, administrativas, gerais e de vendas = Lucro operacional Outras receitas (–) Despesas com juros Lucro antes da tributação (–) Impostos (=) Lucro líquido	

Fonte: Elaborado pelos autores.

Demonstração de resultados não é a única ferramenta utilizada para verificar se o plano constitui um sucesso financeiro. Há outras medidas de desempenho, como: retorno do investimento, retorno sobre os ativos, giro de estoque, participação de mercado. É mostrado a seguir um índice para mensurar a participação da empresa no mercado.

- **Participação de mercado** – conhecida como fatia de mercado, representa as vendas do produto de uma organização como um percentual de todas as vendas desses produtos no mercado.

Para analisar a participação de mercado é necessário conhecer as vendas para o mercado como um todo e para o produto da própria organização. Esse cálculo pode ser efetuado pela fórmula:

$$\textbf{Participação de mercado} = \frac{\textbf{Vendas do produto da organização}}{\textbf{Total das vendas para o tipo de produto}}$$

Ao interpretar os índices de participação de mercado, uma grande participação sugere que a organização está fornecendo o valor que os clientes estão procurando. Isso assegura desempenho melhor do que com outra estratégia de marketing.

h. Controle

O plano deve conter as condições para seu controle através de parâmetros que servirão para comparação com o realizado:

- Quais informações de *feedback* devem ser prestadas periodicamente a cada responsável a fim de verificar se os resultados reais estão sendo alcançados de acordo / em desacordo com a sua parte do plano;

- com que frequência cada componente das informações de controle será fornecido;
- como devem ser apresentados os componentes das informações de controle para que possam ser compreendidos facilmente;
- observar, ao mesmo tempo, as informações importantes e as respectivas relações;
- fixar a data em que deve ser feita uma análise geral de resultados para alimentar o sistema de informações de marketing (*feedback*).

O plano de marketing apresentado tem um caráter ilustrativo, elaborado de acordo com o referencial apresentado no capítulo (alguns dados são fictícios).

6.5 Estratégias de posicionamento

Para atingir estrategicamente determinados mercados-alvo, Hooley, Saunders e Piercy (2006) propõem seis estratégias. Para eles, o posicionamento consiste em fazer escolhas que assegurem uma adequação perfeita entre os mercados--alvo selecionados e as competências, utilizando todos os ativos empresariais no atendimento a estes segmentos de mercado, sendo assim mais eficiente que os concorrentes. A Figura 6.4 contempla as seis dimensões propostas pelos autores.

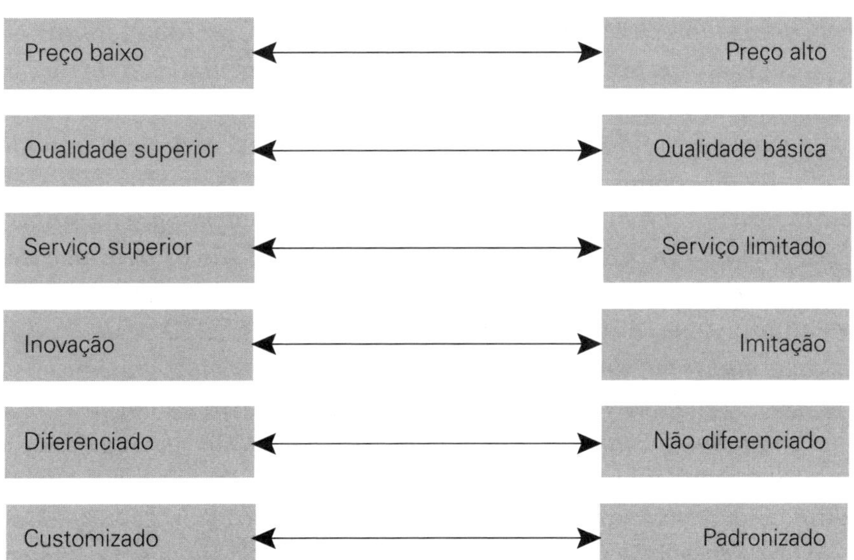

Figura 6.4 Opções básicas para o posicionamento.

Fonte: Hooley, Saunders e Piercy, 2006.

O pulo do gato

Grigorita Ko/Shutterstock

O ano passado [1986] foi melhor, por isso acho que a nota vai melhorar neste ano. No segundo semestre, a gente teve 12% de aumento em "same store sale" *(evolução das vendas de uma mesma base de lojas, sem considerar unidades abertas naquele ano). A gente sabe que os dois últimos anos foram difíceis. [...] a gente vai fazer um investimento de R$ 30 milhões na rede, em descontos e programas para ajudar o franqueado. A meta deste ano na Cacau Show é aumentar a lucratividade e a satisfação do franqueado. [...] quanto mais o franqueado fica feliz, mais loja a gente abre, entendeu? Os funcionários precisam estar felizes, a comunidade precisa estar feliz. O meu papel como empreendedor é ficar com o manche e fazer toda essa turma feliz. Também tem muito treinamento e pagamento de comissões para as vendedoras. Como é a convenção? A gente dá cursos, compartilha o planejamento do ano e dá palestras. Queremos motivar o franqueado e melhorar a comunicação olho no olho. Também premiamos as pessoas que estão fazendo um bom trabalho, para que elas contem para as outras como chegaram a esse resultado. As reuniões regionais são as mais quentes. É lá que a gente trata dos assuntos pontuais. É a hora de escutar e de tratar o microproblema. As reuniões regionais reúnem 200, 250 pessoas e ocorrem nos dias que antecedem a convenção geral. Na convenção há cerca de 1.500 pessoas. É a hora de o franqueador se expor. Nosso grande desafio é estar próximo do consumidor. Então começamos a vender pela internet, dentro das companhias, por catálogos e microfranquias. A ideia é diminuir o investimento, por causa da crise. [...] nós trabalhamos com geoprocessamento e sabemos o potencial de consumo de cada região. Se entendemos que em um shopping cabem duas lojas, a gente pergunta ao franqueado de lá se ele quer abrir a segunda. Se ele não quiser, ela pode ser aberta assim mesmo.*

(Alexandre Costa da Cacau Show, 2017)

Questões

1. Explique como as diferentes abordagens do *mix* de marketing podem influenciar no posicionamento estratégico das empresas.
2. Uma das dificuldades dos empreendedores está na construção de objetivos realistas para suas empresas. O que é necessário para construir esses objetivos?
3. O plano de marketing possui uma estrutura predefinida, e deve-se ressaltar que a análise externa é extremamente relevante para a construção do plano. Entretanto, além do conhecimento do mercado, existem fatores do macroambiente que devem ser analisados. Descreva esses fatores.
4. No que consiste a auditoria de marketing?
5. Descreva o conceito de segmentação de mercado.

Referências bibliográficas

BORDEN, N. H. The concept of the marketing mix. In: SCHWARTZ, G. (ed.). *Science in marketing*. Nova Jersey: John Wiley, 1964, p. 386-397.

CRISTOL, S.; SEALEY, P. *Simplicity marketing*: end brand complexity, clutter and confusion. Nova York: The Free Press, 2001.

DRUCKER, P. *The Practice of Management*. Nova York: Harper & Row, 1957.

FELTRIN, Aline. A regra é encantar. *Gestão e Negócios*. São Paulo, ed. 96, 2017, p. 37-9.

FIGUEIREDO, Aymam Cobo de. *Papagaio-verdadeiro*. s.d. Disponível em: <www.infoescola.com/aves/papagaio-verdadeiro/>. Acesso em: 29 nov. 2017.

FIORINA. C. *Tough choices:* a memoir. Fairfield: Portfolio, 2007.

HOOLEY, Graham J.; SAUNDERS, John A.; PIERCY, Nigel F. *Estratégia de marketing e posicionamento competitivo*. São Paulo: Pearson, 2006.

HOWARD, J. A. *Marketing management*: analysis and decision. Homewood, IL: Richard D. Irwin, 1957.

IWAKURA, Mariana; NEGRI, Anna Carolina. O franqueado deve pôr a vida no negócio. *Pequenas Empresas & Grandes Negócios*. Rio de Janeiro, n. 338, mar. 2017, p. 32-36.

KOTLER, P.; KELLER, K. L. *Marketing management*. Praha: Grada, 2007.

LAUTERBORN, R. It's time to retire McCarthy's famous four P's, the Rosetta Stone of marketing education for 20 years. *Advertising age*. Crain Communications, Inc., 1990. Disponível em: <rlauterborn.com/pubs/pdfs/4_Cs.pdf>. Acesso em: 30 nov. 2017.

MADIA, F. A. M. *Introdução ao marketing de 6ª Geração*: datamarketing behavior. São Paulo: Makron Books/McGraw Hill, 1994. (Coleção eficácia empresarial, Madia Associados)

MAGALHÃES, M. F.; SAMPAIO, R. *Planejamento de marketing*: conhecer, decidir, agir. São Paulo: Pearson, 2007.

McCARTHY, G. Promoting the in-house library. *Aslib Proceedings*, v. 44, n. 7/8, jul./ago. 1992, p. 289-293.

McDONALD, M. *Planos de marketing* – planejamento e gestão estratégica: como criar e implementar. Rio de Janeiro: Elsevier, 2004.

MINTZBERG, Henry et al. *Safári de estratégia*. Porto Alegre: Bookman, 2000, p. 51-2.

MLADENOVIC, D. *Marketing plan*. Brno: Masaryk University, Faculty of Economics and Administration, 2013.

NASCIMENTO, A.; LAUTERBORN, R. *Os 4 Es de marketing e branding:* a evolução de conceitos e contextos até a era da marca como ativo intangível. Rio de Janeiro: Elsevier, 2007.

RICHERS, R. *Marketing*: uma visão brasileira. São Paulo: Negócios, 1981.

VERESOVÁ, E. Marketing plan. *Economics Focus*. Národná Banka Slovenska, Biatec, v. 10, 2002, p. 14-8.

VIEIRA, Renata. Passos da mudança do programa decolar de rede Pão de Açúcar – Como Fazer. *Exame*, ed. 1111, ano 50, n. 7, abr. 2016, p. 77.

WARD, S. J. *Development of international marketing strategy*. Nova York: New York University, 2009.

Capítulo 7 – Gestão estratégica de pessoas

Yeda Cirera Oswaldo
Elaine Aparecida Dias
Vera Lucia B. Baroni

Reunir é um começo, permanecer juntos é um progresso
e trabalhar juntos é um sucesso.
Henry Ford

SINOPSE: Estratégia como conhecimento.

COGNIÇÃO
O ANIMAL METAFÓRICO: CAXINGUELÊ

Rafael Martos Martins/Shutterstock

Lema: Busca de significado, dinâmica de capacidades, mapeando sempre.
Década: 1990.
Principais nomes: Simon, March e Simon, Nonaka e Takeuchi, Schoemaker, Toffler.
Principal contexto: Enquadramento cognitivo.
Autora nacional homenageada: Cecília Whitaker Bergamini.
Desenvolvimento de recursos humanos. São Paulo: Atlas, 1980.

FORMULAÇÃO DA ESTRATÉGIA COMO PERSPECTIVA CULTURAL

Premissas essenciais

1. A empresa possui recursos tangíveis e intangíveis submetidos a uma rede de interpretações comuns.
2. A perspectiva cultural iguala vantagem estratégica à singularidade organizacional e cultural.
3. A estratégia está imersa na riqueza histórica das nações e organizações.
4. A formulação de uma nova estratégia pode exigir uma "revolução cultural".
5. A perspectiva cultural aplica-se, em especial, a organizações grandes e estabelecidas.
6. Capacidades internas da cultura organizacional dão um senso estável de direção.

(Mintzberg, 2000)

TRILHA TROPICAL

Quando se pensa em esquilo logo vem à mente as estripulias de Tico e Teco, a dupla de personagens de Walt Disney. O **caxinguelê** (*Guerlinguetus ingrami*) é um roedor típico do Brasil e vive em florestas. É esguio, esperto e ágil e recebe também os nomes de serelepe, acutipuru, quatipuru, quatimirim, caxinxe e catiaipé.

Diferente dos seus parentes norte-americanos, o caxinguelê é muito tímido diante de humanos e raramente aparece em áreas movimentadas. Ele pertence à grande família *Sciuridae*, conhecida por ter roedores de médio e pequeno portes, e à ordem *Rodentia*. Os esquilos estão espalhados por quase todo o mundo, sendo as zonas temperadas e tropicais as mais comuns, mas também há alguns nas zonas de clima frio.

(Portal dos animais, 2017)

CONCEITOS-CHAVE DA PERSPECTIVA ESTRATÉGICA CULTURAL

1. A estratégia decorre da interação social entre os membros de uma organização.
2. Crenças são adquiridas pela socialização, em parte tácita e não verbal, dos grupos organizacionais.

3. A cultura tende a promover mudanças de posição dentro da mesma estratégia.
4. A estratégia está enraizada nas intenções coletivas.
5. A cultura influencia o estilo de pensar e o processo de formação da estratégia.
6. A inércia estratégica da cultura organizacional pode ser vencida mediante revisões culturais e descongelamento de valores.
7. Empresas bem-sucedidas são dominadas por valores-chave, inovação, qualidade, atendimento etc.
8. A singularidade da cultura provê a tese para o desenvolvimento corporativo sustentável.

(Mintzberg, 2000)

É importante ser uma instituição high tech *nos dias de hoje, mas não podemos nos esquecer do contato humano. Também temos de ser* high touch.
Luiz Carlos Trabuco, Ceo do Bradesco.
(Oliveira e Albuquerque, 2017)

Objetivos do capítulo

Demonstrar que a estratégia de gestão de pessoas, expressa por meio do conjunto de políticas e práticas de gestão, concilia as expectativas da organização com a de seus colaboradores, atingindo um resultado benéfico e positivo para ambas as partes.

Palavras-chave: *gestão de pessoas; seleção de talentos; mentoring; coaching; gestão de carreiras.*

7.1 Introdução

Em seus primórdios, as atividades relacionadas aos colaboradores voltavam-se apenas à folha de pagamento, que envolvia aspectos contábeis, legais e burocráticos de controle e contagem de horas trabalhadas, faltas e atrasos, para fins de pagamento dos salários. Porém, ao longo do tempo, transformações sociais, culturais, políticas, econômicas e tecnológicas ocorridas no ambiente das organizações imprimiram uma grande necessidade de mudanças.

Essa nova realidade impulsionou o desenvolvimento de novas teorias administrativas voltadas à gestão estratégica visando favorecer a adaptação às mudanças em curso, o aprendizado contínuo e a inovação. Com essas teorias de gestão estratégica o ser humano ganhou importância e destaque, e deixou de ser visto como um recurso qualquer para ser reconhecido como elemento fundamental na geração de resultados nas organizações. Com isso, as atividades de gestão de pessoas se expandiram para muito além do simples controle burocrático e contábil, e assumiram um papel estratégico para o alcance dos objetivos organizacionais.

7.1.1 O papel das pessoas na estratégia organizacional

Nenhuma empresa é uma ilha, ela interage e é afetada pelo seu ambiente interno e externo. A formulação da estratégia é baseada na leitura do cenário interno e externo, na capacidade da empresa de interagir com esse cenário e reagir a ele, no seu objetivo de sobrevivência, seu desenvolvimento e crescimento.

Por outro lado, as pessoas são a linha de frente da empresa que sentem, interpretam e internalizam respostas aos estímulos desse ambiente. Sobretudo, são as pessoas que colocarão a estratégia em ação. Quanto mais elas interagirem e participarem da estratégia, maior a probabilidade de sucesso, pois tomarão para si a responsabilidade de fazer acontecer e o engajamento será maior.

A ação consciente das pessoas torna-se um diferencial competitivo. Em vez de meras expectadoras, elas serão participantes do processo, validando-o e apontando necessidades de ajustes para reagir rapidamente às pressões do ambiente (Dutra, 2016a).

7.1.2 O papel da gestão de pessoas na estratégia organizacional

Atualmente, a gestão de pessoas (GP), antes conhecida como recursos humanos (RH), participa de maneira ativa da formulação das estratégias organizacionais, desempenhando importante papel de coordenação entre a administração da organização e seus colaboradores e todos os demais *stakeholders* envolvidos direta ou indiretamente com as atividades da organização (Harrison, 2005).

Nesse novo papel, a GP torna-se uma parceira que conhece o negócio da empresa e participa da formulação e da implementação das estratégias organizacionais, assumindo a responsabilidade de sensibilizar a força de trabalho interna a fim de torná-la uma vantagem competitiva. No papel de formulação das estratégias, a administração estratégica de pessoas atua identificando, analisando e comparando as oportunidades e ameaças do ambiente externo e as forças e fraquezas do ambiente interno. Por meio dessa análise ambiental, os gestores de pessoas podem fornecer contribuições fundamentais para o sucesso da estratégia organizacional (Dessler, 2003).

No papel de implementação das estratégias, a administração estratégica de pessoas atua alinhando os processos básicos de RH – atração, aplicação, manutenção, desenvolvimento e monitoração – às estratégias da organização, visando ao seu melhor desempenho através da ação de seus colaboradores.

7.2 Principais práticas de gestão de pessoas

Os estudos sobre a administração estratégica de RH, que tiveram início na década de 1980, apontam que a estratégia de recursos humanos é situacional e contingencial, e criada por meio de um modelo de decisões relativas a **seleção, desenvolvimento, avaliação** e **remuneração.** Assim, diferentes ambientes organizacionais e variadas estratégias de negócios suscitarão diferentes políticas e práticas de RH (Lacombe e Tonelli, 2001).

A gestão estratégica de pessoas é, portanto, composta de um conjunto de políticas e práticas que visam conciliar as expectativas da organização com a dos seus colaboradores, aumentando o bem-estar e o desempenho destes, de forma que organização e colaboradores alcancem seus objetivos.

7.2.1 Seleção estratégica de talentos

As decisões relativas às práticas de seleção de talentos devem ser tomadas com base em parâmetros da estratégia global da organização, para que seus resultados contribuam com a realização dessa estratégia. As práticas de seleção assim definidas constituir-se-ão em parte da estratégia de recursos humanos, uma vez que permitirão a identificação e incorporação de novos talentos à organização. Para garantir o cumprimento desse desafio, a GP deve proceder à identificação das competências essenciais à estratégia de negócios da empresa e ao cargo a ser preenchido, definindo as características mais adequadas do processo seletivo a ser iniciado. Simplificadamente, esse processo inclui quatro etapas:

a. **Definição do perfil do cargo**
Normalmente descrita no plano de cargos e salários da empresa, consiste na definição sumária e detalhada do cargo, principais responsabilidades e competências essenciais.
b. **Pré-seleção (triagem)**
Pré-selecionar aqueles candidatos que possuem os requisitos mínimos para o desempenho do cargo.
c. **Seleção substantiva**
Após passar pela fase anterior, o candidato participa de entrevistas, dinâmicas, testes projetivos e psicológicos, entre outros.

d. Encerramento do processo

É a contratação do candidato selecionado e a dispensa dos demais.

7.2.2 Sobre a seleção de talentos

Atualmente as organizações dispõem de várias técnicas de contratação, incluindo a por tempo determinado (temporário), por tempo indeterminado (a forma mais usual) e a contratação de pessoas jurídicas – terceirizações – para a prestação de serviços.

A própria atividade de seleção de talentos pode ser terceirizada a consultorias de recursos humanos. Essas empresas possuem *know-how* para tratar desses assuntos e já enviam um candidato muito próximo ao perfil solicitado pela empresa. Além disso, é comum que reponham o profissional caso haja demissão dentro do período contratual.

Tabela 7.1 Taxa de recrutamento e seleção

Faixa salarial	Percentual cobrado	Período reposição
Até R$ 5.000,00	50% salário mensal	60 dias
De R$ 5.001,00 a R$ 8.000,00	70% salário mensal	90 dias
De R$ 8.001,00 a R$ 15.000,00	100% salário mensal	120 dias

Fonte: ISI INFINITY, 2016.

Os serviços incluídos na taxa da agência de RH geralmente são: recrutamento, pré-triagem, seleção, testes básicos (português, redação, matemática, raciocínio lógico, conhecimentos gerais ou algum específico a critério da empresa), entrevistas individuais e de competência quando necessário, dinâmicas de grupo (quando aplicável) e infraestrutura para realização dos processos. A decisão sobre qual dessas técnicas adotar também faz parte da estratégia de recursos humanos da organização, atrelada à sua estratégia global, impactando diretamente sua eficiência e eficácia.

O fato é que o cuidado no processo seletivo é fundamental para uma boa Gestão de Pessoas; é a porta de entrada para os bons ou maus talentos. Uma seleção ruim pode prejudicar muito a empresa. Não falamos apenas do dinheiro investido, mas principalmente do tempo perdido com ambientação e treinamento, que nunca mais retornarão à empresa. Sempre se acreditou que o pior que uma seleção equivocada poderia provocar era a contratação da pessoa errada, mas esta é a terceira pior situação. Dois problemas ainda mais graves são: (1) não reconhecer e não contratar a pessoa certa, deixando que o candidato ideal passe despercebido pelo processo de seleção; (2) deixar a pessoa errada no cargo por tempo demais (Charan, Drotter e Noel, 2012).

7.2.3 Desenvolvimento de pessoas

Estimular o desenvolvimento contínuo das pessoas é uma forma de manter a vantagem competitiva empresarial e reter seus talentos, e, sobretudo, de valorizá-las e estimular seu crescimento profissional. Trata-se de uma relação de troca justa e pautada no ganha-ganha (todos ganham). O conceito de desenvolvimento está associado à complexidade da função, aos negócios da organização e às necessidades de carreira do profissional. Assim, é necessária a criação das bases e interesses organizacionais atrelados à motivação e desenvolvimento dos profissionais.

Uma pessoa se desenvolve quando amplia sua capacidade de entrega, encontra significado no que faz e recebe o apoio e incentivo pelo seu constante desenvolvimento. Por isso é importante salientar o compromisso da empresa em propiciar um ambiente que estimule nas pessoas a vontade de sempre melhorar e oferecer o melhor de si. A gestão estratégica de pessoas, ao analisar a retenção de talentos e o desenvolvimento dos profissionais, deve considerar as bases da individualidade das pessoas, a análise das diferenças individuais, e da efetividade das ações de desenvolvimento e a adequação das ações que os profissionais irão desenvolver (Dutra, 2001).

A obtenção deste envolvimento e comprometimento não se dá por meio de um belo discurso sobre os objetivos sociais ou sobre sua importância na empresa. Tudo isso tem seu peso, mas existem fatores que ultrapassam salários, benefícios e facilidades. O fator de maior importância para uma pessoa é a visualização de suas expectativas no futuro; somente assim ela se compromete. (Dutra, 2016a).

a. **Gestão de carreira**

   As novas abordagens de gestão de carreiras preconizam, de maneira geral, a autogestão, a independência do indivíduo em relação às carreiras tradicionais das organizações, a necessidade de adaptações às novas mudanças e a responsabilidade da pessoa por sua própria carreira, dando ênfase aos seus aspectos subjetivos. Abre-se, nesse campo, a possibilidade de a pessoa seguir seus ideais, fazer algo com paixão, ter prazer no que faz e seguir sua própria vontade, seu desejo mais profundo (Oswaldo, 2015).

   Com todo encargo da carreira passando da organização para o indivíduo, é bem possível que haja um entendimento equivocado de que as empresas não precisam oferecer perspectivas de crescimento aos seus profissionais, o que é um grande erro. Nos novos modelos de carreira, as organizações precisam se redirecionar e coordenar esta situação, e não se isentar de qualquer tipo de responsabilidade no processo de retenção de talentos.

A ideia é de parceria, caso contrário as empresas correm o risco de "ser usadas" pelos profissionais até quando acharem conveniente, para depois se desligar e procurar outra empresa onde possam agregar valores para si mesmos, e assim sucessivamente. Nesse caso, a instabilidade de emprego não é fato exclusivo do profissional, mas passa a ser também da empresa (Oswaldo, 2015).

A carreira não deve ser entendida como um caminho rígido, mas como consequência de posições e de trabalhos realizados pela pessoa. Esse processo dentro de uma organização pode ser caracterizado como um eixo, conciliando as expectativas individuais às necessidades das empresas. O uso diversificado de conhecimento, experiências e informações é o caminho da transição cultural e da integração de relação do trabalho com a empresa (Dutra, 2001).

b. **Plano de carreira**

Um plano de carreira visa organizar a estrutura de pessoal dentro da empresa ao longo do tempo. Os planos de carreira não devem ser criados pensando no imediatismo, e, sim, com a mente no futuro. São diretrizes de um bom plano de carreira:

b1. Adoção de carreira, possibilitando o crescimento profissional fundamentado nas competências do profissional.

b2. Desenvolvimento e reconhecimento das competências individuais e globais por critérios que proporcionem oportunidades aos colaboradores.

b3. Adoção de sistema de remuneração adequado visando à valorização do profissional e sua permanência na organização.

b4. Valorização dos profissionais que buscam contínuo aprimoramento profissional com aplicabilidade nas áreas em que atuam.

b5. Adoção de ferramentas aplicadas à gestão de pessoas que permitam aprimorar, qualificar e tornar mais eficaz os serviços prestados ao cliente.

Além disso, o plano de carreira tem como objetivos: proporcionar carreiras compatíveis com as necessidades de pessoal definidas no planejamento de quadro de pessoas; motivar o colaborador à entrega verdadeira em face da ascensão que lhe é oferecida; assegurar que o desenvolvimento do colaborador seja permanente e dinâmico; e oferecer condições aos gestores para utilizar o desenvolvimento de carreira como instrumento efetivo de gestão integrada de pessoas.

c. **Avaliação de desempenho**

A prática do planejamento estratégico visa definir objetivos futuros à organização e propor ações possíveis para sua realização. Desse modo, é indispensável desenvolver mecanismos de avaliação e de controle sistêmicos que permitam à organização acompanhar seu próprio desempenho rumo ao alcance desses objetivos, possibilitando com isso intervir no planejamento com ajustes que se fizerem necessários a fim de garantir a eficiência e eficácia desse planejamento.

No nível do planejamento estratégico de RH, avaliar o desempenho humano caracteriza-se por medir o nível de entrega alcançado por cada colaborador, tendo em vista os objetivos e as metas relacionadas ao cargo ocupado e, também, ao seu próprio potencial de desenvolvimento futuro. Cabe ressaltar que o tipo de avaliação a ser aplicado será determinado por fatores como: tipo de cultura, estilo de liderança, estilo administrativo da organização e estratégias adotadas por ela, entre outros (Nassif, 2007).

A prática de avaliação do desempenho fornece informações importantes para a tomada de decisões acerca dos recursos humanos, como promoções, transferências, demissões. O sistema de recompensas – salário e bonificações – também é favorecido com a prática da avaliação de desempenho, que, quando aplicada de forma criteriosa, permite recompensar o colaborador que verdadeiramente apresenta um desempenho superior. Por meio da avaliação de desempenho também é possível identificar necessidades de treinamento e desenvolvimento, uma vez que ela revela os *gaps* de habilidades e competências (Robbins, 2002; Limongi-França, 2007).

A prática da avaliação de desempenho mede o desempenho das pessoas e as informa do resultado por meio de *feedbacks*. Com esse mecanismo, a organização as mantém informadas a respeito do seu próprio desempenho, podendo sugerir mudanças quando necessário. Segundo Robbins (2002), os critérios mais utilizados pelas organizações para avaliar o desempenho são: **resultados** (volume de produção, quantidade de resíduos e custo unitário de produção), **comportamento** (rapidez nas entregas, participação, envolvimento, absenteísmo, cidadania organizacional) e **traços** (é o critério mais fraco, que envolve apresentar boa postura, ser confiável e demonstrar confiança, entre outros).

Existem vários métodos para avaliação do desempenho humanos nas organizações. Esses diferentes métodos foram desenvolvidos e evoluíram ao longo do tempo, assim como as próprias organizações. Os primeiros processos de avaliação, ainda na década de 1920, surgiram como instrumentos de punição e recompensa para manter a disciplina sob controle. Entre as décadas de 1960 e 1970, passaram a ser utilizados para subsidiar promoções salariais. Atualmente, o foco dos processos de avaliação passou a ser descobrir talentos e criar espaço para a participação e o comprometimento.

O aspecto mais importante de qualquer método de avaliação de desempenho a ser utilizado pela organização deve estar em harmonia com as estratégias organizacionais que orientam a definição dos objetivos, pois estes implicarão maior ou menor participação do funcionário no processo de avaliação.

Os métodos de avaliação de desempenho mais modernos enfocam o desempenho futuro, permitindo avaliar o potencial do colaborador, a necessidade de treinamento e o estabelecimento de metas. Eles surgiram com a necessidade das organizações de buscar soluções criativas e inovadoras que as tornassem mais competitivas no cenário globalizado. As características desses métodos são autoavaliação e autodirecionamento, e estímulo a uma maior participação do avaliado em seu próprio planejamento de desenvolvimento pessoal, pensando no futuro e na melhoria contínua do desempenho.

7.2.4 Remuneração e recompensas

A prática de valorização remuneratória deve ser estruturada conforme o alinhamento de valores, crenças e comportamentos com as demandas da organização e seu direcionamento estratégico. Muito embora seja de conhecimento de todos que a prática salarial sozinha não funciona como elemento determinante para o comprometimento, sua ausência provoca o contrário (Nonaka e Takeuchi, 1995). Os sistemas remuneratórios devem buscar alinhar-se ao mundo competitivo. Hipólito (2001) enumera os objetivos do sistema remuneratório na empresa:

a. Recompensar a contribuição real que o profissional presta à organização.
b. Estabelecer um equilíbrio salarial tanto do ponto de vista interno quanto em relação aos padrões vigentes no mercado.
c. Manter as decisões salariais perante os funcionários, sindicatos ou Justiça do Trabalho.
d. Possibilitar a delegação efetiva de decisões salariais sem perder a coerência do todo.
e. Permitir precisão e controle maiores na gestão da folha de pagamentos.
f. Reforçar a imagem da empresa diante dos profissionais que nela atuam, do mercado de trabalho e da sociedade.

Para Dutra (2016a), a remuneração pode ser direta ou indireta.

a. **Remuneração direta**

É o total de dinheiro que a pessoa recebe pelo trabalho realizado. Em geral, na época da contratação, é acertado um valor fixo de recebimento mensal, semanal ou quinzenal. A remuneração direta fixa (salário) precisa ser suficiente para oferecer uma contrapartida justa em relação ao trabalho e suprir as necessidades básicas do trabalhador em épocas de baixa produtividade. A remuneração direta variável é composta de comissões, gratificações, premiações ou participação nos lucros ou resultados (Dutra, 2016a).

Não são somente os profissionais da área comercial que apreciam e se motivam com a remuneração variável (comissões). Outros profissionais da área administrativa e de produção também podem ser beneficiados pela conquista de metas com um prêmio por produtividade, por exemplo. A empresa pode estabelecer indicadores que servirão de subsídio para a parte variável da remuneração. Esses indicadores podem ser individuais (conclusão de um projeto), setoriais (diminuição de custos do departamento) ou globais (aumento do faturamento, aumento do número de clientes), por exemplo.

É sabido que todos os profissionais apreciam receber algum tipo de recompensa financeira pela atuação destacada.

b. **Remuneração indireta**

É o pacote de benefícios que a pessoa recebe em contrapartida pelo trabalho realizado. Embora gere custo para a empresa, o colaborador não recebe o benefício em dinheiro. Ela é complementar à remuneração direta e visa oferecer segurança e conforto aos colaboradores. É composta de facilidades, conveniências, vantagens e serviços que as organizações oferecem aos seus empregados, como cesta básica, convênios médicos e odontológicos, bolsa de estudos, valor do aluguel do imóvel residencial, vale-alimentação, cartões de crédito, anuidades de colégios, clubes e associações, entre outros.

A remuneração, assim como os demais tipos de valorização da pessoa na empresa, utiliza como parâmetros para sua determinação a equidade interna e externa. Pode-se associar uma faixa salarial para cada grau de complexidade. Assim, na medida em que a pessoa se desenvolve, aumenta sua agregação de valor e passa a valer mais para a empresa e para o mercado (Dutra, 2016a). A GP e as empresas definem as competências do indivíduo e analisam as entregas de cada um. A remuneração obedece à lógica da agregação de valor da pessoa, embora os sistemas formais sejam associados a cargos (Dutra, 2016b).

c. **Recompensas e reconhecimento**

Sistema de reconhecimento relaciona-se ao processo motivacional, tendo como objetivo aumentar o desempenho e entrega dos colaboradores. Os reconhecimentos podem ser extrínsecos, quando se originam de fontes externas ao colaborador, ou intrínsecos, quando advêm da própria pessoa, isto é, sua automotivação. Os extrínsecos dizem respeito à remuneração, como salários, benefícios e promoções. Já os intrínsecos são a sensação de competência, sucesso, responsabilidade e crescimento pessoal (Vecchio, 2008).

Valorização é a concretização das recompensas recebidas pelas pessoas em contrapartida do seu trabalho para a empresa. Os critérios utilizados têm como referência o mercado e padrões internos de equidade que estabeleçam recompensas perenes e justas. A organização tem várias formas de concretizar a recompensa, desde o reconhecimento da contribuição do trabalho da pessoa por meio de um elogio ou premiação até a promoção para posições organizacionais com desafios maiores por meio do plano de carreira (Dutra, 2016a).

d. **Recompensas não financeiras**

Existem outras formas de valorização dos profissionais não atreladas ao financeiro e que se justificam em momentos de crise: o reconhecimento das pessoas. A empresa precisa trabalhar com isso a seu favor. Sabemos que o dinheiro é fundamental em nossas vidas, mas não é o suficiente para a motivação intrínseca e engajamento; eles se referem ao comprometimento interior, o que difere da motivação externa (extrínseca). Profissionais altamente engajados continuarão motivados independente das circunstâncias adversas, como quebras de equipamentos e pressões de tempo.

O ser humano tem necessidade intrínseca de se sentir parte da equipe, da organização, amado, valorizado e reconhecido. Traz consigo uma grande vontade de crescer profissionalmente, tem muitas ambições, cria expectativas, sonha com uma vida melhor, busca novos conhecimentos, quer se destacar e ser o melhor, ter sucesso na vida (Oswaldo, 2015). Para que a apreciação e o reconhecimento sejam eficientes no trabalho, devem ser individualizados e concedidos pessoalmente. Cada indivíduo é único. É preciso observar e descobrir a linguagem de valorização pessoal de cada um, o que realmente é importante para eles, o que os faz se sentir valorizados e não invadidos ou ofendidos (Oswaldo e Dias, 2016).

Algumas pessoas gostam de palavras de elogio, de receber um telefonema, um *e-mail* ou uma conversa em que sejam elogiadas pelo desempenho ou tarefa realizada. Outras gostam de atenção e de ser ouvidas. Existem pessoas que gostam de solidariedade, de ajuda voluntária para a realização de uma tarefa ou um serviço, e, outras, de receber pequenos presentes, como chocolates, ingressos para shows, vale-presentes etc. Nesse quesito, vale muito a criatividade da empresa; o importante é entender que existem várias formas de valorização que podem ser utilizadas.

7.3 Considerações finais

As práticas de gestão de pessoas não é somente a implementação de estratégias integradas para aumentar a produtividade no local de trabalho. Empresas que pensam assim correm o risco de perder seus talentos, pois estes se sentirão usados ao longo do tempo.

Os processos e práticas de gestão de pessoas impactam não só no desempenho e engajamento dos profissionais, mas no clima organizacional, que está diretamente relacionado com a satisfação e motivação dos profissionais e, consequentemente, com o engajamento. Quando o ambiente é positivo e construtivo, existe satisfação, responsabilidade, motivação dos profissionais e maiores desempenhos. A gestão estratégica de pessoas pode agregar valor ao negócio e a vida das pessoas quando intercala a expectativa de ambas as partes e consegue alinhá-las em objetivos únicos que gerem um ganha-ganha para todos os envolvidos.

O pulo do gato

Grigorita Ko/Shutterstock

30 Passos para sua empresa alcançar a excelência no atendimento

1. *Comprometa-se – se há comprometimento de todos o trabalho funciona. É necessário ter o comprometimento interno de todas as áreas e responsáveis.*
2. *Inove – inovar na forma de atender o cliente é necessário nos dias de hoje. O cliente quer atenção e também que seu problema seja resolvido.*
3. *Responda rápido sempre – para isso é preciso conhecer produtos, serviços e as políticas de vendas.*
4. *Seja proativo – qualquer empresa ganha credibilidade e se destaca quando seus colaboradores são proativos.*

5. *Esteja antenado – trazer novos conhecimentos, novas experiências e antecipar muitas vezes o que o cliente deseja também é a chave do sucesso.*
6. *Trate todos os clientes igualmente – é necessário e traz mais conforto para todos da companhia. Cabe à empresa adotar políticas claras com seus colaboradores e torná-las conhecidas por todos.*
7. *Use uma linguagem adequada – imprescindível. Uma palavra errada pode comprometer o bom trabalho.*
8. *Foque sempre no cliente – é preciso entender seu perfil, suas necessidades e expectativas.*
9. *Seja gentil – gentileza, atenção e presteza caminham juntas sempre. Além disso, costumam encantar os clientes.*
10. *Descubra as deficiências – é preciso detectar os erros para acertar depois. Para isso, a empresa pode aplicar análise de perfil dos funcionários e desenvolver qualidades, além de avaliar indicadores de desempenho e resultados individuais.*
11. *Implemente melhorias – inovar com assertividade e propósito é uma necessidade contínua.*
12. *Transmita segurança – é preciso ter segurança naquilo que se faz e no que é oferecido. Por isso, a empresa precisa ter políticas e processos de trabalho que sejam claros.*
13. *Entenda as necessidades do cliente – é preciso entender as expectativas e ansiedades dos clientes. Para isso existem treinamentos que ensinam a "ler" melhor o cliente.*
14. *Mostrar prazer em servir – quem trabalha com vendas e serviços precisa gostar de servir. Por isso é importante que haja um bom processo de seleção de quem vai ficar à frente do atendimento na sua empresa.*
15. *Seja simpático ao atender – simpatia gera simpatia, sempre.*
16. *Não abandone o cliente – abandonar o cliente é abrir as portas para a concorrência. Processos bem definidos podem garantir o que e como fazer. Seja na primeira venda ou na pós-venda.*
17. *Fale na linguagem dele – isso significa entendimento do produto e cultura do cliente.*
18. *Mais do que vender, seja um consultor – o cliente sempre vai gostar de receber novas ideias e informações que possam ajudar em seu negócio. O saber ouvir o cliente é uma grande sabedoria. Ouça mais e fale menos.*
19. *Acompanhe e contate o cliente constantemente – não deixe o cliente esquecê-lo, dê um jeito de mandar um e-mail ou de ligar por alguma novidade.*
20. *Esteja sempre um passo à frente – é importante estar antenado com as tendências e evoluções dos processos e tecnologia.*

21. *Passe credibilidade e confiança – o cliente pensará duas vezes antes de ir para a concorrência quando o profissional o tratar com confiança, responsabilidade, veracidade e disponibilidade.*
22. *Tenha responsabilidade – em todas as etapas de relacionamento.*
23. *Haja com honestidade – atualmente, nenhum negócio se sustenta sem essa qualidade.*
24. *Enalteça a empresa e seus produtos – claro que sem exageros. Mas é preciso falar bem, demonstrar os benefícios e os diferenciais, sempre com profissionalismo.*
25. *Demonstre interesse em satisfazer a vontade do cliente – ele deve estar em primeiro lugar sempre; suas vontades e desejos também.*
26. *Supere as expectativas – a superação traz confiança. Confiança gera negócios duradouros.*
27. *Ofereça estrutura de atendimento – a equipe precisa ser ágil para atender o cliente.*
28. *Estude o cliente para conquistá-lo – se a empresa se aproxima do cliente já conhecendo um pouco de seus produtos e da sua história, é um sinal de que está interessada em atendê-lo. Tal assertiva é corroborada pelo* slogan *da transportadora Júlio Simões nos seus veículos "Entender para atender".*
29. *Conheça profundamente a sua cultura – conhecendo a cultura é possível adiantar e resolver diversos processos com sucesso. Isso é imprescindível para quem atua com comércio exterior.*
30. *Implemente sistemas e tecnologias que aprimorem o atendimento – é preciso acompanhar tendências do varejo moderno, que está cada vez mais interligado com tecnologia que permite uma experiência de compra mais rica em dados (Feltrin, 1996).*

Para isso, visite feiras, mantenha alianças estratégicas com fornecedores, participe de treinamentos e rodadas de negócios, além de treinamentos contínuos interno e externo à empresa. Recicle seus colaboradores, sempre. Invista no seu ativo humano, a riqueza da sua empresa. A moeda forte do seu negócio.

Tudo isto leva ao que todo empreendedor deseja: a fidelização do cliente...

... ou seja, aquele que não se importa com o preço que você cobre (desde que esteja dentro de uma margem aceitável com relação à concorrência), porque a alta qualidade no atendimento supera o preço a mais. Ele paga com prazer toda vez que suas expectativas são atendidas.

O ideal, segundo David, um alto executivo da Oracle brasileira:

"Cabe a nós, depois de um atendimento que supere as expectativas do cliente, escutar dele um entusiasmado: 'UAU!'"

Questões

1. Como a gestão de pessoas pode participar ativamente das estratégias organizacionais?
2. Como os colaboradores influenciam a estratégia da empresa?
3. Quais são as quatro principais práticas que podem ser utilizadas estrategicamente em diferentes ambientes e negócios, gerando diferentes políticas e práticas de gestão de pessoas?
4. Por que os processos de desenvolvimento de pessoas são importantes para a eficácia da estratégia organizacional?
5. Na prática, como a avaliação de desempenho auxilia a gestão de pessoas?
6. Quais formas de recompensas não financeiras podem ser praticadas por uma organização?

Referências bibliográficas

CHARAN R.; DROTTER, S; NOEL, J. *Pipeline de liderança*. 2. ed. Rio de Janeiro: Campus, 2012.

DESSLER, Gary. *Administração de recursos humanos*. São Paulo: Prentice Hall, 2003.

______. *Gestão por competências*. São Paulo: Gente, 2009.

DUTRA, Joel S. *Competências*: conceitos e instrumentos para a gestão de pessoas na empresa moderna. 2. ed. São Paulo: Atlas, 2016a.

______. *Gestão de pessoas*: modelo, processos, tendências e perspectivas. 2. ed. São Paulo: Atlas, 2016b.

______. (org.) *Gestão por competências*: um modelo avançado para o gerenciamento de pessoas. São Paulo: Gente, 2001.

HARRISON, Jeffrey S. *Administração estratégica de recursos e relacionamentos*. Porto Alegre: Bookman, 2005.

HIPÓLITO, J. A. In: DUTRA, Joel Souza. *Gestão por competências*. São Paulo: Gente, 2001.

ISI INFINITY. *Contrato de prestação de serviços de recrutamento e seleção*. Limeira, 2016.

LACOMBE, B. M. B.; TONELLI, M. J. O discurso e a prática: o que nos dizem os especialistas e o que nos mostram as práticas das empresas sobre os modelos de gestão de recursos humanos. *Revista de Administração Contemporânea*. Curitiba, v. 5, n. 2, maio/ago. 2001. Disponível em: <http://www.scielo.br/scie-

lo.php?script=sci_arttext&pid=S1415-65552001000200008>. Acesso em: 30 nov. 2017.

LIMONGI-FRANÇA, A. C. *Práticas de recursos humanos:* conceitos, ferramentas e procedimentos. São Paulo: Atlas, 2007.

NASSIF, Vânia Maria J. Gerindo o desempenho. In: HANASHIRO, Darci M. et al. (orgs.). *Gestão do fator humano:* uma visão baseada em stakeholders. São Paulo: Saraiva, 2007.

NONAKA, I; TAKEUCHI, H. *Criação do conhecimento*. Rio de Janeiro: Campus, 1995.

OLIVEIRA, Darcio; ALBUQUERQUE, Rogério. Diz aí presidente. *Época Negócios*. São Paulo, n. 121, mar. 2017.

OSWALDO, Y. *Planejamento estratégico e autogestão de carreira* – contextos, desafios e desenvolvimento – atenção plena no sucesso. 3. ed. São Paulo: Life, 2015.

_____ (org.). *Práticas de coaching e mentoring:* do autocoaching ao business. São Paulo: Life, 2016.

_____; DIAS, E. *Formação master em liderança e gestão MLG:* líder coach e mentor positivo (livro eletrônico). Limeira: ISI INFINTY, 2016.

PORTAL dos animais. *Esquilo caxinguelê.* 12 jan. 2017. Disponível em: <www.portaldosanimais.com.br/informacoes/esquilo-caxinguele>. Acesso em: 28 nov. 2017.

RAGINS, B. R.; KRAM, K, E. *The Handbook of Mentoring at Work:* Theory, Research and Practice. California: Sages, 2007.

ROBBINS, Stephen P. *Comportamento organizacional.* São Paulo: Prentice Hall, 2002.

VECCHIO, R. P. *Comportamento organizacional*. São Paulo: Cengage, 2008.

MINTZBERG, Henry et al. *Safári de estratégia*. Porto Alegre: Bookman, 2000, p. 196.

Capítulo 8 – Gestão estratégica de finanças

Carlos Eduardo Francischetti
Clóvis Luís Padoveze
Paulo Sérgio Castilho

É impossível dirigir um veículo para a frente olhando apenas para o espelho retrovisor.
Peter Drucker

SINOPSE: Formulação da estratégia como um processo de negociação.

ESTRATÉGIA COMO PODER
O ANIMAL METAFÓRICO: ONÇA-PINTADA

Travel Stock/Shutterstock

Lema: Agarrar, ser o número 1.
Décadas: 1980 e 1990.
Principais nomes: Pfeffer, Salancik, Moss Kanter.
Principal contexto: Barganha, coalizão, alianças, rede, estratégia coletiva.
Autor nacional homenageado: Sérgio de Iudícibus.
Contabilidade gerencial. São Paulo: Atlas, 2008.

FORMULAÇÃO DA ESTRATÉGIA COMO VISÃO DO PODER

Premissas essenciais:

1. Valor agregado, valor máximo criado por todos os participantes da cadeia vertical menos o valor máximo criado por um participante em particular.
2. Valor apropriado, capacidade dos proprietários de apropriar para si mesmos o valor agregado.
3. Estratégias coletivas, redes e alianças são utilizadas, bem como coalizões inconstantes.
4. Barganhas e jogos políticos são utilizados para promover o bem-estar da organização.
5. A harmonia pode ser desfeita e novas alianças surgem ocasionalmente.
6. Aprender com os parceiros é essencial.
7. A cooperação tem limites, e algumas competências enunciais são vedadas aos parceiros.

(Mintzberg, 2000)

TRILHA TROPICAL

A **onça-pintada** (*Panthera onca*) é um felino da família *Felidae*. Esse animal é carnívoro, sendo também chamado de **jaguar** (nome que tem origem na mitologia guarani). A onça-pintada atinge 2,10 metros de comprimento, pesa em média 150 kg e sua altura chega a 90 cm. Em cativeiro, come aproximadamente 2,5 kg. A onça-pintada vive às margens dos rios e também nos ambientes campestres desde o sul dos Estados Unidos até a Argentina. Ela tem como território individual de caça aproximadamente 80 quilômetros quadrados. A onça-pintada é uma excelente nadadora e tem grande poder de caça. Suas patas lhe proporcionam uma força extraordinária, o que a ajuda muito na caça a animais como antas, capivaras, tamanduás, queixadas, cavalos, gados de fazendas, aves, veados, macacos, catetos, pacas, peixes e até jacarés. Também matam jiboias e sucuris quando não encontram opção. As onças têm, portanto, uma alimentação muito variada.

(Pacievitch, s.d.)

CONCEITOS-CHAVE DA VISÃO DO PODER

Reagindo às ameaças à sustentabilidade

Respostas à imitação

- Construir barreiras
- Economias de escala e escopo
- Aprendizado/informações privadas
- Contratos e relações
- Externalidades à rede
- Ameaças de retaliação
- Prazos
- Complexidade estratégica
- Elevação do nível

Respostas à substituição

- Não reagir
- Lutar
- Mudar
- Recombinar
- Indecisão
- Colher

Valor agregado

Valor apropriado

Respostas à negligência

- Colher informações
- Monitorar comportamento
- Oferecer incentivos ao desempenho
- Criar normas
- Mudar administração
- Mobilizar para mudanças

Respostas à violação

- Contratar
- Integrar
- Conquistar poder de barganha
- Negociar duramente
- Reduzir especificidade dos ativos
- Construir relacionamentos
- Desenvolver confiança

(Ghemawat, 2000)

Todo processo de expansão tem que acompanhar a evolução do mercado investidor e o momento econômico do contexto.
Tiago Azem Calil Júlio, diretor executivo da Rede Leve Pizza
(Casagrande, 2017)

Objetivos do capítulo

Este capítulo demonstra que a gestão financeira está diretamente ligada à Contabilidade, tendo um papel estratégico, uma vez que cada processo de gestão e seu respectivo sistema de informação contábil geram subsídios para a realização de estudos que justifiquem a maximização dos recursos disponíveis e apontem as melhores opções de tomada de decisão em relação à conjuntura econômica do mercado.

Palavras-chave: gestão financeira; planejamento financeiro; investimento; estratégias financeiras; índices financeiros.

8.1 Introdução

Muitos empreendedores e gestores ainda podem apresentar certas dúvidas sobre a situação econômica e as finanças de suas empresas. O conhecimento sobre essa área é fundamental para a sustentação de um negócio, tanto para a sua sobrevivência como para sua evolução, competitividade e perenidade. Em geral, as dúvidas mais comuns estão relacionadas a como fazer uma gestão financeira se tornar eficiente e servir de instrumento básico nas tomadas de decisões estratégicas no dia a dia.

8.2 Estratégia

Utilizada originalmente em situações militares, a noção de estratégia passou a ser adotada pelas empresas, pois, assim como nos campos de batalha das guerras, no mundo dos negócios existe a necessidade de se conseguir ou atingir os meios para obter a vitória ou o objetivo desejado. Ansoff (2001) mostra que as organizações precisam desenvolver impulsos empresariais renovados e transformar suas posturas estratégicas para se manterem competitivas. Ele afirma ainda que a estratégia deve ser elaborada de acordo com o negócio que a empresa pratica, as tendências do mercado, as decisões, o nicho competitivo e as características da linha de produtos e serviços.

São precursores do pensamento estratégico Sun Tzu e Maquiavel, respectivamente um general e um diplomata, autores de *best-sellers* atuais. Para Sun Tzu, as manobras estratégicas significavam a escolha de melhores caminhos, e, para Maquiavel, “estratagema” significava um ardil para conseguir uma vantagem por meio da surpresa (Corrêa, 2011).

8.3 Gestão estratégica

Mudanças ocorrem em todos os lugares, e as organizações precisam analisar as novas condições e realidades dos mercados. Desta maneira, a gestão estratégica, quando desenvolvida e considerada um processo de transformação organizacional voltada para o futuro, poderá conduzir seus gestores no monitoramento e acompanhamento de toda essa transformação com uma adequação contínua de capacitação da sua estrutura patrimonial com base nas tendências observadas no cenário econômico e social da sociedade. Formalmente, pode-se definir o conceito de gestão estratégica como o processo sistemático, planejado, gerenciado, executado e acompanhado sob a liderança da alta administração da organização, envolvendo e comprometendo todos os gerentes e colaboradores. Quanto à finalidade, a gestão estratégica visa assegurar o crescimento, a continuidade e a sobrevivência da instituição por meio da adaptação contínua de suas estratégias, de sua capacitação e de sua estrutura, possibilitando-lhe enfrentar as mudanças observadas ou previsíveis no seu ambiente externo ou interno, antecipando-se a elas (Costa, 2010).

8.4 Gestão financeira

Diversos tipos de análise financeira são úteis para a tomada de decisões na gestão estratégica, uma vez que analisar fatos para identificar oportunidades e riscos, a fim de avaliar condições e decisões administrativas para preparar uma análise da situação com as principais estratégias a serem implementadas, é essencial para todos os gestores atualmente. Como funções e objetivos de qualquer empresa, entende-se que a busca por melhores decisões visa à maximização do retorno esperado, e a gestão financeira possibilita, por meio da avaliação dos riscos e do retorno mínimo, apontar as melhores opções de tomada de decisão.

Pode-se dizer que normalmente toda decisão de investimento é uma decisão de planejamento financeiro. Nesse caso, deve-se compreender que o processo de gestão das empresas compreende o ciclo de planejamento, execução e controle, podendo ser segmentado em longo prazo ou estratégico, de médio prazo ou operacional (tático) ou planejamento de curto prazo (programação). A empresa é um sistema que processa recursos internos e produz saídas. Em termos físicos, as entradas correspondem aos recursos utilizados (materiais, equipamentos, tecnologia, mão de obra, energia, serviços etc.); o processamento, às atividades organizadas para executar todos os processos operacionais (produção, comercialização, administração e finanças); e as saídas, aos produtos e serviços vendidos. Em termos econômicos, as entradas são representadas pelos custos e despesas (aplicação de recursos → débito) e as saídas, pelas receitas (fonte de recursos → crédito).

8.5 Contabilidade

Dentro das organizações o sistema de informação contábil é um instrumento clássico caracterizado para atuar na etapa de controle. Nesse aspecto é fundamental ressaltar que o conceito de controle contábil não se limita ao controle *a posteriori*. Cabe à contabilidade os três momentos temporais de controle: antecedente, concomitante e subsequente. A contabilidade, além de suas funções específicas, tem seu aspecto gerencial, fornecendo informações para os gestores que são responsáveis pela direção e controle de suas operações.

A contabilidade é um sistema de informação que mede e relata as atividades de um negócio, a fim de comunicar os resultados para os tomadores de decisão (Ching, Marques e Prado, 2007). Segundo a Associação Nacional dos Contadores dos Estados Unidos, por meio do seu relatório número 1, contabilidade é o processo de identificação, mensuração, acumulação, análise, preparação, interpretação e comunicação de informações financeiras que deve ser utilizado pela administração para planejamento, avaliação e controle dentro de uma organização, bem como para assegurar e contabilizar o uso apropriado de seus recursos (Francia et al., 1992).

Garrison e Noreen (2001) subdividem a contabilidade em dois grandes ramos:

> A contabilidade gerencial destina-se ao fornecimento de informações aos gerentes, isto é, as pessoas que dirigem e controlam as operações da organização. A contabilidade financeira, por outro lado, preocupa-se em fornecer informações aos acionistas, aos credores e a todos os envolvidos que estão fora da organização. A contabilidade gerencial provê as informações essenciais com as quais as empresas são efetivamente geridas; enquanto a contabilidade financeira proporciona os parâmetros (*scorecards*) pelos quais o desempenho passado de uma empresa é avaliado. Para Iudícibus (2008), a contabilidade gerencial pode ser caracterizada como várias técnicas e procedimentos já conhecidos e tratados na contabilidade financeira, na contabilidade de custos, na análise financeira e de balanços etc. Essas técnicas e esses procedimentos seriam explorados por uma perspectiva diferente, um grau de detalhe mais analítico ou uma forma de apresentação e classificação diferenciada, de maneira a auxiliar os gerentes e gestores das entidades em seu processo decisório.

Tendo em vista que uma organização é estruturada de forma hierárquica, a contabilidade gerencial deve suprir, por meio do sistema de informação contábil gerencial, todas as áreas da companhia. Dentro da empresa, cada nível de administração utiliza a informação contábil de maneira diversa, com um nível de agregação diferente; portanto, o sistema de informação contábil gerencial deverá providenciar para que a informação contábil seja trabalhada de forma específica para cada segmento hierárquico da companhia (Padoveze, 2011).

8.6 Planejamento financeiro

Segundo Gitman (2012), planejamento financeiro diz respeito ao monitoramento da situação financeira da empresa e permite a avaliação de sua capacidade produtiva para a determinação de aumentos ou redução de financiamentos requeridos. O orçamento de capital ou planejamento financeiro avaliam projetos de investimentos decorrentes das estratégias empresariais. Eles devem ser considerados separadamente quando empregados no longo prazo, ou seja, o orçamento de capital para o processo de planejamento pode ser:

a. um conjunto de procedimentos para avaliação de um projeto de investimento;
b. a peça orçamentária para estimativa dos investimentos em ativos permanentes dentro do plano orçamentário.

Pode-se dizer que o orçamento de capital é o procedimento para o planejamento financeiro de longo prazo, pois resume um projeto de investimento em que constam as fontes de capital próprio e/ou de terceiros para financiá-lo, seus valores, os fluxos futuros de lucros e caixa e o custo de capital necessário para avaliar o projeto como um todo (Padoveze, 2011).

8.7 Investimentos

Investimento é a aplicação de recursos em determinados empreendimentos ou projetos que renderão juros ou lucros ao longo do tempo. Essa aplicação pode estar relacionada tanto à compra de máquinas, equipamentos e imóveis para a instalação de unidades produtivas, como também ao mercado financeiro. Um projeto de investimento é uma aplicação de recursos que geram rendimentos durante certo período de tempo e maximizam o lucro da empresa. É um negócio para a empresa, que decide pela sua implementação ou não com base nas alternativas dos seus resultados esperados e projetados ao longo do tempo.

Um investimento tem o objetivo de gerar um resultado que supere o valor investido, para compensar o risco de trocar um valor presente certo por um valor futuro com risco em sua recuperação. Esse resultado excedente é a rentabilidade do investimento e é o prêmio por investir. Esse prêmio é o conceito que fundamenta a existência dos juros como pagamento pelo serviço prestado ao investidor pelo ato de emprestar dinheiro para um terceiro (Padoveze, 2011).

8.8 Gestão estratégica de finanças

A complexidade das relações econômicas que existem hoje em dia no mercado torna a atuação das empresas igualmente complexa, independente de seu tamanho e segmento, transformando o correto entendimento das relações financeiras em uma vantagem competitiva muito importante. O principal objetivo de qualquer empresa, seja qual for a sua forma de constituição, é ter seu valor maximizado por meio da atividade de produção de bens ou prestação de serviços para venda no mercado.

É possível administrar e tornar viáveis seus investimentos por meio do processo de alavancagem, e criar capacidade de utilizar ativos ou recursos a um custo fixo a fim de maximizar o retorno de seus proprietários. Existe uma relação direta entre risco e rentabilidade, em que, quanto maior o risco maior o retorno e vice-versa. Quanto maior o processo de alavancagem, maior o risco e o retorno envolvidos; e quanto menor o processo de alavancagem, menor o risco e o retorno envolvidos. Podemos destacar dois tipos de alavancagem: operacional e financeira. Alavancagem operacional é a possibilidade de um acréscimo percentual no lucro operacional maior que o do percentual obtido do aumento das vendas. Já a alavancagem financeira é a capacidade da empresa em maximizar o lucro líquido por meio da utilização de encargos financeiros fixos.

Com base na necessidade de se obter um modelo de gestão adequado para a tomada de decisões, apresentamos a seguir as principais ferramentas de análise financeira. Em linhas gerais, essas ferramentas podem contribuir na elaboração de um planejamento financeiro que contemple as expectativas de viabilidade e retorno para qualquer negócio, investimento ou projeto ao longo do tempo.

8.9 Estratégias financeiras

Toda gestão financeira deve estar relacionada à análise e ao controle da rentabilidade dos investimentos das empresas, de forma a decidir qual é o melhor investimento e qual deverá ser a melhor fonte de financiamento para a obtenção de recursos que o viabilizem. Para isso, deve-se buscar entre as estratégias financeiras o objetivo de criar valor econômico para a empresa mediante a adoção de medidas nas seguintes áreas:

a. Operacionais: giro do estoque e crescimento das vendas.
b. Financiamento: substituição do uso de capital de terceiros por capital próprio.
c. Investimento: análise de novas oportunidades de mercado.

8.10 Análise econômico-contábil-financeira

Administrar, hoje em dia, consiste em planejar, organizar, liderar, coordenar e controlar as atividades de uma unidade organizacional, área, empresa ou um grupo de empresas, diagnosticando suas deficiências e seus riscos e identificando seus aspectos positivos; estabelecendo metas, planos e programas para sanar as deficiências e expandir e desenvolver os aspectos positivos; tomando, dentro do seu âmbito, as providências necessárias para transformar em ações e realidade esses planos e programas, controlando seus resultados, visando ao cumprimento das metas estabelecidas (Lacombe, 2011, p. 68).

Além de uma boa administração, o uso das principais técnicas de análise econômico-contábil-financeira é essencial, pois ajuda na obtenção de informações para as tomadas de decisões em meio a um cenário de constantes mudanças e competitividade, e contribui para a obtenção de resultados positivos para as empresas. A análise das demonstrações financeiras visa uma avaliação do desempenho da empresa como forma de identificar os resultados das diversas decisões financeiras tomadas em determinado período no passado para prever lucros e resultados futuros (Assaf Neto, 2008 e Weston e Brigham, 2000). Além da análise do resultado e desempenho, a avaliação da empresa detecta os pontos fracos e fortes dos processos operacionais e financeiros, permitindo aos gestores visualizar alternativas sobre o curso futuro (Padoveze, 2011). Podem-se classificar as análises econômico-financeiras em: fundamentalista (tradicional), dinâmica e técnicas de investimentos.

8.11 Análise econômico-financeira fundamentalista

A análise econômico-financeira ou análise de balanço consiste na avaliação da situação da empresa com base nos demonstrativos contábeis, buscando informações sobre seus aspectos operacionais, econômicos, patrimoniais e financeiros (Hoji, 2009; Matarazzo, 2010; Padoveze, 2011). Segundo Padoveze (2011), essas ferramentas podem ser definidas como:

a. Análise vertical: é uma avaliação estrutural; determina a participação percentual de cada elemento (conta) dos demonstrativos contábeis em relação ao seu valor total, sendo possível determinar as contas mais importantes ou relevantes.
b. Análise horizontal: é uma avaliação de crescimento; permite verificar a variação em percentual de determinada conta dos demonstrativos contábeis em relação a ela mesma, ao longo de períodos sequenciais e consecutivos, indicando uma tendência de crescimento (ou diminuição).

c. Indicadores econômico-financeiros: são índices calculados por fórmulas que servem para verificar a relação entre contas do balanço patrimonial ou de contas da demonstração de resultado que se relacionam com o balanço patrimonial.
d. Relatório final: resume as conclusões obtidas pela análise dos demonstrativos contábeis, traz uma avaliação da situação da empresa e estimativas ou projeções da administração sobre acontecimentos futuros.

Outro indicador importante é o Ebitda (*Earnings Before Interest Taxes, Depreciation and Amortization*) ou lucros antes de juros, impostos, depreciação e amortizações (Lajida). Ele nos orienta em relação à identificação dos principais componentes de geração de lucro e de caixa. O objetivo central desta análise é identificar os principais fatores de geração de lucro e caixa dentro da empresa, permitindo um modelo para previsão de geração de fluxos futuros de benefícios. Portanto, a análise da geração de lucros centra-se em obter informações dentro de modelos de análise e decisão que fornecem dados para inferir a tendência da empresa em termos de crescimento de lucros e fluxo de caixa (Padoveze, 2012).

8.12 Análise financeira dinâmica

Segundo Fleuriet, Kehdy e Blanc (2003), um método tradicional de análise financeira das empresas, quando baseado somente no balanço patrimonial, possui uma visão estática, incompatível com o dinamismo do cotidiano empresarial. Por isso, desenvolveu-se um modelo de administração de capital de giro mediante a necessidade de separar os ativos conforme sua liquidez com base em seu caráter financeiro, operacional ou permanente. (Fleuriet Kehdy e Blanc, 2003). Para cálculo desse modelo, pressupõe-se uma reclassificação do balanço patrimonial (BP) em função da realidade dinâmica (ciclos) das diversas contas e subgrupos que o compõem, chegando-se assim ao balanço funcional. O foco do modelo está na reclassificação dos ativos e passivos circulantes, classificando-os em dois tipos conforme a sua relação com o ciclo operacional (Padoveze, 2011):

a. **Contas cíclicas:** são as de natureza operacional; por exemplo, estoques, fornecedores, obrigações trabalhistas e impostos sobre o faturamento.
b. **Contas erráticas:** são as de natureza financeira, ou contas do circulante; por exemplo, caixa, bancos, aplicações financeiras, financiamentos e outras contas a pagar.

Esse modelo adota três variáveis: necessidade de capital de giro, capital de giro disponível e saldo de tesouraria, conforme o Quadro 8.1.

Quadro 8.1 Variáveis do Modelo Fleuriet

Variável	Sigla	Finalidade	Fórmula
Necessidade de capital de giro	NCG	Demonstrar os recursos necessários para que a organização financie suas operações.	NCG = ativo circulante cíclico I – passivo circulante cíclico ou NCG = ativo circulante operacional – passivo circulante operacional NCG = (ACC – PCC)
Capital de giro disponível	CGD	Demonstrar se os recursos líquidos são suficientes para financiar as operações da organização.	CGD = passivo não cíclico – ativo não cíclico ou CGD = passivo não circulante – ativo não circulante CGD = PNC – ANC
Saldo de tesouraria	T	Demonstra a existência ou não de recursos de curto prazo para a empresa no seu giro (NCG) e garante o nível das operações planejadas.	T = ativo circulante financeiro – passivo circulante financeiro T = ACF – PCF

Fonte: Elaborado pelos autores com base em Fleuriet, Kehdy e Blanc, 2003.

Para Ackoff (1975), o conjunto das decisões de um plano não pode ser dividido em subconjuntos independentes, e, sim, devem ser inter-relacionados e interagir entre si. O capital de giro é essencial para que as empresas garantam sua sobrevivência e atendam às necessidades do mercado com ou sem o aumento de captação de recursos financeiros. Quando a necessidade de capital de giro (NCG) é superior ao aumento do capital de giro disponível (CGD), o que é caracterizado pelo saldo de tesouraria (T) negativo, será necessário inserir mais recursos por meio de capital próprio ou de terceiros, podendo levar a empresa a uma situação de insolvência (Matias, 2007).

8.13 Análise de investimentos

As tomadas de decisões de investimentos e financiamentos e as relações econômicas no mercado tornam a gestão das empresas complexa. Desta maneira, pode-se dizer que o correto entendimento das relações financeiras no dia a dia da empresa acaba se transformando em uma vantagem competitiva extremamente importante. A análise de investimentos corresponde às técnicas de: alavancagem, *payback*, valor presente líquido (VPL), taxa interna de retorno (TIR), taxa interna de retorno modificada (TIRM), fluxo de caixa descontado (FCD) e opções reais. Essas técnicas buscam determinar a viabilidade econômica e financeira dos investimentos, considerando uma determinada taxa mínima de atratividade (TMA).

Para a análise de investimentos, a escolha de uma taxa de desconto ou taxa mínima de atratividade (TMA) adequada está ligada ao fluxo de caixa escolhido. Segundo Martins (2001), o fluxo de caixa é aquele que melhor revela a capacidade de geração de riqueza de determinado projeto, que, por sua vez, traz o valor presente de benefícios futuros esperados ao seu custo de capital ou a uma taxa de desconto apropriada. A mensuração das entradas de um projeto, ou o quanto ele vai pagar ao longo do tempo, é, provavelmente, o que traz maior dificuldade para sua obtenção, uma vez que, pela própria característica do investimento, lida com a mensuração dos retornos futuros e com as incertezas inerentes a qualquer futuro. De um modo geral, a mensuração das saídas (os investimentos) não apresenta dificuldade em demasia pela mesma questão. Os administradores operacionais e financeiros sabem o que deve ser adquirido ou investido agora, ou seja, o grau de incerteza é muito menor porque basicamente o tempo é o presente, mas as entradas dos fluxos de caixa devem ser obtidas pelas projeções das demonstrações de resultados periódicas e dos balanços patrimoniais futuros (Padoveze, 2012).

Na análise de investimentos deve-se: estimar os fluxos de caixa relevantes; aplicar uma técnica de decisão apropriada, como o VPL e a TIR; medir o risco do projeto e ajustar a técnica de decisão em face desse risco.

Uma visão mais moderna considera quaisquer opções reais – oportunidades implícitas em projetos de investimento (investimentos em ativos reais, e não financeiros) – que possibilitam aos executivos alterar seus fluxos de caixa e riscos de uma maneira que afeta a viabilidade (VPL) do projeto. Como tais oportunidades são mais comuns e mais importantes em projetos de investimentos de grande porte ou "estratégicos", as opções em questão às vezes são chamadas de estratégicas (Gitman, 2012).

As organizações atuam em um ambiente de negócios que exige cada vez mais a identificação de novos riscos e oportunidades dentro do seu contexto estratégico. É fundamental realizar aplicações práticas em que seja possível simular os resultados das organizações por meio da análise econômico-contábil-financeira. É imprescindível que as organizações saibam se posicionar para que possam garantir seu sucesso continuado.

8.14 Fluxo de caixa e necessidade de capital de giro

Toda empresa necessita controlar o seu fluxo de caixa, pois precisa obter liquidez para gerar lucro. Portanto, o fluxo de caixa é tão importante quanto a capacidade de produção e de vendas da empresa. Como aplicação de gestão estratégica de finanças apresentamos um fluxo de caixa operacional com o intuito de ressaltar a importância de suas informações e contribuir para uma visão mais clara e objetiva em relação ao apoio às tomadas de decisão. Além de apresentar a necessidade de capital de giro para montar e manter o negócio da empresa, o fluxo de caixa também demonstra o ponto de equilíbrio, a margem de contribuição, os custos fixos e variáveis da empresa, e o tempo que levará para apresentar lucro (*payback*).

Como análise da importância da gestão estratégica de finanças, iniciaremos um estudo sobre a viabilidade de um empreendimento cujo objetivo é montar uma empresa do ramo industrial para a produção de determinado produto já existente no mercado. Com base na estimativa da quantidade de produtos que poderão ser vendidos no mercado para atender sua demanda, montou-se uma estrutura de equipamentos e de mão de obra direta e indireta. Essa estimativa possibilitou a construção de um fluxo de caixa para determinar qual será a necessidade de capital de giro para que esse empreendimento gere lucros e sobreviva ao longo do tempo. O preço de venda foi determinado com base no preço de mercado do produto comercializado por outras empresas.

Para os valores de mão de obra apurados no fluxo de caixa, utilizou-se mão de obra direta e indireta. Parte dos trabalhos da produção, como separação de peças e embalagem, será terceirizada. Os trabalhos de produção dos produtos serão executados por quatro funcionários com remuneração de salário-mínimo, com a incidência dos encargos sociais previsto em lei, 13º salário, férias, descanso semanal remunerado, INSS, seguro de acidente no trabalho, salário educação, Sesi/Senai/Sebrae, FGTS, provisão de multa para rescisão e assistência médica, totalizando em pouco mais de 100% de encargos sociais.

O valor do custo variável é obtido com a soma dos custos unitários de material, montagem e embalagem, acrescidos pela multiplicação das alíquotas do IPI, ICMS, PIS, Cofins e comissões (CV = 6,00 + 5,00 + 1,50) × (1,05 × 1,3265) = 18,11).

O ponto de equilíbrio representa a quantidade de venda mensal necessária para gerar receitas suficientes para pagar todo o custo variável e todos os custos fixos da empresa. Quando a empresa atingir vendas de 2.195 unidades produzidas, ela terá um total de pouco mais que R$ 54.857,81, como pode ser visualizado na Tabela 8.1. Esse total é suficiente para pagar todos os custos fixos mais os custos variáveis decorrentes, e o seu lucro somente estará disponível além desse limite ou quantidade "mínima" exigida de vendas mensais.

Como se estimou uma produção de 10.000 unidades, espera-se que o mercado seja capaz de absorver toda essa quantidade, e, desta maneira, pode-se esperar que essa quantidade mínima exigida de vendas seja atingida todo mês. É essencial que antes de abrir qualquer negócio seja feito um plano de negócios, que reúne toda a informação necessária sobre sua viabilidade. Primeiro, toda empresa deve ter um projeto, ou seja, o que, quem, por que, quando, onde, como e quanto ela deseja alcançar seu objetivo.

Destaca-se uma projeção de um fluxo de caixa, importante ferramenta de gestão financeira que permite projetar e acompanhar as entradas (recebimentos) e saídas (pagamentos) da empresa, indicando seu saldo de caixa por dia, semana, mês, trimestre ou ano. É importante trabalhar com o fluxo de caixa, pois pode-se verificar com antecedência faltas e excesso de caixa, facilitando a tomada de decisão em relação à captação de recursos para saldar os compromissos da empresa e/ou buscar investimentos e aplicações no mercado para aplicar os excessos de caixa para ganhar juros e manter o poder de compra e pagamento do dinheiro em poder da empresa ao longo do tempo. Para nosso estudo de aplicação de gestão estratégica de finanças, utilizaremos o fluxo de caixa com projeções mensais.

Pode-se observar pela Tabela 8.1 que o fluxo de caixa está dividido em entradas e saídas, e o saldo final do período anterior que inicia o saldo inicial do próximo mês. Nos dois primeiros meses não há vendas, pois o primeiro mês foi usado para montar a empresa e iniciar a produção, e o segundo, para iniciar a distribuição dos produtos em consignação para as lojas revendedoras. Já a partir do terceiro mês temos os valores recebidos referentes às vendas da produção realizada no mês anterior. No nosso caso, estamos considerando que todos os produtos foram vendidos e que não houve inadimplência em nenhum mês. No mês 1, considera-se que na compra dos materiais obteve-se um prazo de pagamento de 30 dias para os fornecedores e, desta maneira, só iniciamos os lançamentos dessas obrigações no próximo mês.

Os equipamentos foram adquiridos em sua totalidade no primeiro mês porque eram necessários na produção. As comissões sobre as vendas e os impostos correntes começam no momento das vendas, pois seus percentuais incidem sobre a quantidade vendida. Os valores correspondentes aos impostos foram calculados com base nas fórmulas:

$$\text{IPI} = \text{Vendas} - \left(\frac{\text{Vendas}}{1 + \%\ \text{IPI}}\right)$$

$$\text{ICMS} = (\text{Vendas} - \text{IPI}) \times \%\text{ICMS}$$

$$\text{PIS} = (\text{Vendas} - \text{IPI}) \times \%\text{PIS}$$

$$\text{COFINS} = (\text{Vendas} - \text{IPI}) \times \%\text{COFINS}$$

Tabela 8.1 Fluxo de caixa

FLUXO DE CAIXA - CAPITAL DE GIRO

Produção:		
Vendas	10.000	unidades/mês
Material	6,00	por unidade
Montagem	5,50	por unidade
Embalagem	1,50	por unidade
Comissões	10%	sobre Vendas
Preço de venda	25,00	por unidade
Aluguel	1.350,00	por mês
Salário (M.O. direta)	7.496,00	por mês
Salário (M.O. Indireta)	2.800,00	por mês
Telefone/Luz/Água	600,00	por mês
Assessoria contábil	680,00	por mês
Manutenção	200,00	por mês
Pró-Labore	2.000,00	por mês
Impostos:		
IPI	5,00%	
ICMS	18,00%	
PIS	1,65%	
COFINS	3,00%	
Equipamentos:		
Máquina tipo 1	2.500,00	unidades
Máquina tipo 2	1.800,00	unidades
Máquina tipo 3	380,00	unidades
Mesa de Apoio	300,00	unidades
Mesa de Apoio	300,00	unidades
Instrumentos medição	100,00	unidades
Computador	1.500,00	unidades
Móveis Escritório	1.800,00	unidades
Acessórios	740,00	unidades
EQUIPAMENTOS	9.420,00	
CUSTO FIXO	15.126,00	
CUSTO VARIÁVEL	18,11	por unidade

Ponto de Equilíbrio:

Pe(q) = C.F. / M.C. → 2.194,31

Pe($) = C.F. / I.M.C. → 54.857,81

M.C. = P.V. - C.V.
M.C.= margem de contribuição
P.V. = Preço de Venda
C.V. = Custos Variáveis

M.C.=	6,89

I.M.C. = (M.C. / P.V.) * 100
I.M.C. = Índice da Margem de Contribuição
M.C. = Margem de Contribuição
P.V. = Preço de Venda

I.M.C.=	27,57	%

EMPREGADOS	PROD. TOTAL	PROD. IND.
4,00	10.000,00	2.500,00
EMPREGADOS	SALÁRIO	TOTAL
4,00	937,00	3.748,00
	ENCARGOS	7.496,00

(*continua*)

Tabela 8.1 Fluxo de caixa (*continuação*)

FLUXO DE CAIXA										
	Mês 1	Mês 2	Mês 3	Mês 4	Mês 5	Mês 6	Mês 7	Mês 8	Mês 9	Mês 10
Saldo inicial		(94.546,00)	(239.672,00)	(225.631,33)	(211.590,67)	(197.550,00)	(183.509,33)	(169.468,67)	(155.428,00)	(141.387,33)
ENTRADAS										
Vendas			250.000,00	250.000,00	250.000,00	250.000,00	250.000,00	250.000,00	250.000,00	250.000,00
Investimento										
Total	-	-	250.000,00	250.000,00	250.000,00	250.000,00	250.000,00	250.000,00	250.000,00	250.000,00
SAÍDAS										
Equipamentos	9.420,00									
Material		60.000,00	60.000,00	60.000,00	60.000,00	60.000,00	60.000,00	60.000,00	60.000,00	60.000,00
Montagem	55.000,00	55.000,00	55.000,00	55.000,00	55.000,00	55.000,00	55.000,00	55.000,00	55.000,00	55.000,00
Embalagem	15.000,00	15.000,00	15.000,00	15.000,00	15.000,00	15.000,00	15.000,00	15.000,00	15.000,00	15.000,00
Comissões			25.000,00	25.000,00	25.000,00	25.000,00	25.000,00	25.000,00	25.000,00	25.000,00
Aluguel	1.350,00	1.350,00	1.350,00	1.350,00	1.350,00	1.350,00	1.350,00	1.350,00	1.350,00	1.350,00
Salário	10.296,00	10.296,00	10.296,00	10.296,00	10.296,00	10.296,00	10.296,00	10.296,00	10.296,00	10.296,00
Pró-labore	2.000,00	2.000,00	2.000,00	2.000,00	2.000,00	2.000,00	2.000,00	2.000,00	2.000,00	2.000,00
Água/Luz/Telefone	600,00	600,00	600,00	600,00	600,00	600,00	600,00	600,00	600,00	600,00
Assessoria contábil	680,00	680,00	680,00	680,00	680,00	680,00	680,00	680,00	680,00	680,00
Manutenção	200,00	200,00	200,00	200,00	200,00	200,00	200,00	200,00	200,00	200,00
IPI	-	-	11.904,76	11.904,76	11.904,76	11.904,76	11.904,76	11.904,76	11.904,76	11.904,76
ICMS	-	-	42.857,14	42.857,14	42.857,14	42.857,14	42.857,14	42.857,14	42.857,14	42.857,14
PIS	-	-	3.928,57	3.928,57	3.928,57	3.928,57	3.928,57	3.928,57	3.928,57	3.928,57
COFINS	-	-	7.142,86	7.142,86	7.142,86	7.142,86	7.142,86	7.142,86	7.142,86	7.142,86
Total	94.546,00	145.126,00	235.959,33	235.959,33	235.959,33	235.959,33	235.959,33	235.959,33	235.959,33	235.959,33
RESULTADOS FINAIS										
Entrada - Saída	(94.546,00)	(145.126,00)	14.040,67	14.040,67	14.040,67	14.040,67	14.040,67	14.040,67	14.040,67	14.040,67
Saldo Final	(94.546,00)	(239.672,00)	(225.631,33)	(211.590,67)	(197.550,00)	(183.509,33)	(169.468,67)	(155.428,00)	(141.387,33)	(127.346,67)

Capital de Giro Necessário →	(239.672,00)

Fonte: Elaborado pelos autores.

Fazendo uma projeção por meio da planilha de fluxo de caixa (disponível na página do livro, no *site* da Cengage), a partir do mês 10, pode-se verificar que a empresa começará a obter lucro somente no mês 20, quando o saldo acumulado de suas entradas menos as saídas de caixa deverá superar os prejuízos acumulados.

Analisando os valores do fluxo de caixa, observa-se que a empresa terá prejuízo no início, pois o montante de capital investido no negócio pelo seu proprietário ainda não foi considerado. Nesse caso em particular, observa-se que, entre todos os saldos finais, um deles se destaca como o maior prejuízo. Esse valor em particular é o montante necessário para abrir o negócio, ou seja, o capital de giro a ser investido no empreendimento a fim de oferecer sustentação para essa estrutura de produção e proporcionar saldos finais positivos de caixa em todos os meses. Observe a Tabela 8.2.

O valor do capital de giro obtido pelo fluxo de caixa é o valor necessário para montar o negócio e que geralmente é solicitado pelos gerentes de bancos toda vez que se pretende buscar empréstimos. Desta maneira, verificou-se que em nenhum mês houve prejuízo. Obviamente, se o valor do capital de giro necessário for obtido por fontes de terceiros, como um empréstimo, teremos que lançar nas saídas os valores de sua amortização. Mas, se ele for obtido por fontes próprias de capital (investimento), então os saldos finais e os lucros resultantes se iniciarão imediatamente.

Além do envolvimento com a análise e o planejamento financeiro, para as tomadas de decisões deve-se combinar suas escolhas de acordo com os resultados obtidos. A análise de investimentos muitas vezes envolve um conjunto de técnicas que busca determinar sua viabilidade econômica e financeira, respeitando uma taxa mínima de atratividade (TMA) determinada pelo investidor (Casarotto e Koppitke, 2000). Entre as técnicas de análise de investimentos, pode-se utilizar principalmente a do valor presente líquido (VPL) e da taxa interna de retorno (TIR) para uma análise econômico-financeira desse empreendimento.

Tabela 8.2 Projeção do fluxo de caixa com capital de giro necessário

Produção:		
Vendas	10.000	unidades/mês
Material	6,00	por unidade
Montagem	5,50	por unidade
Embalagem	1,50	por unidade
Comissões	10%	sobre Vendas
Preço de venda	25,00	por unidade
Aluguel	1.350,00	por mês
Salário (M.O. direta)	7.496,00	por mês
Salário (M.O. Indireta)	2.800,00	por mês
Telefone/Luz/Água	600,00	por mês
Assessoria contábil	680,00	por mês
Manutenção	200,00	por mês
Pró-Labore	2.000,00	por mês
Impostos:		
IPI	5,00%	
ICMS	18,00%	
PIS	1,65%	
COFINS	3,00%	
Equipamentos:		
Máquina tipo 1	2.500,00	unidades
Máquina tipo 2	1.800,00	unidades
Máquina tipo 3	380,00	unidades
Mesa de Apoio	300,00	unidades
Mesa de Apoio	300,00	unidades
Instrumentos medição	100,00	unidades
Computador	1.500,00	unidades
Móveis escritório	1.800,00	unidades
Acessórios	740,00	unidades
EQUIPAMENTOS	9.420,00	
CUSTO FIXO	15.126,00	
CUSTO VARIÁVEL	18,11	por unidade

FLUXO DE CAIXA - CAPITAL DE GIRO

Ponto de Equilíbrio:

Pe(q) = C.F. / M.C. → 2.194,31

Pe($) = C.F. / I.M.C. → 54.857,81

M.C. = P.V. - C.V.
M.C.= margem de contribuição
P.V. = Preço de Venda
C.V. = Custos Variáveis

M.C.=	6,89

I.M.C. = (M.C. / P.V.) * 100
I.M.C. = Índice da Margem de Contribuição
M.C. = Margem de Contribuição
P.V. = Preço de Venda

I.M.C.=	27,57 %

EMPREGADOS	PROD. TOTAL	PROD. IND.
4,00	10.000,00	2.500,00
EMPREGADOS	SALÁRIO	TOTAL
4,00	937,00	3.748,00
	ENCARGOS	7.496,00

(continua)

Tabela 8.2 Projeção do fluxo de caixa com capital de giro necessário (continuação)

FLUXO DE CAIXA										
	Mês 1	Mês 2	Mês 3	Mês 4	Mês 5	Mês 6	Mês 7	Mês 8	Mês 9	Mês 10
Saldo Inicial		145.126,00	-	14.040,67	28.081,33	42.122,00	56.162,67	70.203,33	84.244,00	98.284,67
ENTRADAS										
Vendas			250.000,00	250.000,00	250.000,00	250.000,00	250.000,00	250.000,00	250.000,00	250.000,00
Investimento	**239.672,00**									
Total	239.672,00	-	250.000,00	250.000,00	250.000,00	250.000,00	250.000,00	250.000,00	250.000,00	250.000,00
SAÍDAS										
Equipamentos	9.420,00									
Material		60.000,00	60.000,00	60.000,00	60.000,00	60.000,00	60.000,00	60.000,00	60.000,00	60.000,00
Montagem	55.000,00	55.000,00	55.000,00	55.000,00	55.000,00	55.000,00	55.000,00	55.000,00	55.000,00	55.000,00
Embalagem	15.000,00	15.000,00	15.000,00	15.000,00	15.000,00	15.000,00	15.000,00	15.000,00	15.000,00	15.000,00
Comissões			25.000,00	25.000,00	25.000,00	25.000,00	25.000,00	25.000,00	25.000,00	25.000,00
Aluguel	1.350,00	1.350,00	1.350,00	1.350,00	1.350,00	1.350,00	1.350,00	1.350,00	1.350,00	1.350,00
Salário	10.296,00	10.296,00	10.296,00	10.296,00	10.296,00	10.296,00	10.296,00	10.296,00	10.296,00	10.296,00
Pró-labore	2.000,00	2.000,00	2.000,00	2.000,00	2.000,00	2.000,00	2.000,00	2.000,00	2.000,00	2.000,00
Água/Luz/Telefone	600,00	600,00	600,00	600,00	600,00	600,00	600,00	600,00	600,00	600,00
Assessoria contábil	680,00	680,00	680,00	680,00	680,00	680,00	680,00	680,00	680,00	680,00
Manutenção	200,00	200,00	200,00	200,00	200,00	200,00	200,00	200,00	200,00	200,00
IPI	-	-	11.904,76	11.904,76	11.904,76	11.904,76	11.904,76	11.904,76	11.904,76	11.904,76
ICMS	-	-	42.857,14	42.857,14	42.857,14	42.857,14	42.857,14	42.857,14	42.857,14	42.857,14
PIS	-	-	3.928,57	3.928,57	3.928,57	3.928,57	3.928,57	3.928,57	3.928,57	3.928,57
COFINS	-	-	7.142,86	7.142,86	7.142,86	7.142,86	7.142,86	7.142,86	7.142,86	7.142,86
Total	94.546,00	145.126,00	235.959,33	235.959,33	235.959,33	235.959,33	235.959,33	235.959,33	235.959,33	235.959,33
RESULTADOS FINAIS										
Entrada - Saída	145.126,00	(145.126,00)	14.040,67	14.040,67	14.040,67	14.040,67	14.040,67	14.040,67	14.040,67	14.040,67
Saldo Final	145.126,00	-	14.040,67	28.081,33	42.122,00	56.162,67	70.203,33	84.244,00	98.284,67	112.325,33

Capital de Giro Necessário →	-

Fonte: Elaborado pelos autores.

8.15 Análise econômico-financeira: taxa interna de retorno e valor presente líquido

Com base nos resultados apontados pelo fluxo de caixa, pode-se montar a Tabela 8.3 com os valores referentes às entradas, às saídas e ao saldo final de caixa de cada mês para a realização dos cálculos da taxa interna de retorno (TIR) e do valor presente líquido (VPL). Na Tabela 8.2, utilizou-se a projeção do fluxo de caixa até o mês 21, com a entrada no primeiro mês do valor calculado do capital de giro necessário para iniciar o empreendimento de R$ 239.672,00. Para os resultados obtidos da taxa interna de retorno (TIR), por meio do uso do Microsoft Excel®, obteve-se um resultado de 0,9560% para os 21 meses iniciais. Utiliza-se essa mesma taxa no cálculo do VPL como TMA ou o rendimento mínimo exigido pelo proprietário do empreendimento.

Tabela 8.3 Análise do investimento

Período	Entradas	Saídas	Fluxo de Caixa	Valor Presente Líquido	
(meses)				TMA	0,9560%
Investimento		239.672,00	(239.672,00)	Investimento	239.672,00
1	239.672,00	94.546,00	145.126,00	1,0096	143.751,68
2	-	145.126,00	(145.126,00)	1,0192	(142.390,38)
3	250.000,00	235.959,33	14.040,67	1,0290	13.645,54
4	250.000,00	235.959,33	14.040,67	1,0388	13.516,32
5	250.000,00	235.959,33	14.040,67	1,0487	13.388,33
6	250.000,00	235.959,33	14.040,67	1,0588	13.261,54
7	250.000,00	235.959,33	14.040,67	1,0689	13.135,96
8	250.000,00	235.959,33	14.040,67	1,0791	13.011,56
9	250.000,00	235.959,33	14.040,67	1,0894	12.888,35
10	250.000,00	235.959,33	14.040,67	1,0998	12.766,30
11	250.000,00	235.959,33	14.040,67	1,1103	12.645,40
12	250.000,00	235.959,33	14.040,67	1,1210	12.525,65
13	250.000,00	235.959,33	14.040,67	1,1317	12.407,04
14	250.000,00	235.959,33	14.040,67	1,1425	12.289,54
15	250.000,00	235.959,33	14.040,67	1,1534	12.173,16
16	250.000,00	235.959,33	14.040,67	1,1644	12.057,89
17	250.000,00	235.959,33	14.040,67	1,1756	11.943,70
18	250.000,00	235.959,33	14.040,67	1,1868	11.830,60

(continua)

Tabela 8.3 Análise do investimento (*continuação*)

Período	Entradas	Saídas	Fluxo de Caixa	Valor Presente Líquido	
(meses)				TMA	0,9560%
Investimento		239.672,00	(239.672,00)	Investimento	239.672,00
21	250.000,00	235.959,33	14.040,67	1,2212	11.497,67
		TIR	0,9560%	Total	239.672,00
				VPL	–

Fonte: Elaborado pelos autores.

Caso deseje um retorno maior sobre o investimento que o obtido pela taxa interna de retorno (TIR), como, por exemplo, 10%, pode-se verificar na Tabela 8.4 que o valor total do investimento do empreendimento não se dará mais no vigésimo primeiro mês. Agora ter-se-á uma diferença observada no total do valor presente líquido (VPL) que deverá ser recuperada nos meses subsequentes, conforme vemos na Tabela 8.7. A tabela indica a necessidade de mais tempo para recuperar o capital do investimento inicial, uma vez que o empreendimento remunera a uma taxa de retorno de 0,9560% ao mês.

Tabela 8.4 Projeção da taxa mínima de atratividade (TMA)

Período (meses)	Entradas	Saídas	Fluxo de Caixa	Valor Presente Líquido	
				taxa	10,0000%
Investimento		239.672,00	(239.672,00)	Investimento	239.672,00
1	239.672,00	94.546,00	145.126,00	1,1000	131.932,73
2	-	145.126,00	(145.126,00)	1,2100	(119.938,84)
3	250.000,00	235.959,33	14.040,67	1,3310	10.548,96
4	250.000,00	235.959,33	14.040,67	1,4641	9.589,96
5	250.000,00	235.959,33	14.040,67	1,6105	8.718,15
6	250.000,00	235.959,33	14.040,67	1,7716	7.925,59
7	250.000,00	235.959,33	14.040,67	1,9487	7.205,08
8	250.000,00	235.959,33	14.040,67	2,1436	6.550,07
9	250.000,00	235.959,33	14.040,67	2,3579	5.954,61
10	250.000,00	235.959,33	14.040,67	2,5937	5.413,28
11	250.000,00	235.959,33	14.040,67	2,8531	4.921,17
12	250.000,00	235.959,33	14.040,67	3,1384	4.473,79
13	250.000,00	235.959,33	14.040,67	3,4523	4.067,08
14	250.000,00	235.959,33	14.040,67	3,7975	3.697,35

(*continua*)

Tabela 8.4 Projeção da taxa mínima de atratividade (TMA) (*continuação*)

Período (meses)	Entradas	Saídas	Fluxo de Caixa	Valor Presente Líquido	
				taxa	10,0000%
Investi-mento		239.672,00	(239.672,00)	Investimento	239.672,00
17	250.000,00	235.959,33	14.040,67	5,0545	2.777,87
18	250.000,00	235.959,33	14.040,67	5,5599	2.525,34
19	250.000,00	235.959,33	14.040,67	6,1159	2.295,76
20	250.000,00	235.959,33	14.040,67	6,7275	2.087,06
21	250.000,00	235.959,33	14.040,67	7,4002	1.897,32
		TIR	0,9560%	Total	109.059,22
				VPL	(130.612,78)

Fonte: Elaborado pelos autores.

No entanto, para se obter melhores taxas de retorno sobre o investimento dentro do período de 21 meses, deve-se buscar entre duas alternativas para uma boa gestão dos negócios da empresa. Pode-se:

a. Aumentar a capacidade de produção e manter essa mesma estrutura, conforme a simulação da Tabela 8.5, na qual alterou-se a quantidade produzida para 15.000 unidades por mês com um acréscimo de R$ 100.000,00 na necessidade de capital de giro, que passou de R$ 239.672,00 para R$ 339.672,00, obtendo-se uma taxa interna de retorno (TIR) de 4,4713%.

Tabela 8.5 Simulação TIR e VPL com aumento produção e mesma estrutura

Período (meses)	Entradas	Saídas	Fluxo de Caixa	Valor Presente Líquido	
				TMA	4,4713%
Investimento		339.672,00	(339.672,00)	Investimento	339.672,00
1	339.672,00	129.546,00	210.126,00	1,0447	201.132,67
2	-	210.126,00	(210.126,00)	1,0914	(192.524,25)
3	375.000,00	346.376,00	28.624,00	1,1402 25.	103,76
4	375.000,00	346.376,00	28.624,00	1,1912	24.029,33
5	375.000,00	346.376,00	28.624,00	1,2445	23.000,88
6	375.000,00	346.376,00	28.624,00	1,3001	22.016,45
7	375.000,00	346.376,00	28.624,00	1,3583	21.074,15
8	375.000,00	346.376,00	28.624,00	1,4190	20.172,18

(*continua*)

Tabela 8.5 Simulação TIR e VPL com aumento produção e mesma estrutura (*continuação*)

Período (meses)	Entradas	Saídas	Fluxo de Caixa	Valor Presente Líquido	
				TMA	4,4713%
Investimento		339.672,00	(339.672,00)	Investimento	339.672,00
10	375.000,00	346.376,00	28.624,00	1,5487	18.482,41
11	375.000,00	346.376,00	28.624,00	1,6180	17.691,37
12	375.000,00	346.376,00	28.624,00	1,6903	16.934,18
13	375.000,00	346.376,00	28.624,00	1,7659	16.209,40
14	375.000,00	346.376,00	28.624,00	1,8448	15.515,64
15	375.000,00	346.376,00	28.624,00	1,9273	14.851,58
16	375.000,00	346.376,00	28.624,00	2,0135	14.215,94
17	375.000,00	346.376,00	28.624,00	2,1035	13.607,50
18	375.000,00	346.376,00	28.624,00	2,1976	13.025,10
19	375.000,00	346.376,00	28.624,00	2,2959	12.467,63
20	375.000,00	346.376,00	28.624,00	2,3985	11.934,02
21	375.000,00	346.376,00	28.624,00	2,5058	11.423,25
		TIR	4,4713%	Total	339.672,00
				VPL	0,00

Fonte: Elaborado pelos autores.

b. Reduzir os custos de produção. Reduzindo a quantidade de operários de quatro para três, o valor da mão de obra direta passa para R$ 5.622,00 por mês, obtendo uma renegociação no valor da mão de obra indireta e redução de pessoal terceirizado para R$ 1.200,00. Isso tudo traria uma redução no valor da necessidade do capital de giro para R$ 232.724,00, e uma taxa interna de retorno (TIR) de 3,6961%, conforme a Tabela 8.6.

Tabela 8.6 Simulação TIR e VPL com redução de custos

Período	Entradas	Saídas	Fluxo de Caixa	Valor Presente Líquido	
(meses)				TMA	3,6961%
Investimento		-	-	Investimento	-
1	-	91.072,00	(91.072,00)	1,0370	(87.825,85)
2	-	141.652,00	(141.652,00)	1,0753	(131.733,94)
3	250.000,00	232.485,33	17.514,67	1,1150	15.707,76
4	250.000,00	232.485,33	17.514,67	1,1562	15.147,88
5	250.000,00	232.485,33	17.514,67	1,1990	14.607,95
6	250.000,00	232.485,33	17.514,67	1,2433	14.087,27

(*continua*)

Tabela 8.6 Simulação TIR e VPL com redução de custos (*continuação*)

Período (meses)	Entradas	Saídas	Fluxo de Caixa	Valor Presente Líquido	
				TMA	3,6961%
Investimento		-	-	Investimento	–
9	250.000,00	232.485,33	17.514,67	1,3863	12.633,95
10	250.000,00	232.485,33	17.514,67	1,4376	12.183,63
11	250.000,00	232.485,33	17.514,67	1,4907	11.749,36
12	250.000,00	232.485,33	17.514,67	1,5458	11.330,57
13	250.000,00	232.485,33	17.514,67	1,6029	10.926,70
14	250.000,00	232.485,33	17.514,67	1,6622	10.537,23
15	250.000,00	232.485,33	17.514,67	1,7236	10.161,65
16	250.000,00	232.485,33	17.514,67	1,7873	9.799,45
17	250.000,00	232.485,33	17.514,67	1,8534	9.450,16
18	250.000,00	232.485,33	17.514,67	1,9219	9.113,32
19	250.000,00	232.485,33	17.514,67	1,9929	8.788,48
20	250.000,00	232.485,33	17.514,67	2,0666	8.475,23
21	250.000,00	232.485,33	17.514,67	2,1430	8.173,14
		TIR	3,6961%	Total	0,00
				VPL	0,00

Fonte: Elaborado pelos autores.

Percebe-se que a estrutura da empresa, ou sua estrutura patrimonial dividida entre as aplicações de recursos, representada pelas contas do ativo e as fontes e origens de recursos pelas contas do passivo e do patrimônio líquido do seu balanço patrimonial, está desproporcional à geração de resultados. Nesse caso, deve-se buscar o equilíbrio entre a capacidade produtiva e os custos envolvidos em máquinas e equipamentos, mão de obra e comissões, gerando assim uma estrutura patrimonial capaz de remunerar satisfatoriamente todo investimento realizado desde o início desse empreendimento.

A realização de simulações envolvendo a capacidade e os custos de produção determinará a necessidade de capital de giro para o investimento de todo empreendimento e consequentemente terá influência no seu retorno, podendo gerar maiores ou menores taxas internas de retorno (TIR). Como projeção para análise e viabilidade da relação entre a estrutura do empreendimento e o rendimento gerado pode-se aumentar o número de meses e calcular o valor presente líquido (VPL) e a taxa interna de retorno (TIR), para obter um parâmetro de comparação entre o retorno do capital investido e outras fontes de investimento disponíveis no mercado financeiro, como as aplicações no tesouro direto, ações etc. Se o capital inicial investido no negócio fosse aplicado no mercado financeiro, quanto estaria gerando de rendimentos ou quanto de juros estaria sendo pago por ele ao mês?

Com base nessa observação, verifica-se na Tabela 8.7 uma projeção da taxa interna de retorno (TIR) para 48 meses. Nesse caso, obteve-se um retorno de 4,8567% ao mês. Como aplicação de recursos esse investimento deve oferecer um rendimento superior a qualquer outro tipo de investimento disponível no mercado e produzir um resultado que supere o valor investido. Cabe ao investidor ou proprietário do negócio verificar se esse nível de rendimento ou rentabilidade é satisfatório para compensar a troca de um valor presente e certo por um valor futuro com algum risco em sua recuperação, uma vez que os fluxos de entradas e saídas supõem que o total das vendas foram atingidas e que não houve inadimplência em nenhum dos meses.

Tabela 8.7 Projeção da taxa interna de retorno (TIR) para 48 meses

Período (meses)	Entradas	Saídas	Fluxo de Caixa	Valor Presente Líquido	
				TMA	4,8567%
Investimento		239.672,00	(239.672,00)	Investimento	239.672,00
1	239.672,00	94.546,00	145.126,00	1,0486	138.404,15
2	-	145.126,00	(145.126,00)	1,0995	(131.993,64)
3	250.000,00	235.959,33	14.040,67	1,1529	12.178,66
4	250.000,00	235.959,33	14.040,67	1,2089	11.614,57
5	250.000,00	235.959,33	14.040,67	1,2676	11.076,62
6	250.000,00	235.959,33	14.040,67	1,3292	10.563,58
7	250.000,00	235.959,33	14.040,67	1,3937	10.074,30
8	250.000,00	235.959,33	14.040,67	1,4614	9.607,69
9	250.000,00	235.959,33	14.040,67	1,5324	9.162,68
10	250.000,00	235.959,33	14.040,67	1,6068	8.738,29
11	250.000,00	235.959,33	14.040,67	1,6848	8.333,56
12	250.000,00	235.959,33	14.040,67	1,7667	7.947,57
13	250.000,00	235.959,33	14.040,67	1,8525	7.579,46
14	250.000,00	235.959,33	14.040,67	1,9424	7.228,40
15	250.000,00	235.959,33	14.040,67	2,0368	6.893,60
16	250.000,00	235.959,33	14.040,67	2,1357	6.574,31
17	250.000,00	235.959,33	14.040,67	2,2394	6.269,80
18	250.000,00	235.959,33	14.040,67	2,3482	5.979,40
19	250.000,00	235.959,33	14.040,67	2,4622	5.702,45

(*continua*)

Tabela 8.7 Projeção da taxa interna de retorno (TIR) para 48 meses (*continuação*)

Período (meses)	Entradas	Saídas	Fluxo de Caixa	Valor Presente Líquido	
				TMA	4,8567%
Investimento		239.672,00	(239.672,00)	Investimento	239.672,00
22	250.000,00	235.959,33	14.040,67	2,8387	4.946,22
23	250.000,00	235.959,33	14.040,67	2,9765	4.717,12
24	250.000,00	235.959,33	14.040,67	3,1211	4.498,64
25	250.000,00	235.959,33	14.040,67	3,2727	4.290,27
26	250.000,00	235.959,33	14.040,67	3,4316	4.091,56
27	250.000,00	235.959,33	14.040,67	3,5983	3.902,05
28	250.000,00	235.959,33	14.040,67	3,7730	3.721,32
29	250.000,00	235.959,33	14.040,67	3,9563	3.548,95
30	250.000,00	235.959,33	14.040,67	4,1484	3.384,58
31	250.000,00	235.959,33	14.040,67	4,3499	3.227,81
32	250.000,00	235.959,33	14.040,67	4,5612	3.078,31
33	250.000,00	235.959,33	14.040,67	4,7827	2.935,73
34	250.000,00	235.959,33	14.040,67	5,0150	2.799,75
35	250.000,00	235.959,33	14.040,67	5,2585	2.670,08
36	250.000,00	235.959,33	14.040,67	5,5139	2.546,41
37	250.000,00	235.959,33	14.040,67	5,7817	2.428,46
38	250.000,00	235.959,33	14.040,67	6,0625	2.315,98
39	250.000,00	235.959,33	14.040,67	6,3569	2.208,71
40	250.000,00	235.959,33	14.040,67	6,6657	2.106,41
41	250.000,00	235.959,33	14.040,67	6,9894	2.008,85
42	250.000,00	235.959,33	14.040,67	7,3289	1.915,80
43	250.000,00	235.959,33	14.040,67	7,6848	1.827,07
44	250.000,00	235.959,33	14.040,67	8,0580	1.742,44
45	250.000,00	235.959,33	14.040,67	8,4494	1.661,74
46	250.000,00	235.959,33	14.040,67	8,8597	1.584,77
47	250.000,00	235.959,33	14.040,67	9,2900	1.511,37
48	250.000,00	235.959,33	14.040,67	9,7412	1.441,37
		TIR	4,8567%	Total	239.672,00
				VPL	(0,00)

Fonte: Elaborado pelos autores.

A análise financeira de uma empresa é fundamental para se conhecer sua situação e, então, traçar medidas e estratégias para sanar dificuldades, promover o seu crescimento e, consequentemente, melhorar seu desempenho econômico-financeiro. Nesse caso, em especial deve-se verificar os resultados apurados e buscar as soluções para a obtenção de um maior rendimento como remuneração do capital investido. Caso esse rendimento apresentar, no mercado financeiro, por exemplo, uma taxa de juros superior à taxa interna de retorno (TIR), irá inviabilizar o investimento para essa estrutura de empreendimento, pois além de tudo o que foi analisado até aqui, ainda existe o risco do negócio e, caso as vendas não sejam atingidas em sua totalidade, os resultados serão inferiores aos apurados em nosso estudo.

O pulo do gato

Grigorita Ko/Shutterstock

Adeus ao endividamento. Três passos para se levantar.

1. ***Planeje***

   Assumir compromissos financeiros sem avaliar a capacidade de pagamento da empresa é uma das principais causas do endividamento.

   Como fazer:

   Mapeie o atraso e as pendências, revisitando o fluxo de caixa. Levante a lista de credores e o valor de cada dívida. Para atualizar os débitos com juros, multas e correções, entre em contato com os próprios credores. [...] elabore o planejamento financeiro de no mínimo um ano. O objetivo é reunir condições e desenvolver planos que favoreçam um fluxo de caixa apto a sanar o endividamento.

2. ***Reestruture***
Negociar dívidas sem antes traçar um plano de reestruturação aumenta o risco de inadimplência.
Como fazer:
Equilibre a geração de receitas com as despesas. Para retomar o fôlego, a orientação é readequar a estrutura. "Cortar os excessos deve ser uma rotina de trabalho – desde a negociação com fornecedores até a otimização das despesas e a redução de otimização das despesas e a redução de custos fixos" afirma Natal.
3. ***Renegocie***
É muito difícil obter benefícios junto ao credor depois de postergar uma dívida.
Como fazer:
Atue de forma preventiva. Para Fábio Flores (2017), qualquer estratégia de negociação depende do planejamento do fluxo de caixa.

(Silbiger e Henrique, 2017)

Questões

1. Conceitue projeto de investimento.
2. De que forma a análise econômico-financeira dentro da gestão estratégica de finanças pode afetar a rentabilidade das empresas?
3. Qual é a importância da análise econômico-financeira fundamentalista para a gestão das empresas e como ela pode ser viabilizada no dia a dia como material de consulta para as tomadas de decisão dos seus gestores?
4. Qual é a principal finalidade da análise financeira dinâmica na análise e controle da gestão das empresas?
5. Na sua opinião, entre as ferramentas disponíveis na análise de investimentos, qual delas é a mais importante? Essa ferramenta pode ser utilizada isoladamente? Explique.
6. Defina fluxo de caixa e discuta sua importância em relação à determinação da necessidade de capital de giro da empresa.
7. O que é taxa mínima de atratividade (TMA) e como ela pode ser determinada?

8. Defina:
   - Custo fixo.
   - Custo variável.
   - Margem de contribuição.
   - Índice da margem de contribuição.
   - Ponto de equilíbrio.
   - Valor presente líquido (VPL) e taxa interna de retorno (TIR).
9. Relacione o VPL e a TIR e apresente suas vantagens e desvantagens de aplicação.
10. Com base nas informações abaixo, elabore o fluxo de caixa de um determinado empreendimento e calcule:
    - O custo fixo.
    - O custo variável.
    - A margem de contribuição.
    - O índice da margem de contribuição.
    - O ponto de equilíbrio em quantidades.
    - O ponto de equilíbrio em valores (reais).
    - A necessidade de capital de giro da organização.

FLUXO DE CAIXA - CAPITAL DE GIRO

Produção:		
Vendas	22.000	unidades/mês
Material	6,00	por unidade
Montagem	5,50	por unidade
Embalagem	1,50	por unidade
Comissões	10%	sobre Vendas
Preço de venda	29,90	por unidade
Aluguel	1.350,00	por mês
Salário (M.O. direta)	14.992,00	por mês
Salário (M.O. Indireta)	5.750,00	por mês
Telefone/Luz/Água	2.560,00	por mês
Assessoria Contábil	1.200,00	por mês
Manutenção	800,00	por mês
Pró-Labore	10.000,00	por mês
Impostos:		
IPI	5,00%	
ICMS	18,00%	
PIS	1,65%	
COFINS	3,00%	
Equipamentos:		
Máquina tipo 1	5.200,00	unidades
Máquina tipo 2	2.500,00	unidades
Máquina tipo 3	800,00	unidades
Mesa de Apoio	350,00	unidades
Mesa de Apoio	365,00	unidades
Instrumentos Medição	1.000,00	unidades
Computador	2.200,00	unidades
Móveis Escritório	3.480,00	unidades
Acessórios	1.200,00	unidades

EQUIPAMENTOS	

CUSTO FIXO	

CUSTO VARIÁVEL		por unidade

Ponto de Equilíbrio:

Pe(q) = C.F. / M.C. → [ ]

Pe($) = C.F. / I.M.C. → [ ]

M.C. = P.V. - C.V.
M.C.= margem de contribuição
P.V. = Preço de Venda
C.V. = Custos Variáveis

M.C.=	

I.M.C. = (M.C. / P.V.) * 100
I.M.C. = Índice da Margem de Contribuição
M.C. = Margem de Contribuição
P.V. = Preço de Venda

I.M.C.=	-	%

FLUXO DE CAIXA										
	Mês 1	Mês 2	Mês 3	Mês 4	Mês 5	Mês 6	Mês 7	Mês 8	Mês 9	Mês 10
Saldo Inicial		-	-	-	-	-	-	-	-	-
ENTRADAS										
Vendas										
Investimento										
Total	-	-	-	-	-	-	-	-	-	-
SAÍDAS										
Equipamentos	-									
Material										
Montagem										
Embalagem										
Comissões										
Aluguel										
Salário										
Pró-labore										
Água/Luz/Telefone										
Assessoria Contábil										
Manutenção										
IPI										
ICMS										
PIS										
COFINS										
Total	-	-	-	-	-	-	-	-	-	-
RESULTADOS FINAIS										
Entrada - Saída	-	-	-	-	-	-	-	-	-	-
Saldo Final	-	-	-	-	-	-	-	-	-	-

Capital de Giro Necessário →	-

Referências bibliográficas

ACKOFF, R. L. *Planejamento empresarial*. Rio de Janeiro: Livros Técnicos e Científicos, 1975.

ANSOFF, H. I. *A nova estratégia empresarial*. São Paulo: Atlas, 2001.

ASSAF NETO, Alexandre. *Finanças corporativas e valor*. 3. ed. São Paulo: Atlas, 2008.

CASAGRANDE, Marcelo. Para expandir e se manter. *Gestão e Negócios*, ed. 96, São Paulo, 2017.

CASAROTTO Filho, Nelson; KOPITTKE, Bruno H. *Análise de investimentos*. São Paulo: Atlas, 2000.

CHING, Hong Yuh; MARQUES, Fernando; PRADO, Lucilene. *Contabilidade e finanças:* para não especialistas. São Paulo: Prentice Hall, 2007.

CORRÊA, Claudio Rodrigues. *Cenários prospectivos e aprendizado organizacional em planejamento estratégico:* estudo de casos de grandes organizações brasileiras. Rio de Janeiro: UFRJ, 2011.

COSTA, Elieser Arantes da. *Gestão estratégica:* da empresa que temos para a empresa que queremos. São Paulo: Saraiva, 2010.

FLEURIET, Michel; KEHDY, Ricardo; BLANC, Georges. *O modelo Fleuriet* – a dinâmica financeira das empresas. 5. ed. Rio de Janeiro: Elsevier, 2003.

FRANCIA, Arthur J.; PORTER, Mattie C.; STRAWSER, Robert H.; STRAWSER, Jerry R. *Managerial Accounting*. Houston: Dame, 1992.

GARRISON, Ray H.; NOREEN, Eric W. *Contabilidade gerencial*. Rio de Janeiro: LTC, 2001.

GHEMAWAT, Pankaj. *A estratégia e o cenário dos negócios*. Porto Alegre: Bookman, 2000.

GITMAN, Lawrence J. *Princípios de administração financeira*. São Paulo: Pearson, 2012.

HOJI, Masakazu. *Administração financeira e orçamentária:* matemática financeira aplicada, estratégias financeiras e orçamento empresarial. 8. ed. São Paulo: Atlas, 2009.

IUDICIBUS, S. de. *Contabilidade gerencial*. São Paulo: Atlas, 2008.

LACOMBE, Francisco José Masset. *Administração fácil*. São Paulo: Saraiva, 2011.

MARTINS, Eliseu (org.). *Avaliação de empresas:* da mensuração contábil à econômica. São Paulo: Atlas, 2001.

MATARAZZO, Dante Carmine. *Análise financeira de balanços*. 7. ed. São Paulo: Atlas, 2010.

MATIAS, Alberto Borges. *Finanças corporativas de curto prazo:* a gestão do valor do capital de giro. v. 1, São Paulo: Atlas, 2007.

MINTZBERG, Henry et al. *Safári de estratégia*. Porto Alegre: Bookman, 2000, p. 188.

OLIVEIRA, D. de P. R. *Planejamento estratégico:* conceitos, metodologia e práticas. São Paulo: Atlas, 2013.

PACIEVITCH, T. *Onça pintada*. s.d. Disponível em: <https://www.infoescola.com/mamiferos/onca-pintada/>. Acesso em: 28 nov. 2017.

PADOVEZE, Clóvis Luís. *Introdução à administração financeira*. 2. ed. São Paulo: Cengage Learning, 2011.

______. *Controladoria estratégica e operacional*. São Paulo: Cengage Learning, 2012.

SILBIGER, L.; HENRIQUE G. Adeus ao endividamento. *Pequenas Empresas & Grandes Negócios*, n. 338, mar. 2017, p. 84-88.

WESTON, J. F.; BRIGHAM, E. F. *Fundamentos da administração financeira*. 10. ed. São Paulo: Makron Books, 2000.

Parte 3 – Gestão estratégica sustentável

Matt Amery/Shutterstock

Capítulo 9 – Gestão estratégica do conhecimento
Carlos Eduardo Franchischetti, Giovana Escrivão e Nadia Kassouf Pizzinatto

Pranitop/Shutterstock

Capítulo 10 – Gestão estratégica da inovação
Vanderlei Salvador Bagnato, Gerd Esser e Nelson Destro Fragoso

Belizar/Shutterstock

Capítulo 11 – Estratégias de sobrevivência de pequenos negócios
Osvaldo Elias Farah, Rodrigo Franco Gonçalves e Emanuelly Alves Pelogio

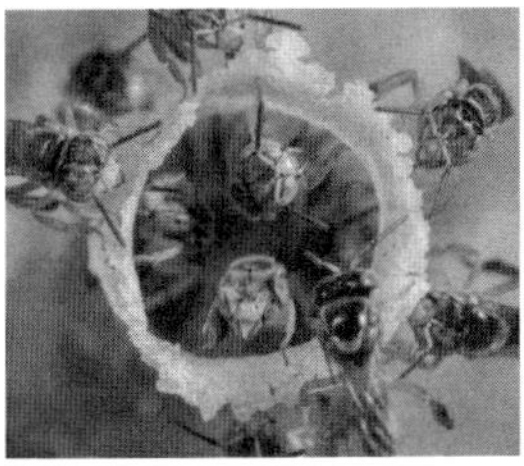
Tacio Philip Sansonovski/Shutterstock

Capítulo 12 – Gestão estratégica da sustentabilidade
Oduvaldo Vendrametro, Claudio Lira Meirelles e Fabio Romeu de Carvalho

Digital Storm/Shutterstock

Capítulo 13 – Sonhar estrategicamente

Marly Cavalcanti e Belmiro do Nascimento João

Everett Historical/Shutterstock

Louis Pasteur (1822–1895), microbiólogo e químico.

"Quanto mais eu estudo a natureza mais fico impressionado com a obra do Criador. Nas menores de suas criaturas Deus colocou propriedades extraordinárias..."

Capítulo 9 – Gestão estratégica do conhecimento

Carlos Eduardo Francischetti
Giovana Escrivão
Nadia Kassouf Pizzinatto

Dizer que a tecnologia da informação está transformando os negócios é simples. O que esta transformação vai requerer das empresas e de seus gerentes é muito mais difícil de decifrar.
Peter F. Drucker

SINOPSE: Estratégia como conhecimento.

COGNIÇÃO
O ANIMAL METAFÓRICO: CORUJA-CABOCLA

Matt Amery/Shutterstock

Lema: Busca de significado, dinâmica de capacidades, mapeando sempre.
Década: 1990.
Principais nomes: Simon, March e Simon, Nonaka e Takeuchi, Schoemaker, Toffler.
Principal contexto: Enquadramento cognitivo.
Autor nacional homenageado: Jacques Marcovitch.
Tecnologia da informação e estratégia empresarial. São Paulo: Edusp, 1996.

FORMULAÇÃO DA ESTRATÉGIA COMO PROCESSAMENTO DE INFORMAÇÕES COGNITIVAS

Premissas essenciais:

1. **Promover** a conscientização do valor do conhecimento.
2. **Investir** no processo de geração do conhecimento.
3. O compartilhamento do conhecimento deve ser estimulado e recompensado.
4. A tecnologia proporciona novos comportamentos ligados ao conhecimento.
5. As estratégias emergem como perspectivas, sendo necessário conhecer sempre mais.
6. Há necessidade de acertar o fluxo interno e permanente do conhecimento.
7. A estratégia é um processo cognitivo, mental.
8. A cognição começa na memória da organização.

(Mintzberg, 2000)

TRILHA TROPICAL

Coruja é uma ave que desperta medo e admiração ao mesmo tempo, pois sua existência é associada não só a superstições e maus agouros, mas também a conhecimento e sabedoria, sendo considerada símbolo de cursos como Pedagogia e Letras. No Brasil, diferentes espécies de coruja dividem o território e fazem parte do folclore e da cultura nacional.

Pesquisadores associados ao Instituto de Biologia da Conservação (IBC) listaram, em uma publicação do Instituto de Biociências da Universidade de São Paulo, 24 espécies de corujas brasileiras.

A coruja-cabocla é um estrigídeo, ave da floresta também conhecida como caburé-de-orelha, murucututu e caburé. Tal como o homem do campo, é desconfiada, arredia, teme a perseguição, é menor e menos vistosa que suas congêneres estrangeiras.

(Figueiredo, s.d.)

CONCEITOS-CHAVE DA ESTRATÉGIA DO CONHECIMENTO

Quem	Agente de criação do conhecimento Papel de alta gerência Papel de gerência de nível médio	Alta gerência Comandante Processadora de informações	Indivíduo empreendedor Patrocinadora/ Mentora Intrapreendedora autônoma	Equipe (com os gerentes de nível médio como engenheiros do conhecimento) Catalisadora Líder de equipe
Qual	Conhecimento acumulado Conversão do conhecimento	Explícito Conversão parcial focalizada na combinação/ internalização	Tácito Conversão parcial focalizada na socialização/ externalização Personificado no indivíduo	Explícito e tácito Conversão em espiral de internalização/ externalização/ combinação/ socialização Base de conhecimento organizacional
Onde	Armazenamento do conhecimento	Banco de dados computadorizado/manuais	Equipe de projeto e rede informal	Hierarquia e força-tarefa (hipertexto)
Como	Organização Comunicação Tolerância à ambiguidade Ponto fraco	Hierarquia Ordens/ instruções Não permite caos/flutuação Alta dependência da alta gerência	Princípio de auto-organização Caos/ flutuação como premissa Consome muito tempo; custo de coordenação dos indivíduos	Diálogo e uso de metáfora/ analogia Cria e amplifica caos/ flutuação Exaustão humana; custo da redundância

(Nonaka e Takeuchi, 1977)

> As soluções existem, mas nem todos enxergam os benefícios. Ainda é difícil criar uma cultura digital nas empresas.
>
> Eduardo Terra, presidente da Sociedade Brasileira de Varejo e Consumo (Tavares, 2017)

Objetivos do capítulo

Este capítulo mostra a "visão da empresa baseada no conhecimento", que, na perspectiva da competitividade empresarial, significa dizer que o conhecimento deve ser cada vez mais relevante para a sociedade e as empresas. Essa abordagem, no que tange à competitividade empresarial, tem como pressuposto a detenção, pelas empresas, de diferentes tipos de conhecimento, cada um podendo proporcionar a base para uma vantagem competitiva.

Palavras-chave: *conhecimento organizacional; gestão do conhecimento; transferência do conhecimento; aprendizagem organizacional.*

9.1 Introdução

Atualmente a literatura que trata das organizações dá muito mais atenção às capacidades internas da organização que às estratégias orientadas para o mercado. Os estudos organizacionais têm focado a organização interna e diversas análises demonstram essa tendência: teoria da contingência, abordagem baseada em recursos e análise das competências essenciais da organização, por exemplo. Paralelamente, as noções de dinamismo, mudança e inovação tornam-se cada vez mais proeminentes; assim, os recursos expressivos da empresa que realmente fazem a diferença são as capacidades dinâmicas. De modo semelhante, as noções de conhecimento, gestão do conhecimento e aprendizagem organizacional são introduzidas na estratégia e no discurso organizacional (Hedlund, 1994).

Um dos desenvolvimentos recentes mais relevantes em administração estratégica é a chamada "visão da empresa baseada no conhecimento", que, na perspectiva da competitividade empresarial, significa dizer que o conhecimento deve ser cada vez mais relevante para a sociedade e as empresas. Essa abordagem, no que tange à competitividade empresarial, tem como pressuposto a detenção, pelas empresas, de diferentes tipos de conhecimento, cada um podendo proporcionar a base para uma vantagem competitiva. Essa abordagem surgiu na década de 1990 e tem suas origens fundamentadas principalmente na "visão da empresa baseada em recursos", nos desenvolvimentos teóricos em aprendizagem organizacional e nos trabalhos sobre administração da tecnologia (Oliveira Jr., 2007).

A abordagem da gestão do conhecimento (GC) nas organizações tem tido ênfase no compartilhamento e criação de conhecimentos, visando captar, reter e disseminar esses conhecimentos pelos seus departamentos e aplicá-los aos produtos e processos, visando obter melhores resultados. Nos anos 1990, surgiram trabalhos sobre este fim e, de certa maneira, pode-se dizer que o conhecimento é o único recurso que aumenta com o uso e que está voltado a todas as áreas e processos. Ao longo do tempo, esse recurso poderá se moldar aos mais variados cenários e estratégias, e, então, assumirá um papel de destaque como fonte geradora de vantagem competitiva.

9.2 A visão da empresa baseada em recursos

Nos últimos 15 anos, uma abordagem da estratégia, que combina as análises interna e externa da organização, tem emergido, e sua premissa básica é que os recursos internos à organização comandem o desempenho da empresa. Essa abordagem é conhecida como "visão da empresa baseada em recursos" (Wernerfelt, 1984; Peteraf, 1993; Prahalad e Hamel, 1990; entre outros) e propõe que os recursos internos à empresa sejam os principais determinantes da sua competitividade, em oposição à abordagem da análise da indústria, na qual o principal determinante da competitividade é a sua posição na indústria (Oliveira Jr., 2007).

Para Oliveira Jr., a necessidade de um recurso que seja difícil de imitar, transferir, comprar, vender ou substituir (Wernerfelt, 1984; Barney, 1991; Dierickx e Coll, 1989; Peteraf, 1993) e que possua uma integração sistêmica com os demais recursos da empresa é, portanto, a principal contribuição da visão da empresa baseada em recursos para o desenvolvimento e sustentação de uma vantagem competitiva. Nessa perspectiva, o conhecimento é considerado um recurso estratégico, e sua boa gestão uma fonte de vantagem competitiva sustentável (Delong e Fahey, 2000).

Entender a empresa como um conjunto de recursos permite ao estudioso e ao praticante da administração efetivamente identificar e desenvolver os recursos que serão significativos para o desempenho superior da empresa, estimulando um papel proativo na execução dessas tarefas. Entretanto, os desafios são ainda maiores, principalmente aqueles relacionados a "quais" são os recursos estratégicos e "como" desenvolvê-los (Oliveira Jr., 2007). Entre os diversos recursos que uma organização precisa gerenciar está o conhecimento.

9.3 O conhecimento organizacional e a gestão do conhecimento

Conhecimento é a informação personalizada a partir da reflexão e experiência humanas. Está estritamente relacionado à percepção, à interpretação e aos modelos mentais do indivíduo (Delong e Fahey, 2000; Fahey e Prusak, 1998). Nas organizações, ele apoia a tomada de decisão e aprimora a capacidade de atuação competente no mercado (Vieira, 1993).

Existem diversos tipos de conhecimento em uma organização: implícito, explícito, formal, informal, sistemático, não sistemático, codificável e não codificável, entre outros.

A classificação mais adotada pelos estudiosos da área é a de Polanyi (1983), que divide o conhecimento em explícito e tácito. Conhecimento explícito é o conhecimento formal, expresso e manifestado facilmente por palavras, números, imagens, gráficos, símbolos, e pode ser registrado em sistemas e ferramentas de maneira simplificada. Conhecimento tácito é aquele composto de modelos mentais e experiências de cada indivíduo, sendo mais difícil de ser expressado, armazenado e transmitido a outros indivíduos.

A importância da GC no dia a dia das instituições é evidenciada pelo próprio contexto atual em que vivemos, no qual o conhecimento é o principal ingrediente da produção, compra e venda. Consequentemente, administrá-lo tornou-se a tarefa econômica mais importante para indivíduos, organizações e países (Stewart, 1998).

O objetivo da GC nas organizações é coordenar deliberada e sistematicamente as pessoas, os processos, a tecnologia e a estrutura a fim de agregar valor e inovar por meio da criação, do compartilhamento e da aplicação do conhecimento organizacional (Dalkir, 2005). Para atingir esse objetivo, destaca-se cada vez mais a importância das pessoas na organização, pois são elas que detêm os conhecimentos sobre como diagnosticar problemas, otimizar processos, tomar decisões e buscar melhores resultados, sendo essencial sua motivação para a realização daquilo que supere e transcenda a rotina de seus processos e relacionamentos.

O momento das organizações brasileiras exige cada vez mais das pessoas a capacidade de obter resultados. Investimentos em tecnologia de última geração podem e devem ser realizados por toda organização. No entanto, os investimentos em tecnologia por si só não são suficientes; é do uso que as pessoas fazem da tecnologia e do conhecimento que resulta o bom desempenho organizacional. Similarmente, a informação pura e simples já não garante um diferencial competitivo, pois, para assegurar a competitividade, as organizações precisam aprender a selecionar essa informação e transformá-la em conhecimento, utilizando-a para obter novos resultados e otimizar seus recursos.

O uso intensivo de conhecimento nos processos de negócio cria um diferencial altamente relevante para as organizações, proporciona a transferência de conhecimento por toda a empresa, influencia na redução de tempo, na otimização dos processos e nas tomadas de decisões, e fomenta a inovação e o desenvolvimento de novos produtos, processos e tecnologias. Assim, a GC é uma estratégia que consegue o conhecimento certo para que as pessoas certas o utilizem na hora certa.

O conhecimento contribui para o desempenho organizacional, pois suporta a tomada de decisão e cria valor, atuando como fonte de vantagem competitiva.

9.4 *Big Data*

Nas últimas décadas, as organizações têm vivenciado um crescimento acelerado do volume de dados e informações com os quais devem lidar diariamente. Nesse contexto, surgiu o termo *Big Data* (BD), com o intuito de descrever esse enorme volume de dados variados que cresce continuamente.

Big Data é um termo muito empregado na atualidade para designar o conjunto de dados complexos e muito grandes que está sendo desenvolvido basicamente nas questões referentes às análises preditivas de dados para tomadas de decisão, possibilitando maior eficiência, redução de risco e de custos. A análise adequada de um grande conjunto de dados permite encontrar novas correlações, como tendências de negócios, prevenção de doenças, combate à criminalidade e gosto dos consumidores, entre outras. Segundo Dumbill (2012), o BD está apoiado em quatro fatores de sustentação, que são os 4 Vs: volume, variedade, velocidade e veracidade. Davenport (2014) relaciona o surgimento do Big Data como fruto da evolução das tecnologias da informação, basicamente foram desenhadas a partir de três aspectos:

a. A múltipla natureza dos dados com base nas diferentes fontes disponíveis.
b. O uso de processamento em nuvem.
c. Uso de tecnologias específicas, tais como processamento de rotinas em paralelo e ferramentas para otimização, como Hadoop[1], MapReduce[2] e HDFS[3], além de abordagens de Machine Learning[4] e Analytics.[5]

---

[1] **Hadoop** é uma tecnologia *open source* desenvolvida por Google e Yahoo para processar dados em servidores usando a noção de processamento em paralelo e de *clusters* (conjuntos) de computadores no processamento. Pode ser chamado de Apache Hadoop, e foi desenvolvido e customizado também por outros fabricantes, como EMC, Intel e Microsoft, entre outros.

[2] MapReduce é o *framework* arquitetural que deu origem à tecnologia de hadoop. Usa a estratégia de dividir para conquistar, ou seja, distribui e aloca um problema muito grande em *clusters* de armazenamento usando registros serializáveis do tipo <chave, valor>.

[3] **HDFS** é a sigla de Hadoop File System. É uma estrutura de armazenamento de arquivos que utiliza blocos de 128 Mbytes, que são muito menores do que os blocos de particionamento tradicionais, utilizados em dispositivos de armazenamento.

[4] Machine Learning trata o uso de algoritmos que identificam o melhor modelo para ser aplicado ao conjunto de dados.

[5] Analytics é a essência do *Big Data*. Trata da análise dos dados, apresentada mais à frente neste capítulo.

Cabe às empresas aproveitar o uso do *Big Data* para processar uma grande quantidade de dados em pequeno espaço de tempo, garantindo maior controle de seus resultados e melhor competitividade. Breternitz e Silva (2013) afirmam que "a ideia central do *Big Data* é sua utilização na tomada de decisões", e as organizações devem se preparar, implementando sistemas automatizados que permitam extrair respostas rápidas e ágeis com base nas informações disponíveis, pois uma boa capacidade de tomada de decisões dependerá cada vez mais do processamento dessas informações, e não mais da intuição e estimativas (Fahey e Prusak, 2013).

9.5 A lei de Bernard

A crescente preocupação das empresas com GC, BD e o aumento da implementação das diversas ferramentas de TI evidencia a importância estratégica da informação e do conhecimento para a sobrevivência e sustentabilidade das organizações. Bernard Liautaud (2002) formulou uma lei baseada na ideia de que, atualmente, o valor da informação não está em possuí-la, mas em saber utilizá-la sempre que possível. Sabe-se que o valor da informação se expande com o número de utilizadores. Esse autor foi além ao esmiuçar esse multiplicador. Tomou a lei de Bob Metcalfe (sobre o valor de uma rede) e a melhorou. Metcalfe dizia que a rede aumenta de valor em função do quadrado dos seus utilizadores. Bernard adaptou essa lei à informação, dizendo que o valor da informação aumenta na razão quadrada do número de seus utilizadores e é, ainda, multiplicada pelo número de áreas que a usam. As etapas de um processo de valorização desse tipo são:

- O primeiro retorno significativo vem com a intranet, que permite o compartilhamento de informações em uma empresa; a informação passa a ser utilizada fora do departamento ou área onde foi gerada, criando-se uma utilização interdepartamental.
- O retorno seguinte vem quando a informação passa a ser útil além das fronteiras da empresa, estendendo-se por meio da extranet para clientes, fornecedores e parceiros. É a fase suprema de *merchandising* da informação, quando se consegue vendê-la a terceiros, fora da cadeia interna de valor.

Nesse sentido, as ferramentas e os *softwares* que auxiliam as empresas na tarefa de disseminação e troca de informação e conhecimento passam a ter papel determinante na GC e nas atividades que apoiam a tomada decisão baseada em análise de informação e conhecimento.

9.6 Tecnologia da Informação (TI)

Apesar de a tecnologia da informação não ser suficiente para o bom desempenho organizacional, ela apoia a solução de diversos problemas e fornece suporte às atividades de GC. Na virada do século, alguns fatos contraditórios vêm acontecendo. A internet criou uma série de empresas bem-sucedidas, extremamente jovens e com alto valor de mercado. *As Tecnologias da Informação (TIs) foram o grande diferencial competitivo da década passada.* Empresas como o HSBC ou o Citibank só sobrevivem com sistemas financeiros globais. O Wal-Mart é líder no mercado de varejo, em grande parte graças aos seus sistemas de logística e de informações. Seus gigantescos bancos de dados são o centro nervoso da corporação. A Federal Express utiliza os bancos de dados como uma grande vantagem competitiva.

Uma contradição, no entanto, é surpreendente: *as Tecnologias da Informação detêm uma parte considerável do orçamento de todas as empresas atuais.* O principal executivo a lidar com as TIs é o *Chief Information Officer* (CIO), que sabe da importância do conhecimento, mas que, na segunda metade da década de 1990, teve de lidar com situações que consumiram boa parte dos recursos em TI a fim de tornar os sistemas das empresas compatíveis com o ano 2000. Na Europa, havia ainda a preocupação adicional gerada pelo euro.

Qual seria a alternativa mais adequada? Investir em sistemas já existentes e geralmente problemáticos, que consumiriam boa parte do orçamento de TI; ou investir em **softwares** ***de gestão empresarial (denominados ERP) construídos com arquiteturas cliente/servidor (tendência marcante nas empresas desde o início dos anos 1990) e com as melhores práticas de gestão incorporadas (resultantes de*** **benchmarking** ***de classe mundial com as melhores empresas em suas respectivas indústrias)?***

A resposta natural é que as grandes e médias empresas do mundo empregaram seus orçamentos em *softwares* de gestão. O que temos, então, é uma homogeneização dos sistemas de informação das principais organizações. O que não resulta em diferencial competitivo sustentável, e, sim, em vantagens competitivas temporárias, conforme nos diria Michael Porter. Podemos citar um exemplo local: empresas como Sadia e Perdigão, que atuam no mesmo segmento e na mesma indústria, têm desempenhos muito diferentes, apesar das reestruturações organizacionais e do uso de *softwares* de gestão. Isso significa que somente reestruturações organizacionais e *softwares* de gestão não resultam em diferencial competitivo.

Estratégias baseadas em inovação, tempo e conhecimento são o que faz a diferença.

Embora as tecnologias e os *softwares* tenham um potencial enorme para facilitar a GC, nesse novo contexto *a obtenção de ferramentas tecnológicas, softwares, sistemas de gestão, informação e conhecimento não atuam mais como fontes de vantagem competitiva. É o uso desses recursos que cria valor e gera inovação e bom desempenho organizacional.* É preciso planejar a iniciativa de GC e ter uma estratégia para implantá-la, com apoio da cultura organizacional, de uma infraestrutura favorável, da gestão de recursos humanos e do suporte da alta gerência. A grande corrida que se prevê daqui em diante é, na realidade, uma verdadeira guerra.

Partiremos de uma "guerra de informações" para uma "guerra de conhecimentos", como preparação para a mudança de paradigma.

Sabemos que o conhecimento cresce quando é compartilhado, usado; caso contrário, ele se deteriora. Ter conhecimento dos clientes e dos funcionários ou colaboradores é um dos primeiros passos para um empreendimento bem-sucedido.

Pode-se considerar o conhecimento organizacional como o mais valioso recurso estratégico.

Ele é um recurso-chave para apoiar tomadas de decisão inteligentes, planejamento, definições de estratégias, elaboração de projetos, previsões, avaliações, análises e julgamentos (Nonaka e Toyama, 2003; Rus e Lindvall, 2002). A habilidade para criá-lo e aplicá-lo é a mais importante capacidade para gerar vantagem competitiva. Por esse aspecto, há uma forte ligação entre gestão do conhecimento e estratégia do negócio para toda a corporação. Para um debate mais abrangente sobre estratégias fundamentadas no conhecimento, temos de abordar, no mínimo, os seguintes tópicos:

a. A visão de que as empresas competem por seus recursos estratégicos e suas capacidades no lugar de produtos e serviços específicos.
b. A visão de que empresas podem considerar uma estratégia baseada no conhecimento explicitamente como um recurso estratégico fundamental.
c. As características do conhecimento como um recurso estratégico e quais as implicações para a administração, gerentes e executivos.
d. Como se dá a relação conhecimento-estratégia e quais as implicações para administrar o conhecimento para criar vantagem competitiva.

9.7 Transferência de conhecimento

Uma das funções das TI é amplificar a transferência de conhecimento entre os trabalhadores na organização. As empresas possuem conhecimento disseminado e compartilhado por todos; entretanto, indivíduos, pequenos grupos ou áreas funcionais também detêm conhecimentos, que as empresas buscam codificar e simplificar para torná-los acessíveis à organização como um todo (Oliveira Jr., 2007).

Para Oliveira, o conhecimento pode ser dividido entre conhecimento do indivíduo, do grupo, da organização e da rede de organizações interagentes. A aprendizagem de *know-how* entre indivíduos ocorre por meio da interação de pequenos grupos, muitas vezes pelo desenvolvimento de uma linguagem ou código único. Quando a transferência de conhecimento entre grupos ocorre de forma horizontal, ou seja, grupos que desempenham a mesma função, os problemas de diferenciação de linguagem entre eles são minimizados. Quando a transferência ocorre de forma vertical, por exemplo, entre grupos de desenvolvimento e de produção, o processo de codificação tem papel central.

Para tornar o conhecimento acessível à organização como um todo, Nonaka e Takeuchi (1997) sugerem que a organização impeça que o conhecimento seja mantido apenas no âmbito individual.

É o indivíduo quem cria o conhecimento, e não a organização, mas, se esse conhecimento não for transmitido à organização, isto é, se for mantido pelo indivíduo, será perdido. Dessa forma, fica evidente a relevância da transferência de conhecimento para a GC em qualquer organização.

Os autores acima citados propõem que o conhecimento individual mobilizado deve ser ampliado na organização por meio dos quatro modos de conversão entre os conhecimentos tácito e explícito: a) socialização do conhecimento tácito interno de um indivíduo para que este faça sentido para outros na empresa; b) externalização do conhecimento tácito individual em conhecimento explícito coletivo; c) combinação dos conhecimentos explícitos antigos e novos; d) e internalização do conhecimento explícito em tácito por meio do "aprender fazendo". Isso ocorre em um processo em espiral que começa no nível individual e vai subindo, cruzando seções, departamentos, divisões e organizações. É nesse processo que surge a importância da colaboração e do trabalho em grupo.

9.8 *Business Intelligence* (BI)

Assim como a TI, a *Business Intelligence* (BI) está intimamente relacionada à GC e fornece suporte ao desenvolvimento de suas atividades. O termo ***Bu-***

siness Intelligence, ou **Inteligência Empresarial**, foi cunhado pelo *Gartner Group* (empresa norte-americana de consultoria na área de Tecnologia da Informação) na década de 1980. Ele descreve as habilidades das corporações no acesso a dados e na exploração de informações (normalmente contidas em um *DataWarehouse/Data Mart*), analisando-as e desenvolvendo percepções e entendimentos a seu respeito, o que permite incrementar e fornecer informações para dar suporte à tomada de decisão.

A BI pode ser entendida como um guarda-chuva conceitual que envolve a Inteligência Competitiva (*Competitive Intelligence*, CI), a Gerência de Conhecimento (*Knowledge Management Software*, KMS) e a *Internet Business* Intelligence (IBI), pesquisa e análise de mercado, relacionados à nova era da economia da informação, dedicada à captura de dados, informações e conhecimentos favoráveis à competição mais eficiente entre as organizações. Trata-se de um conjunto de ferramentas utilizado para manipular uma massa de dados operacionais em busca de informações essenciais para o negócio. É um conceito *updated* que vai além da gestão empresarial. Envolve a utilização de produtos e soluções com tecnologias analíticas de ponta que permitem transformar dados em informações que auxiliam os diversos níveis de uma empresa na tomada de decisões, além de dar outras contribuições, quase todas na análise de estratégias. É o produto da transformação de dados em informação, depois que esta é analisada ou inserida em determinado ambiente. Essa informação transformada e aplicada ao processo de decisão gera vantagem competitiva para a organização.

A BI engloba o uso de ferramentas sofisticadas que fazem parte da área de pesquisa, como a Inteligência Artificial (IA), proporcionando, além de informações mais precisas, uma base de conhecimento, com a consequente disseminação do conhecimento obtido no referido tratamento da base de dados, que nada mais é do que práticas oriundas das decisões tomadas por toda a empresa em um *feedback* contínuo. Na prática, pode-se entender BI como um conjunto de técnicas e ferramentas que permite à organização analisar informações para a tomada de decisão. Assim como a GC, ela envolve a gestão de informação e conhecimento, processos e atividades, das pessoas e da cultura organizacional, e tem relevância estratégica para a empresa.

Em um contexto em que a informação corporativa disponível cresce de maneira acelerada em volume, variedade e velocidade, a gestão da informação surge como um apoio às empresas que precisam processar essas informações e utilizá-las para gerar melhores resultados e atender ao mercado. Nesse cenário, a BI desenvolve um papel importante nas organizações, pois reúne um grande conjunto de informações relevantes em tempo real e permite sua compreensão e análise com base em relatórios, *dashboards* e análises multidirecionais que suportam a tomada de decisão. Assim, a BI tem influência direta nos resultados alcançados pela GC e pela organização; seus sistemas contribuem com a construção de novos conhecimentos, o aumento da inteligência coletiva da organização e a capacidade de aprendizagem da organização.

9.9 *Enterprise Resource Planning* (ERP)

O mercado de sistemas informatizados de gestão empresarial, *Enterprise Resource Planning* (ERP), que movimenta hoje US$ 139,36 milhões no Brasil, de acordo com pesquisa da E-Consulting, está sendo alvo de uma disputa acirrada entre os fabricantes de *software* que atuam no país, em especial após a recente aquisição da People Soft pela Oracle. As multinacionais estão se armando para aumentar sua atuação junto a clientes de pequeno e médio portes, mercado tradicionalmente atendido pelas fabricantes nacionais, como Microsiga e Datasul. Já as nacionais estão iniciando associações para fortalecer suas posições no mercado.

O *DataWarehouse (DW)* surgiu na década de 1980 e começou a ser utilizado com mais intensidade no início da década de 1990, quando pegou carona na onda do *downsizing*. Foi criado para consolidar todos os dados da empresa em um repositório único, eliminando redundâncias e possibilitando que esses mesmos dados fossem visualizados em diversos sistemas de base única de informações. Não há nada de errado em projetos de DW; para atividades operacionais, eles funcionam. Foram criados de forma estruturada, e esta é a necessidade no nível operacional. Mas quando se trata de BI, eis que surge o problema. O DW é estruturado, e, portanto, não atende executivos que precisam receber informações dinâmicas, ou seja, de forma não estruturada, na qual a única constante é a mudança.

O verdadeiro conceito de BI não surgiu como decorrência ou evolução do DW, e, infelizmente, não é isso que se ouve ou se vê no mercado. É preciso que as empresas tenham mais seriedade e profissionalismo quando o assunto é BI, assim como é fundamental estar sempre atento às ofertas de ferramentas para o desenvolvimento de projetos. Tais medidas evitam que muitos executivos acabem se frustrando com os aplicativos e seus resultados.

Mais uma vez, o aspecto tecnológico é importante, mas não suficiente. A estratégia de como conduzir um projeto exige conhecimento dos fatores que podem causar insucesso, para que sejam evitados desde o início. A metodologia adotada, ou a falta dela, também é fator preponderante para o sucesso ou fracasso de um projeto de BI, independentemente da tecnologia adotada.

Somente a combinação correta de estratégia, metodologia e tecnologia voltada às necessidades dos executivos pode-se levar qualquer projeto de BI a pleno êxito, com otimização efetiva de resultados e redução de custos.

9.10 As redes neurais

No atual cenário de negócios, os bens mais valiosos das empresas são, sem dúvida, a informação e o conhecimento.

O armazenamento e processamento de informação e a GC podem gerar uma série de oportunidades, uma vez que criam mais agilidade nas análises de resultados e cenários, maior eficiência na gestão de equipes e processos e reduções de custos. *Para tal, o uso da TI, como ferramenta de gestão, é indispensável.*

O processo de tomada de decisões nas organizações precisa de ferramentas, métodos e modelos que reduzam o tempo de análise e os riscos envolvidos e aumentem o grau de precisão nos resultados projetados.

Cabe à TI integrar as informações do mercado com os resultados econômicos e financeiros das empresas para oferecer informações capazes de otimizar a análise e a formulação de estratégias em seu ambiente empresarial. *Desta maneira, deve-se buscar um maior avanço científico nessa área como fonte de vantagem competitiva na composição de previsões e simulações na otimização de recursos das organizações, por meio de modelos de simulações capazes de avaliar alternativas de tomada de decisão em ambientes de incerteza cada vez mais complexos.*

A simulação de cenários realizada por modelos matemáticos apresenta uma visão mais clara e detalhada das incertezas de uma decisão, que normalmente não são percebidas. A leitura do ambiente das organizações por meio da realização de simulações e elaboração de cenários internos e externos maximiza resultados e minimiza o dispêndio dos recursos. Uma forma de fazê-la é com base no uso de modelos neurais. Os modelos neurais procuram aproximar o processamento dos computadores ao do cérebro. As redes neurais possuem um grau de interconexão similar à estrutura do cérebro. Em um computador convencional moderno, a informação é transferida em um tempo específico dentro de um relacionamento com um sinal para sincronização.

As redes neurais artificiais reproduzem o funcionamento do cérebro, e seus modelos possuem regras de treinamento e aprendizagem.

Por meio de pesos ajustados e de acordo com padrões descobertos ao longo do seu processamento, podem-se excluir caminhos e resultados que estejam muito distantes de determinados parâmetros e das restrições envolvidas. Másson e Wang (1990) destacam que a habilidade de aprender é a característica mais importante das redes neurais, pois, com isso, consegue-se melhorar seu desempenho. É por meio de processos interativos de ajustes que a rede neural pode obter uma solução geral para uma classe de problemas, e, desta maneira, obter o aprendizado.

Mueller (1996) destaca que o algoritmo de aprendizado é um conjunto de regras definidas para a solução de um problema, e constitui uma poderosa ferramenta para o desenvolvimento da inteligência artificial. Suas principais vantagens destacam-se na capacidade de aproximar relações não lineares e, quando não são bem definidas, tornam difícil a utilização de métodos convencionais, como tentativa de prever as variações futuras por meio de um modelo de simulação. *Devido à habilidade de realizar ajustes às regras iniciais e aprender, as redes neurais permitem a construção de novos conhecimentos, processo-chave para a GC.*

9.11 A produção do conhecimento e estratégias

Nossa economia é ***baseada no conhecimento impulsionado pela informação. As organizações dependem da informação para realizar suas operações diárias*** à ***tomada de decisões.***

O ritmo das mudanças tem acelerado essa relação de dependência da informação pelas organizações, e, cada vez mais, os gestores precisam tomar decisões em meio a uma grande quantidade de informações interdependentes e globalizadas.

Nesse cenário, o conhecimento é a fonte de poder e quem o detém está apto para, por meio das inovações tecnológicas, viabilizar o conhecimento organizacional que norteia a estratégia, possibilitando a definição das metas e ações para atingir os seus objetivos. Como consequência, qualquer empresa precisa estar atenta aos conhecimentos fomentadores de seu negócio, pois somente assim estará à frente de seus concorrentes e dos acontecimentos do mercado (Drucker, 1996).

Uma boa capacidade de julgamento, até há pouco tempo, era considerada característica de um bom gestor. Atualmente, essa boa capacidade de julgamento não é suficiente.

Com a intensificação da complexidade dos negócios no ambiente empresarial e a evolução da competitividade dos mercados, surge a necessidade de recorrer às ferramentas das ciências e das tecnologias para oferecer aos gestores meios de prever, acompanhar e monitorar essa evolução com maior profundidade, aprimorando a tomada de decisão e a definição de estratégias. O processo decisório está vinculado à análise de muitas alternativas, o que demanda acessos a diversas bases de dados, exigindo dos gestores o uso do raciocínio lógico, a interpretação dos fatos e a construção de cenários e correlações de variáveis de mercado com os resultados obtidos pela organização, entre todas as informações necessárias para as suas tomadas de decisões (Driver e Mock, 1977).

A formulação de estratégias engloba um conjunto de critérios que permitem avaliar projetos de investimentos de acordo com as oportunidades e restrições de cada organização. Para tanto, os gestores necessitam de informações de nível estratégico e gerencial que possam demonstrar a dinâmica do negócio em seu contexto tanto micro quanto macroeconômico, como os riscos envolvidos, a concorrência e as mudanças de mercado. A informação e o conhecimento alimentam a tomada de decisão e a definição das estratégias empresariais. Para Oliveira Jr. (2007), o conhecimento da empresa difere em suas dimensões, e essas diferenças devem refletir o valor e a utilidade estratégica desse conhecimento. Entender os elementos constitutivos do conhecimento é a base para se entender uma taxonomia do conhecimento da empresa. *Cabe à organização atuar como agente organizador do conhecimento, tornando-o aplicável e gerador de novos conhecimentos, desempenhando essa tarefa de forma superior à concorrência* (Oliveira Jr., 2007).

9.12 Aprendizagem organizacional

A aprendizagem está centrada na visão da empresa por processos, buscando incentivar a criatividade e o fornecimento de sugestões pelos colaboradores para a melhoria contínua. A aprendizagem organizacional permite personalizar a produção, utilizando criatividade e motivação (Colenci Jr. e Guerrini, 2007). Empresas constituem um ambiente rico, onde conhecimentos não são apenas apreendidos e assimilados, mas também criados. Profissionais de várias áreas reúnem-se, discutem problemas, analisam possíveis estratégias para a solução de problemas e a prospecção de novos negócios visando à perpetuação da empresas por meio da implementação das mudanças necessárias.

A mudança por si só pressupõe um processo contínuo que não cessa com a criação de um novo produto ou processo, mas sim com uma metodologia nova a ser implementada por toda e qualquer organização que pretenda sobreviver no mundo dos negócios. Isto é corroborado por Fleury e Fleury (1983), segundo os quais, o processo contínuo de mudança caracteriza a aprendizagem organizacional. A aprendizagem organizacional e a mudança estão fortemente relacionadas porque o processo de aprendizagem, seja ele individual ou organizacional, exige mudanças. De acordo com Senge (1990), a motivação das pessoas e equipes gera engajamento em processos de mudança que resultam em algum aprendizado. A relação do conhecimento e sua gestão com o aprendizado é clara: o conhecimento, muitas vezes, resulta de um processo de aprendizagem e, de maneira cíclica, reorienta novas aprendizagens. Dessa forma, o processo de aprendizagem e uma cultura organizacional voltada à aprendizagem são aspectos-chave para gerir conhecimento nas empresas.

O pulo do gato

Grigorita Ko/Shutterstock

Fazer essa parada nos custou caro, mas decidimos bancar porque sabíamos que a mudança permitiria avanços na gestão do negócio.
João Carlos Costa Brega, da Whirlpool.

Ter um termômetro da operação em tempo real também começa a fazer diferença na multinacional de eletrodomésticos Whirlpool, dona das marcas Brastemp e Consul. Em fevereiro, depois de oito meses de preparação, entrou em operação uma versão mais moderna do software *que ajuda a empresa a gerenciar todos os números e os indicadores do negócio. A última atualização do sistema havia sido feita em 2007. Para colocar a nova versão em funcionamento, foi preciso parar quase todas as atividades – com exceção das áreas de vendas, logística e atendimento ao consumidor – durante oito dias.*
(Herzog, 2016)

Não basta apenas atualizar ou adquirir novos softwares. *Toda a empresa tem que estar integrada por sistemas inteligentes da Tecnologia da Informação (TI). Parar algum setor não deve ser desculpa para não fazê-lo. Mesmo as pequenas empresas que adquirem* softwares, *mais do que nunca, precisam treinar seus colaboradores. Não é raro encontrarmos bons* softwares *que ofe-*

recem muito, mas os empreendedores os usam apenas para emissão de notas fiscais e boletos, apesar do suporte oferecido pela fornecedora de TI.

Questões

1. Discuta o objetivo e a importância da gestão do conhecimento para a gestão das organizações.
2. Explique como as empresas podem fazer uso da tecnologia da informação com o *Big Data* a fim de melhorar seu processo de tomada de decisões.
3. Como as empresas podem aumentar a transferência do conhecimento entre seus colaboradores utilizando-se as tecnologias da informação? Explique.
4. A Tecnologia da Informação (TI) está intimamente relacionada à GC e fornece suporte ao desenvolvimento de suas atividades. Descreva como a *Business Intelligence*, ou Inteligência Empresarial, pode desenvolver e incrementar informações para dar maior suporte ao processo de tomada de decisão dos gestores.
5. A criação do conhecimento é um processo no qual as organizações adquirem, organizam e disseminam informação com o objetivo de gerar novos conhecimentos. Como a informação atua em todo esse processo?

Referências bibliográficas

BARNEY, J. Firm resources and sustained competitive advantage. *Journal of Management*. Miami: Ohio State University Columbus, v. 17, n. 1, 1991, p. 99-120.

BRETERNITZ, V. J; SILVA, L. A. Big Data: um novo conceito gerando oportunidades e desafios. Jundiaí: *RECT*, n. 13, out. 2013, p. 106-13.

COLENCI Jr., Alfredo e GUERRINI, Fábio Müller. Organizações voltadas ao aprendizado. In: CAVALCANTI, Marly et al. *Gestão estratégica de negócios*. 2. ed. São Paulo: Thomson, 2007.

DALKIR, K. *Knowledge Management in Theory and Practice*. Routledge, 2005. Disponível em <www.routledge.com>. Acesso em: 27 mar. 2017.

DAVENPORT, T. H. *Big data at work*: dispelling the myths, uncovering the opportunities. Boston: Harvard Business Review Press, 2014.

DAY, George. *The Marketing Driven Organization: Understanding, Attracting and Keeping Valuable Customers*. Nova York: Free Press, 1999.

______. Avaliando as alternativas estratégicas. In: FAHEY, Liam; RANDALL, Robert M. *MBA Curso prático de estratégia*. Rio de Janeiro: Campus, 1999.

DELONG, D. W.; FAHEY, L. Diagnosing cultural barriers to knowledge management. Nova York: *Academy of Management Perspectives*, v. 14, n. 4, 2000. p. 113-27.

DIERICKX, I.; COOL, K. Asset stock accumulation and the sustainability of competitive advantage. Linthicum Maryland: *Management Science*, v. 35, n. 12, 1989, p. 1.514.

DRIVER, M. J.; MOCK, T. J. Human Information Processing, Decision Style Theory and Accounting Information Systems: A Reply. *The Accounting Review*. v. 52, n. 4, out. 1977, p. 988-90. Disponível em <www.jstor.org/stable/245601?seq=1#page_scan_tab_contents> Acesso em: 2 set. 2015.

DRUCKER, Peter. *Administrando em tempos de grandes mudanças*. 3. ed. São Paulo: Pioneira, 1996.

DUMBILL, E. What is big data? In: *O'Reilly Media Inc. Big Data Now*: current perspectives. Califórnia: O'Reilly Media, 2012. Disponível em: <www.oreilly.com/data/free/files/big-data-now-2012.pdf>. Acesso em: 3 maio 2014.

FAHEY, L.; PRUSAK, L. The Eleven Deadliest Sins of Knowledge Management. Berkeley: *California Management Review*, v. 40, n. 3, 1998, p. 265-76.

______. *Harvard Business Review*. Big Data: o futuro da informação e dos negócios. [S.l.]: Serasa Experian, 2013.

FIGUEIREDO, Ayman Cobo de. *Coruja*. s.d. Disponível em: <www.infoescola.com/aves/coruja/>. Acesso em: 30 nov. 2017.

FLEURY, Maria Tereza Leme; FLEURY, Afonso. Estratégias empresariais e formação de competências. São Paulo: Atlas, 1983.

HEDLUND, G. A Model of Knowledge Management and the N-form Corporation. Birmingham: *Strategic Management Journal*, v. 15, 1994, p. 73-90.

HERZOG, A. L.; SCHERER, A.; VIEIRA, R. Prontas para a guerra. *Exame*, ed. 1111, ano 50, n. 7, abr. 2016, p. 35-36.

LIAUTAUD, Bernard. *Inteligênica em e-bussines*. Rio de Janeiro: Qualitymark, 2002.

MARCOVITCH, Jacques. *Tecnologia da informação e estratégia empresarial*. São Paulo: Edusp, 1996.

MÁSSON, E.; WANG, Y. Introduction to computation and learning in artificial neural networks. North-Holand: *European Journal of Operational Research*, n. 47, 1990, p. 1-28.

MINTZBERG, Henry et al. *Safári de estratégia*. Porto Alegre: Bookman, 2000, p. 188.

MUELLER, A. *Uma aplicação de redes neurais artificiais na previsão do mercado acionário*. Florianópolis, 1996. Dissertação (Mestrado) – Engenharia da Produção, Universidade Federal de Santa Catarina.

NONAKA, I.; TOYAMA, R. The Knowledge-Creating Theory Revisited: knowledge creating as synthesizing process. *Knowledge Management*, 2003.

_____; TAKEUCHI, H. *Criação do conhecimento na empresa*. Rio de Janeiro: Campus, 1977.

OLIVEIRA Jr., M. M. Competitividade baseada no conhecimento. In: CAVALCANTI, M. (org.). *Gestão estratégica de negócios:* evolução, cenários, diagnóstico e ação. São Paulo: Thompson Learning, 2007.

PETERAF, M. A. The cornerstones of competitive advantage: a resource-based view. Nova Jersey: *Strategic Management Journal*, v. 14, 1993, p. 179-91.

POLANYI, M. *The tacit dimension*. Gloucester: Peter Smith, 1983.

PORTER, Michel. *Competitive strategy*. Nova York: The Free Press, 1980.

PRAHALAD, C. K.; HAMEL, G. The core competence of the corporation. Boston: *Harvard Business Review*, v. 68, n. 3, maio/jun. 1990, p. 79-91.

RUS, I.; LINDVALL, M. Knowledge Management in Software Engineering. *IEEE Software*, v. 19, n. 3, p. 26, maio/jun. 2002.

SENGE, P. A. *Quinta disciplina*. São Paulo: Nova Cultural, 1990.

STEWART, T. A. *Capital intelectual:* a nova vantagem competitiva das empresas. 2. ed. Rio de Janeiro: Campus, 1998.

TAVARES, Pedro Henrique. Um olho na loja outro no PC. São Paulo: *Exame*, ed. 1134, ano 51, n. 6, mar. 2017.

VIEIRA, A. S. Conhecimento como recurso estratégico empresarial. Brasília: *Ciência da informação*, v. 22, n. 2, 1993, p. 99-101.

WERNERFELT, B. A resource-based view of the RM. *Strategic Management Journal*, v. 5, n. 2, 1984, p. 171-80.

Capítulo 10 – Gestão estratégica da inovação

Vanderlei Salvador Bagnato
Gerd Esser
Nelson Destro Fragoso

Eu não falhei. Fiz um experimento com 1000 passos!
Thomas Edison

SINOPSE: A concepção de novas ideias e a essência da inovação.

CRIAÇÃO
O ANIMAL METAFÓRICO: BOTO-COR-DE-ROSA

Pranitop/Shutterstock

Lema: Pensar, intuir, conceber, criar, desenvolver
Década: 1990.
Principal nome: Schumpeter.
Principal contexto: Predição, intuição, visão de futuro.
Autor nacional homenageado: José Carlos Barbieri.
Organizações inovadoras, Rio de Janeiro: FGV, 2003.

FORMULAÇÃO DA ESTRATÉGIA INOVADORA

Premissas essenciais:

1. Estar aberto a mudanças.
2. Antecipar o futuro.
3. Trabalhar em equipe, buscando novas ideias.
4. Inovar, criando novos produtos, novos serviços, novas metodologias de trabalho.
5. A partir da análise ambiental e mutacional, propor novas estratégias de gestão.

(Elaborado pelos autores.)

TRILHA TROPICAL

O **boto-cor-de-rosa** (*Inia geoffrensis*), ou **boto-vermelho**, como é conhecido pelos moradores da bacia amazônica onde este animal vive, é um pequeno golfinho da ordem dos cetáceos e da subordem dos odontocetos. Em outros países onde pode ser encontrado, como Colômbia, Equador e Peru, este animal é chamado de *bufeo colorado*. Seu nome é *Pink Dolphin*, que em inglês significa boto-cor-de-rosa. Em terras brasileiras, porém, para os ribeirinhos da região amazônica seu nome é boto ou boto-vermelho.

Os botos possuem corpo muito fléxivel, pois precisam ser ágeis em ambientes fluviais para se desviar de obstáculos e capturar suas presas. As nadadeiras peitorais são grandes e podem realizar movimentos para trás com facilidade, o que ajuda o boto a se movimentar no meio de raízes e troncos de árvores caídos nos ambientes onde vivem.

(Garcia, s.d.)

CONCEITOS-CHAVE DA ESTRATÉGIA INOVADORA

1. O ambiente externo muda a uma velocidade muito grande, impondo um ritmo de maior rapidez na tomada de decisões.
2. Com o advento da internet diminui a "distância" entre os mercados, e o comércio internacional se torna mais ágil.
3. Novos produtos e serviços são colocados à disposição dos consumidores, que têm aumentado seu nível de exigência.
4. Novos hábitos de consumo têm obrigado as empresas a buscar novas estratégias de gestão.

5. O marketing tem que se restabelecer criando novos conceitos para produtos e serviços existentes.
6. Empresas que não acompanham a evolução da sociedade são descontinuadas.
7. Grandes empresas se agigantam em grupos econômicos.
8. O capital internacionalizado migra para países com estabilidade econômica e política e que apresentem cenários mais promissores.
9. Para sobreviver, pequenas empresas se associam em redes, participam de incubadoras, adentram parques e polos industriais e se aglutinam em arranjos produtivos locais.
10. A tecnologia da informação (TI) fornece o suporte para novas estratégias inovadoras.
11. O mundo dos negócios exige das empresas novas formas de gestão.
12. Alianças estratégicas são necessárias para a sobrevivência empresarial.
13. Compartilhamento de informações, educação continuada, treinamento constante e aprimoramento contínuo, aliados à busca da qualidade total, são imprescindíveis para que as empresas se tornem sustentáveis.

(Elaborado pelos autores)

Objetivos do capítulo

Este capítulo demonstra que a inovação tem sido responsável pelos maiores avanços na sociedade em diversas áreas, e que no mundo empresarial não é diferente; observamos o valor da inovação, e vamos discutir a importância da sua gestão estratégica para a obtenção de seus benefícios e redução de seus custos e quaisquer aspectos negativos.

Palavras-chave: *pesquisa e desenvolvimento; inovação; processo de inovação; estratégicas tecnológicas; transferência do conhecimento*

10.1 Introdução

O cenário econômico está se modificando a cada momento e interferindo nas empresas, estimulando-as a pensar de forma estratégica. Para que uma empresa obtenha sucesso e consiga sobreviver no mercado, deve buscar a inovação do seu planejamento, para, então, por meio da estratégia, administrar seus recursos disponíveis e resultados obtidos, de acordo com as mudanças advindas do seu ambiente externo e interno. Segundo Cassiolato, Lastres e Maciel (2002), a mudança organizacional de uma empresa pode ocorrer na estrutura, na tecnologia, nos produtos, nos serviços e ou na cultura. A capacidade de inovação das empresas depende dos fatores externos, que podem ser os avanços tecnológicos e as novas tendências de mercado, e dos fatores internos, que estão relacionados à organização do setor e o sistema de inovação adotado. Assim, cada empresa possui uma maior ou menor capacidade de flexibilidade e adaptação às mudanças no mercado.

A inovação é impulsionada por várias razões. Uma delas é a necessidade humana. O homem das cavernas precisava sobreviver. Havia muitos animais que precisava abater. Porém, precisava de armas para alcançar êxito. E precisava fazer fogo. Sem professor, livros, escolas, ele teve de aprender a fazer fogo, a caçar, enfim, a sobreviver naquele ambiente inóspito.

O diferente, o novo, o original é o que move o mundo.

A busca por novas soluções para velhos problemas coloca a gestão dos negócios em um patamar cada vez mais valorizado. São inúmeros os relatos de sucesso de um novo processo, um novo produto, o ingresso em um novo mercado, a contratação de uma consultoria. A inovação tem sido responsável pelos maiores avanços na sociedade, em diversas áreas, como transportes, energia, tecnologia da informação etc. No mundo empresarial, observa-se o valor da inovação, mas percebe-se, por outro lado, a necessidade da sua gestão estratégica para a obtenção de seus benefícios e redução de seus custos e quaisquer aspectos negativos (Bers et al., 2009).

Investimentos em pesquisa e desenvolvimento são essenciais em um mundo em constante transformação.

Empresas de vanguarda aplicam no mínimo 2% do seu faturamento bruto em P&D (Pesquisa e Desenvolvimento). Atualmente, aplicativos dão a tônica de procedimentos que tornam a vida das pessoas e executivos mais ágil. Pelo aplicativo de trânsito e navegação *Waze* não há mais necessidade de se guardar endereços em agendas eletrônicas, computadores etc. Basta saber o nome da empresa ou instituição onde se pretende chegar e o aplicativo leva o usuário ao seu destino, definindo rotas ao gosto do cliente: mais rápida ou mais econômica.

O sistema Uber, por exemplo, embora cause polêmica em países onde foi implantado, veio para ficar. Isso porque traz mais benefícios que o antigo sistema de táxi. E não para por aí. Robôs inteligentes têm aumentado a riqueza de alguns escritórios de advocacia nos Estados Unidos, agilizando a dinâmica de seus processos, mas ao mesmo tempo constituindo-se uma ameaça à empregabilidade de novos advogados.

10.2 Conceito

A palavra **inovação** vem do latim *innovatio*, que se refere a algo criado fora dos padrões anteriores. Desta maneira, pode-se dizer que o processo de inovação está diretamente ligado à estratégia, pois a tecnologia oferece ferramentas que viabilizam maior capacidade de processamento de informações e resultados para a gestão estratégica das empresas. *Compreender os fatores do processo de inovação e como podem e devem ser aplicados nas tomadas de decisões do dia a dia é essencial para a criação de vantagens competitivas ante as concorrências no mercado. É também a parte inicial da formulação de uma estratégia cada vez mais eficiente.*

As organizações alcançam sucesso econômico sempre que conseguem introduzir inovações em seus processos de produção e gestão (Tidd, Bessant e Pavitt, 2005).

A capacidade de alocar conhecimento, tecnologia e know how *é essencial para uma inovação estratégica.* Encontrar respostas ou soluções em lugares inesperados e desenvolver modelos cada vez mais complexos e completos sobre a realidade dos acontecimentos, buscando cada vez mais uma representação do que se pode esperar em meio às incertezas do mercado, são ações que *se tornam a verdadeira vantagem competitiva e devem ser desenvolvidas e conquistadas. Desta maneira, inovação pode ser definida como o uso pelas organizações de suas capacitações e recursos para desenvolver novos produtos, serviços, sistemas (operacionais ou de produção), formas de trabalho e tecnologias para melhor atender às demandas de seus consumidores* (Moreira e Queiroz, 2007).

10.3 Classificação da inovação

Knight (1967) apresenta um conceito de inovação dividido em quatro tipos:

a. **Inovações no produto ou no serviço** – introdução de novos produtos ou serviços a fim de atender a necessidades e desejos dos clientes.

b. **Inovações no processo de produção** – introdução de novos elementos nas tarefas da organização, no seu sistema de informação, na produção física ou nas operações de serviços que representam avanços no uso da tecnologia da companhia.
c. **Inovações na estrutura organizacional** – incluem mudanças nas relações de autoridade, nas alocações de trabalho, nos sistemas de remuneração, nos sistemas de comunicação e em outros aspectos da interação formal entre as pessoas na organização. São as mudanças que tendem a produzir inovações na estrutura organizacional, pois atuam no seu processo de produção ou na prestação de serviços.
d. **Inovações nas pessoas** – dizem respeito a inovações que mudam o comportamento ou as crenças das pessoas dentro da organização utilizando técnicas como educação e treinamento.

As três primeiras categorias de Knight (1967) aparecem com frequência em outras classificações; as inovações nas pessoas, porém, tenderam, com o tempo, a ser incluídas junto às inovações organizacionais ou administrativas. De acordo com as diretrizes estabelecidas pela Organização para a Cooperação e Desenvolvimento Econômico (OECD) no Manual de Oslo (2005), as firmas podem fazer vários tipos de mudanças nos métodos de trabalho, no uso de fatores de produção e tipos de produtos e serviços que melhorem a inovação de produto, de processo, organizacional e do marketing.

10.4 Estratégia e inovação

Alinhar o processo de inovação à estratégia depende da percepção de que a tomada de decisão está ligada a informações e análises do mercado, pois, quanto mais informações, maior e mais abrangente será a compreensão de suas relações nos resultados da empresa, no mercado e na economia. O processo de inovação está associado à evolução da empresa, pois entende-se estar ligada diretamente a sua sobrevivência. Segundo Barney e Hesterly (2008) e Carvalho, Reis e Cavalcante (2011), o gerenciamento da inovação consiste na coordenação dos recursos disponíveis (financeiros, físicos, humanos e organizacionais) com o objetivo de neutralizar ameaças e, sobretudo, explorar oportunidades alinhadas às prioridades estratégicas da empresa.

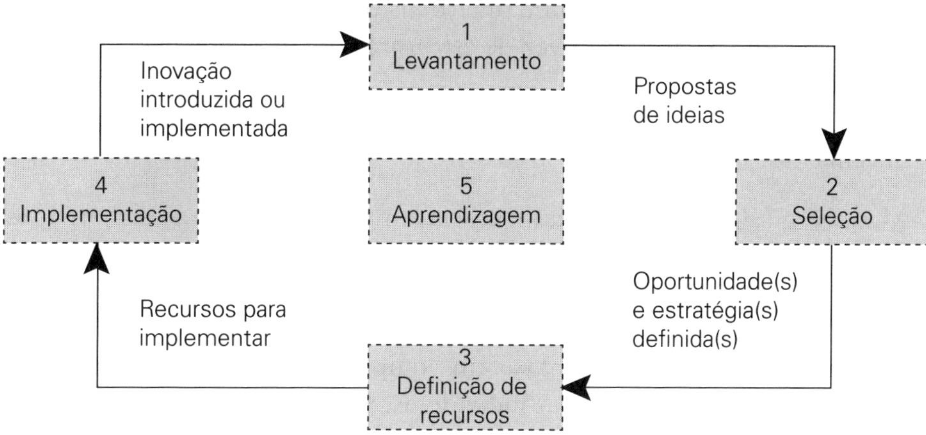

Figura 10.1 Processo de gestão da inovação.
Fonte: Carvalho, Reis e Cavalcante (2011, p. 57).

10.5 Modelos organizacionais inovadores

Pesquisas recentes apontam para um consenso entre os autores de que as formas, os processos e o papel das organizações mudaram de maneira significativa no final do século XX (Fenton e Pettigrew, 2000). Essas novas formas organizacionais são justificadas por Whittington e Melin (2003):

a. velocidade das mudanças que exige capacidade de reinventar constantemente estratégias e estruturas;
b. presença em mercados altamente competitivos dos recursos que geram valor dentro da firma. O que confere vantagem competitiva às organizações é a maneira como são organizadas;
c. aumento da importância da capacidade de uma firma organizar e utilizar o conhecimento na chamada era do conhecimento.

Pettigrew e Massini (2003) descrevem a inovação em sete características:

a. descentralização radical da responsabilidade por resultados para as unidades operacionais;
b. redução no número dos níveis hierárquicos;
c. redução no papel do *staff* corporativo: a alta cúpula passa a se concentrar em criar e disseminar conhecimentos;
d. mudança no estilo gerencial, de "comandar e controlar" para "facilitar e autorizar";
e. sistemas sofisticados de comunicação interna (tanto formal quanto informal), horizontal e vertical;

f. uso extensivo de grupos *ad hoc* (interdivisionais e interfuncionais) concentrados em forças-tarefa, em vez de estruturas organizacionais departamentalizadas e rígidas;
g. uso deliberado dos recursos humanos internos para disseminação do conhecimento.

Mintzberg (2003) propõe a adhocracia, em que as fronteiras das organizações são permeáveis. Seus membros se agrupam temporariamente para atender a necessidades do ambiente externo, onde a comunicação flui de maneira ágil e o conhecimento é adequadamente disseminado para os níveis que agregam valor. A inovação advém da ênfase em equipes autônomas de trabalho que operam como pequenas empresas individuais. Seus colaboradores têm um senso de propriedade e são responsáveis pelos resultados.

10.6 Medição dos resultados da inovação

Conforme Tidd, Bessant e Pavitt (2008), "as rotinas de gestão da inovação eficazes não são facilmente obtidas, pois representam o que a empresa aprendeu com o passar do tempo, por meio de um processo de erros e acertos, tendendo a ser bastante específicas."

Ao tornar a gestão da inovação eficiente, otimiza-se a integração entre o como fazer (tecnologia) e o que fazer (produto) (Caetano, Kurumoto e Amaral, 2012). Os erros e acertos obtidos pela gestão das empresas auxiliam na tomada de decisões. Espera-se que, na medida em que se implanta e desenvolve a gestão da inovação, esses erros sejam menos frequentes.

10.7 As estratégias tecnológicas

Segundo Porter (1989), a empresa pode adotar estratégias de inovação como uma líder ou uma seguidora. Conforme relata Rogers (1995), que classificou as empresas de acordo com a difusão de suas inovações, devido à dificuldade de adoção de uma nova ideia, mesmo quando existem vantagens evidentes muitas organizações se veem confrontadas pela necessidade de acelerar a taxa de difusão da inovação. Esse autor construiu, então, cinco etapas para a adoção de uma inovação, sendo que cada uma estaria relacionada a um perfil de reação perante as inovações. Esses perfis seriam: inovadores, adeptos iniciais, maioria inicial, maioria tardia e retardatários. Freeman e Soethe (1997) identificam seis alternativas de estratégias tecnológicas: ofensiva, defensiva, imitativa, dependente, tradicional e oportunista.

A gestão da inovação tecnológica requer coordenação e mobilização de recursos. *O processo de gestão da inovação começa pela fase de prospecção, que é monitorar o ambiente para identificar sinais de mudanças potenciais em termos tecnológicos e competitivos* (Tidd, Bessant e Pavitt 2008).

Deve existir um ambiente propício à inovação tecnológica. A atividade de gestão da inovação deve ser sistematizada, periódica e coerente com as estratégias de competição da empresa.

A inovação deve ser estruturada sob uma perspectiva estratégica, utilizando ferramentas organizacionais e em forma de rotinas. Com isso, é possível integrar a gestão orientada para o desenvolvimento do produto/serviços e processos com a gestão orientada para a tecnologia.

10.8 Sistema de informação como ferramenta para a inovação

Para Mintzberg e Quinn (2001), os processos de informação e decisão fluem de forma flexível e informal. Como estímulo à inovação, a organização lança mão de todo um conjunto de dispositivos de ligação: inter-relacionamento de pessoal, integração de gerentes, equipes e forças-tarefas. A leitura do ambiente das organizações por meio da realização de simulações e elaboração de cenários internos e externos que apresentem uma visão de futuro deveria ser a essência de todo planejamento estratégico, principalmente porque deve combinar sempre as ações que maximizem resultados e minimizem o dispêndio dos recursos. Na leitura do ambiente, deve-se verificar a posição da organização em relação ao mercado.Utiliza-se a análise SWOT para verificar as forças e fraquezas e as oportunidades e ameaças e gerar os objetivos e estratégias, que exigirão uma avaliação da atual estrutura organizacional, determinando quais serão as condições de redirecionamento e/ou alterações exigidas pelo plano diretor, no planejamento estratégico, que tenha sido cuidadosamente elaborado em todo esse processo.

10.9 Serviços e inovação

Os serviços baseados nas Tecnologias de Informação e Comunicação (TIC) são característicos do paradigma das tecnologias da informação, definido por Tigre (1998) como centrado na revolução microeletrônica, que introduz novos produtos e gera um processo de reestruturação industrial caracterizado por avanços significativos de produtividade e pela globalização das atividades econômicas. O uso de novas tecnologias vem exigindo o aparecimento de novos serviços e tornando-os insumos fundamentais para os demais setores econômicos, particularmente para a indústria. Esse processo trouxe consigo novas exigências de serviços para a sociedade no campo da educação, do treinamento/conhecimento e da saúde (Melo et al., 1998).

10.10 O processo de inovação

Este é um processo-chave do negócio da empresa, associado à evolução do negócio, renovando o que a empresa oferece.

Inovação, portanto,* é *uma atividade essencial ligada à sobrevivência e ao crescimento.

O processo de inovação envolve as seguintes etapas (Tidd, Bessant e Pavitt, 1997):

a. Prospectar o ambiente (interno e externo) para identificar e processar sinais relevantes sobre ameaças e oportunidades relacionadas à mudança;
b. Decidir (com base em uma visão estratégica de como empresas podem melhor se desenvolver) a quais destes sinais deve-se responder;
c. Obter os recursos que possibilitem a resposta (seja criando algo novo por meio de pesquisa e desenvolvimento, seja adquirindo algo externo por meio de transferência de tecnologia);
d. Implementar o projeto (desenvolver a tecnologia e o mercado interno ou externo) para uma resposta efetiva.

O processo de inovação tem evoluído para uma abordagem mais interativa. Os modelos sequenciais refletiam uma visão simplificada da inovação: originada nos laboratórios científicos e "empurrada" para o mercado ou demandada ("puxada") por clientes (mercado) e desenvolvida *a posteriori*. Esses processos sequenciais se somam ao fato de que a inovação é um processo de aprendizagem que envolve o encontro entre a possibilidade tecnológica, a competência e a necessidade de mercado.

A característica essencial da inovação é estar envolvida na incerteza, o que significa uma inabilidade de prever o resultado do processo de prospecção ou de determinar o melhor caminho para uma meta particular. Isso implica limitações para seu planejamento (Rosemberg, 1994). *Assim, algumas vezes a inovação apresenta-se de forma "empurrada"* (push)*, e outras, de forma "puxada"* (pull)*; e, na maioria das vezes, a inovação bem-sucedida requer a interação entre essas duas abordagens* (Tidd, Bessant e Pavitt, 1997).

10.11 Inovação: As fronteiras do conhecimento

Brusoni, Prencipe e Pavitt (2001) argumentam que a finalidade das organizações inovadoras que produzem produtos multitecnologia e multicomponente é dupla:

a. gerar variedade, ao desenvolver corpos especializados de conhecimento para nutrir o processo de descoberta dessas soluções inovadoras;
b. coordenar processos dispersos de aprendizagem executados em comunidades especializadas. Com base no modelo proposto por Orton e Weick (1990), para determinar o grau de acoplamento entre unidades organizacionais, Brusoni, Prencipe e Pavitt (2001) destacam que a utilidade do conceito de acoplamento fraco reside em sua capacidade de enquadrar o estudo dos aspectos contraditórios (especialização e integração) do comportamento organizacional, pois organizações fracamente acopladas exibem propriedades tanto dos sistemas desacoplados quanto dos fortemente acoplados. Argumentam que a organização fracamente acoplada contribui para mudanças bem-sucedidas.

O pulo do gato

Grigorita Ko/Shutterstock

"Queremos ampliar nossa participação em novos segmentos da construção civil", Otto von Sothen, presidente da Tigre. Para fechar a conta, não só hoje, mas também amanhã, ele sabe que precisa ir além da austeridade.

Os executivos da fabricante de tubos e conexões Tigre batalham para entrar no time das que vão voltar a crescer. Com a severa queda na demanda, o ano de 2015 não foi fácil. A empresa demitiu cerca de 580 funcionários, abandonou marcas para simplificar o portfólio e iniciou um esforço extra para cortar custos operacionais em um projeto de orçamento base zero. Ao mesmo tempo, passou a investir em frentes que deverão ajudar a garantir o futuro da empresa. Uma delas é a recém-criada área de inovação. Parte de um fundo no valor de 5 milhões de reais para investir em start-ups.

(Herzog, 2016)

O fato de não ter "dinheiro sobrando" para investir em inovação não deve ser motivo para pequenos negócios não avançarem em inovação. Universidades, institutos de pesquisas, instituições de apoio a pequenas empresas, feiras do segmento, parcerias, alianças estratégicas, associações patronais, arranjos produtivos locais, incubadoras, empresas juniores, treinamentos, consultores, auditores e mentores, visitas a fornecedores em busca de novos conhecimentos são suficientes para alavancar pequenos negócios quando se fala em inovação. ***A frase "em time que está ganhando não se mexe" deve ser riscada da agenda do pequeno empreendedor.***

Questões

1. A mudança organizacional de uma empresa pode ocorrer na estrutura, na tecnologia, nos produtos, nos serviços e ou na cultura. Com base nessa afirmação, descreva como a capacidade de inovação das empresas pode facilitar sua adaptação em relação às diversas mudanças do mercado.
2. Defina e relacione a inovação com a gestão estratégica das organizações. Explique.
3. Explique o conceito de adhocracia de Mintzberg e sua importância para a apuração de resultados.
4. Cite e explique as ferramentas do planejamento estratégico.
5. Descreva e explique os cinco subsistemas do sistema de informações da controladoria estratégica.

Referências bibliográficas

BARBIERI, José Carlos. *Organizações inovadoras*. Rio de Janeiro: FGV, 2003.

BARNEY, J; HESTERLY, W. S. *Administração estratégica e vantagem competitiva*. São Paulo: Pearson Prentice Hall, 2008.

BERS, J. A.; DISMUKES, J. P., MILLER L. K.; DUBROVENSKY, A. Accelerated radical innovation: theory and application. *Technological Forecasting and Social Change*, Portland, v. 76, n. 1, 2009, p. 165-77.

BRUSONI, S.; PRENCIPE, A.; PAVITT, K. Knowledge specialization and the boundaries of the firm: why do firms know more than they do? Nova York: *Administrative Science Quarterly*, v. 46, n. 4, 2001, p. 597-621.

CAETANO, M.; KURUMOTO, J. S.; AMARAL, D. P. Estratégias de integração entre tecnologia e produto: identificação de atividades críticas no processo de inovação. São Paulo: *Administração e Inovação*, v. 9, n. 2, 2012, p. 123-46.

CARVALHO, H. C. de; REIS, D. R. dos; CAVALCANTE, M. B. *Gestão da inovação*. Curitiba: Aymará, 2011, p. 99-113.

CASSIOLATO, J. E.; LASTRES, H.; MACIEL, M. L. *Pequena empresa*: cooperação e desenvolvimento local. Rio de Janeiro: Ediouro, 2003.

FENTON, Evelyn M.; PETTIGREW, Andrew M. *The innovating organization*. Londres: Sage Publications, 2000.

FREEMAN, Chris; SOETHE, Luc. *The economics of industrial innovation*. Cambridge: The MIT Press, 1997.

GARCIA, José Henrique. s.d. Boto-cor-de-rosa. Disponível em: <https://www.infoescola.com/mamiferos/boto-cor-de-rosa/>. Acesso em: 28 nov. 2017.

HERZOG, A. L.; SCHERER, A.; VIEIRA, R. Prontas para a guerra, São Paulo: *Exame*, ed. 1111, ano 50, n. 7, abr. 2016, p. 35-36.

IDEIAS que mudaram o mundo. São Paulo: *Exame*, ed. 1134, ano 51, n. 6, mar. 2017, p. 66.

KNIGHT, K. E. A descriptive modelo of intra-firm innovation process. Chicago: *Journal of Business*, n. 40, 1967, p. 478-96.

MELO, H. P.; ROCHA, F.; FERRAZ, G.; DI SABATTO A.; DWECK, R. O *setor serviços no Brasil*: uma visão global – 1985/95. Rio de Janeiro: IPEA/DIPES, 1998.

MINTZBERG, Henry; QUINN, James Brian. *O processo da estratégia*. 3. ed. Porto Alegre: Bookman, 2001.

________. *Criando organizações eficazes*: estrutura em cinco configurações. São Paulo: Atlas, 2003.

MOREIRA, D. A.; QUEIROZ, A. C. S. *Inovação organizacional e tecnológica*. São Paulo: Thomson Learning, 2007.

OCDE. Oslo *Manual*: guidelines for collecting and interpreting innovation data. 3. ed. Paris: OCDE Publishing, 2005.

ORTON, J. D.; WEICK, K. E. Loosely coupled systems: a reconceptualization. Nova York: *Academy of Management Review*, v. 15, 1990, p. 203-23.

PETTIGREW, Andrew M.; MASSINI, Silvia. *Innovatives forms of organizing: trends in Europe, Japan and the USA in the 1990s*. Londres: Sage Publications, 2003.

PORTER, M. E. *Vantagem Competitiva:* criando e sustentando um desempenho superior. Rio de Janeiro: Campus, 1989.

ROGERS, E. M. *Diffusion of innovations*. 4. ed. Nova York: Free Press, 1995.

ROSEMBERG, N. *Exploring the black box*. Cambridge: Cambridge University Press, 1994.

SCHUMPETER, J. A. *Teoria do desenvolvimento econômico*. Rio de Janeiro: Fundo de Cultura, 1961.

TIDD, J.; BESSANT, J.; PAVITT, Keith. *Managing innovation: integrating technological, managerial organizational change*. 3. ed. Nova York: McGraw-Hill, 2005.

TIGRE, P. B. *Managing innovation: integrating technological, market and organizational change*. West Sussex: John Wiley & Sons, 1997.

________. Inovação e teoria da firma em três paradigmas. Rio de Janeiro: *Revista de Economia Contemporânea*, n. 3, jan./jun. 1998.

________. *Gestão da inovação*. 3. ed. Porto Alegre: Bookman, 2008.

WHITTINGTON, R.; MELIN, L. The challenge of organizing/strategizing. In: PETTIGREW, Andrew M.; MASSINI, Silvia. *Innovatives forms of organizing*: trends in Europe, Japan and the USA in the 1990s. Londres: Sage Publications, 2003.

Capítulo 11 – Estratégias de sobrevivência de pequenos negócios

Osvaldo Elias Farah
Rodrigo Franco Gonçalves
Emanuelly Alves Pelogio

Os empreendedores falham, em média, 3,8 vezes antes do sucesso final. O que separa os bem-sucedidos dos outros é a persistência.
Lisa M. Amos, executiva

SINOPSE: Formulação da estratégia como empreendedorismo e como processo visionário.

INTUIÇÃO
O ANIMAL METAFÓRICO: LOBO-GUARÁ

Belizar/Shutterstock

Lema: Pressentir, buscar liderança, visionar.
Década: 1990.
Principais nomes: Schumpeter, Kent, Vérin.
Principal contexto: Visionário, intuitivo, racional, oportunista.
Autor nacional homenageado: José Carlos Assis Dornelas. *Empreendedorismo corporativo*. Campus, 2003.

FORMULAÇÃO DA ESTRATÉGIA COMO EMPREENDEDORISMO

Premissas essenciais:

1. Empreendedorismo é um processo visionário.
2. A estratégia está na mente do líder com visão de futuro.
3. Tendência a assumir a forma de nicho ou segmento específico do mercado.
4. O controle é, às vezes, obsessivo por parte do líder.
5. O processo costuma ser intuitivo.
6. Existe ampla liberdade de manobra estratégica.

(Mintzberg, 2000)

TRILHA TROPICAL

Parente dos lobos selvagens e dos cachorros domésticos, o **lobo-guará** (*Chrysocyon brachyurus*) é um animal típico do Cerrado e maior canídeo da América do Sul, podendo atingir até um metro de altura e pesar 30 quilos. Além do Brasil, pode ser encontrado em regiões da Argentina, Bolívia, Paraguai, Peru e Uruguai.

Altivo, esguio e elegante, também é conhecido como lobo-de-crina, lobo-vermelho, aguará, aguaraçu e jaguaperi, todos nomes atrelados a sua bela pelagem laranja-avermelhada, que o torna um dos mais belos animais brasileiros. Na natureza, vive cerca de 15 anos. A cada gestação, que dura pouco mais de dois meses, nascem em média dois filhotes.

Apesar do porte imponente e da alcunha de "lobo", ele é tímido, solitário e praticamente inofensivo, preferindo manter distância de populações humanas. Usa suas presas para se alimentar de pequenos animais, como roedores, tatus e perdizes, além de frutos variados do Cerrado, como o araticum e a lobeira (*Solanum lycocarpum*), alimento muito consumido pelo lobo-guará.

(Fonte: WWF Brasil, s.d.)

CONCEITOS-CHAVE DA VISÃO EMPREENDEDORA DA ESTRATÉGIA

1. A visão estratégica é maleável, mas por vezes obsessiva.
2. A organização é igualmente maleável, com ampla liberdade de manobra para o líder.
3. A estratégia tende a assumir a forma de nicho.
4. A visão de futuro da organização é baseada na experiência e na intuição do seu líder.

Não tenho quatro irmãos, e sim quatro amados filhos. Quando temos um problema, temos também mil soluções. E isso é uma das melhores coisas das de minha vida. As empresas familiares são mais rápidas e lucrativas e são as que mais empregam.

Mário Gazin, presidente do Grupo Gazin

(Feltrin, 2017)

Objetivos do capítulo

Este capítulo revela que a pesquisa de campo do empreendedorismo adquire um novo significado por oferecer ferramentas a um número cada vez maior de pessoas para que atuem em suas próprias condições, para que compartilhem essas ferramentas e exercitem de forma consciente a gestão estratégica.

Palavras-chave: *empreendedorismo estratégico; empreendedor; start up; macroempreendedorismo; multiempreendedorismo; análise mutacional.*

11.1 Introdução

Do ponto de vista semântico, as palavras empreendedorismo e estratégico não são iguais. No entanto, poderíamos, exageros à parte, dizer que todo empreendedorismo é estratégico. Isto porque, para empreender algo, é necessário, desde a concepção de um projeto, pensar estrategicamente. As inúmeras mudanças pelas quais a sociedade está passando estão alterando o modo de pensar dos homens de negócios, planejadores públicos e privados, assessores, consultores administrativos, auditores e até mesmo do homem comum. O fim do emprego está impelindo as pessoas a uma nova forma de trabalho: trabalhar por conta (forma popular de dizer que a pessoa não tem patrão). Alguns autores tentam diferenciar a questão do empreendedorismo trazendo uma tipologia passível de crítica, porém imprescindível para avançar a discussão por essa linha do pensar administrativo.

11.2 Evolução do empreendedorismo

A palavra **empreendedorismo** é derivada da palavra francesa *entrepreneur*, que significa aquele que assume riscos e começa algo novo (Dornelas, 2001). Vérin (1982) examinou a origem e evolução da palavra *entrepreneur*, mostrando que adquiriu seu significado atual no século XVII. O tema empreendedorismo tem despertado um crescente e significativo interesse no campo de estudos organizacionais.

Cantillon (1755) e Say (1964) foram os precursores do tema empreendedorismo. Embora a preocupação de ambos estivesse no campo da economia, dedicaram-se ao estudo das empresas, à criação de novos empreendimentos, ao desenvolvimento e gerenciamento de negócios. Por meio dos estudos de Cantillon e Say, observamos que os empreendedores eram pessoas que corriam riscos e investiam capital próprio em negócios. Para o primeiro, os empreendedores compravam matéria-prima por certo preço com o objetivo de transformá-la e revendê-la por outro preço, ainda incerto. Assim, poderíamos afirmar que empreendedores eram pessoas que, assumindo riscos, aproveitavam as oportunidades tendo os lucros como objetivo principal. Já no pensar de Say, é importante a ligação que ele faz entre empreendedores e inovação, visualizando-os como agentes da mudança. Sendo um empreendedor, foi o primeiro a definir as fronteiras do que é ser um empreendedor na concepção moderna do termo.

Uma das figuras centrais nos estudos sobre empreendedorismo foi Schumpeter (1982), que chamou a atenção para o fenômeno da inovação.

A essência do empreendedorismo está na percepção e aproveitamento das novas oportunidades no âmbito dos negócios [...] (Oswaldo e Dias, 2016) e sempre tem a ver com criar novas formas de uso dos recursos nacionais, que são deslocados de seu emprego tradicional e sujeitos a novas combinações. Com o objetivo de organizar a multiplicidade de conceitos sobre empreendedorismo, Filion (1999) buscou sistematizar as linhas de pensamento entre os pesquisadores do empreendedorismo: a dos economistas, representada especialmente por Cantillon, Say e Schumpeter; a dos comportamentalistas ou behavioristas, cujo principal representante foi McClelland (1976); e a que agrupa diversos aspectos do empreendedorismo, estudados a partir da década de 1980, denominada escola dos traços de personalidade.

Nesta linha de pensamento, os economistas associaram o empreendedorismo à inovação, procurando esclarecer a influência do empreendedorismo no desenvolvimento econômico (Filion, 1999). Se, por um lado, economistas como Smith (1776), Mill (1848), Knight (1921), Innis (1930; 1956), Baumol (1968), Broehl (1978), Leff (1978; 1979) e Kent, Sexton e Vesper (1982) estavam preocupados em mostrar o empreendedorismo como motor do sistema econômico; por outro, Cantillon, Say, Schumpeter e outros, como Clark (1899), Higgins (1959) e Baumol (1968), ressaltavam o aspecto da inovação que o empreendedorismo proporcionava.

Desde Schumpeter, inovação é uma das características fundamentais na personalidade do empreendedor. Isso exige dele um comportamento proativo e criativo. Ele deve estar apto a definir os parâmetros do que pretende realizar e os meios a serem utilizados para alcançar o resultado desejado. Uma das grandes diferenças entre o empreendedor e as outras pessoas que trabalham em organizações é que ele define o objeto que vai determinar seu próprio futuro (Filion, 1999) e, com frequência, é considerado uma pessoa que sabe identificar as oportunidades de negócios e os nichos do mercado, e que sabe se organizar para progredir. A forma empreendedora de pequenos negócios apareceu na década de 1920 e se tornou a principal configuração de empreendedor na década de 1970.

A pesquisa em torno do empreendedorismo não apenas se estendeu à maioria das disciplinas, como também o número de instituições que oferecem cursos sobre o assunto e o número de cursos oferecidos duplicaram em uma década (Vesper, 1985; 1993). Como em muitos outros locais, Québec foi palco, no começo dos anos 1980, do aparecimento de uma gama de eventos anuais de negócios regionais, nos quais as empresas mais eficientes receberam diversos prêmios: empreendedor do ano, melhor marketing, melhores resultados em exportações, melhor proteção ambiental, melhor gerenciamento de recursos humanos.

No Brasil, a preocupação com a formação de novos empreendedores só recentemente tem tomado conta das escolas e do ensino superior, que têm criado disciplinas de empreendedorismo, principalmente em cursos superiores de Administração de Empresas. Entidades voltadas às micro, pequenas e médias empresas têm se preocupado de forma mais profunda, como é o caso do Serviço Nacional de Apoio às Micro, Pequenas e Médias Empresas (Sebrae), do Serviço Nacional do Comércio (Senac), do Serviço Nacional de Aprendizagem Industrial (Senai) e do Sindicado das Micro e Pequenas Indústrias (Simpi). Além disso, tem surgido um número ainda pequeno, mas crescente, de incubadoras de novos negócios e parques de alta tecnologia em algumas localidades brasileiras. Atualmente, alguns programas de alcance nacional têm sido objeto de atenção, como o Brasil Empreendedor, do Governo Federal. Outros, não menos importantes, também merecem destaque, como o SoftStart da Sociedade Softex, o Reuni-Brasil do Conselho Nacional da Indústria – Instituto Ewaldo Lodi Nacional e do Sebrae Nacional, e o Reuni-MG do Sebrae-MG, Instituto Ewaldo Lodi-MG, Funsoft, Fundação João Pinheiro e Secretaria do Estado de Ciência e Tecnologia de Minas Gerais. Órgãos governamentais, como o CNPq, o MCTI e as Fundações de Amparo à Pesquisa estaduais (FAPs), promovem programas dedicados ao fomento de projetos de empreendedorismo de base tecnológica, com destaque para o Pipe, da Fapesp.

11.3 Iniciativas empreendedoras

A *Global Entrepreneurship Monitor* (GEM) classifica ainda as iniciativas empreendedoras como nascentes, novas e estabelecidas. As nascentes ainda não pagaram salário ou remuneraram os proprietários por mais de três meses; as novas já pagaram salário ou remuneraram os proprietários por mais de três meses até 42 meses; as estabelecidas já pagaram salário ou remuneraram os proprietários por mais de 42 meses (GEM, 2015). As formas de empreendedorismo podem também ser classificadas em função do grau de inovação e uso de tecnologia no modelo de negócio. Aqui é importante destacar que nem todo negócio inovador tem necessariamente base tecnológica, e nem todo negócio de base tecnológica é necessariamente inovador. O que se pode chamar de "empreendedorismo convencional" não é inovador nem tampouco faz uso de tecnologia avançada. Encontram-se nessa categoria os modelos de negócios comuns, como pizzaria *delivery*, padaria, *pet shop* etc.

Negócios inovadores procuram criar produtos ou serviços inexistentes ou suficientemente diferenciados dos existentes, mas não necessariamente dependentes de tecnologia.

Um exemplo disso seria uma fábrica de móveis com um *design* diferenciado ou uma oficina de alta-costura. Recentemente, o setor de gastronomia apresentou vários exemplos inovadores, como *food trucks* diferenciados, cafés *gourmet* e cervejarias artesanais. O exemplo das cervejarias artesanais em particular mostra que é possível inovar com uma tecnologia de mais de quatro mil anos. Nesse segmento, a estratégia para o sucesso envolve um posicionamento muito bem definido de mercado, geralmente focado em um nicho bastante específico, uma marca bem construída, bem como *design* e criatividade no projeto do produto ou serviço.

Os modelos de negócio de base tecnológica, ou empreendedorismo tecnológico, buscam nas possibilidades oferecidas pelas novas tecnologias a oportunidade para oferecer novos produtos ou serviços.

Podem ser altamente inovadores, como os aplicativos para *smart phones*, que redefiniram o transporte individual nas grandes cidades; ou nada inovadores, como uma oficina de conserto de celulares, que, entretanto, demanda grande conhecimento técnico e atualização tecnológica constante. Em geral, a estratégia neste segmento envolve a capacidade para pesquisa e desenvolvimento, bem como a disponibilidade de recursos financeiros elevados e aceitação de riscos maiores em decorrência das novas tecnologias. *A complexidade do projeto empreendedor e, consequentemente, da estratégia envolvida, aumenta de maneira expresiva com o grau de inovação e de uso de tecnologia envolvidos.* A discussão de como se inicia o processo empreendedor parte de premissas, muitas vezes ambíguas, a respeito do impulso que moveria um indivíduo a se lançar em um projeto de construção de um novo negócio (Pelogio e Rocha, 2015).

11.4 Processo empreendedor

Diversos autores buscaram definir o conceito do que seria **processo empreendedor.** Hisrich e Peters (2002) dividem o processo empreendedor em quatro partes: (1) identificação e avaliação de oportunidades; (2) desenvolvimento do plano de negócios; (3) determinação dos recursos necessários; e (4) gestão da empresa. Desta forma, percebe-se que, em geral, o processo empreendedor é desenhado como deliberado, linear e, em grande parte, racional, e envolve uma busca intencional por oportunidades, avaliação, mensuração e, por fim, a ação do empreendedor no intuito de criar a empresa (Hisrich e Peters, 2002).

O empreendedorismo é o sonho de carreira de muitas pessoas: sete a cada dez profissionais gostariam de ter seu negócio próprio. Muitos sonham em ser empresários, mas poucos dão o primeiro passo. Outros já estão com seu negócio em funcionamento, mas precisam se preparar para desafios futuros maiores, como: níveis mais elevados de liderança, resolução de um conflito intrapessoal para assumir um novo papel, fusões, aquisições, tomar decisões que impactem um grande número de pessoas, reorganizar suas vidas, ter mudança de mentalidade, nova visão empresarial etc. (Oswaldo e Dias, 2016).

Até há pouco tempo, predominava a ideia de que procedimentos e atitudes padronizadas bastavam para o sucesso nos negócios. Porém, essa ideia tem se transformado, uma vez que as condições nas quais as empresas são criadas atualmente são muito diferentes das do passado. O empreendedor necessita dirigir e gerenciar os negócios utilizando uma administração diferenciada, dinâmica, criativa e inovadora, valendo-se das inovações tecnológicas criadas pela sociedade atual. *A incerteza do ambiente torna o processo de escolha e decisão ambíguo, assim como os objetivos estabelecidos* (Cherubin, 2002).

As explorações acerca do processo de criação de empresas podem esclarecer algumas questões a respeito do processo empreendedor e da estratégia empresarial. Essas questões se relacionam à noção de causalidade, linearidade e previsibilidade nas pesquisas sobre empreendedorismo, e também à noção determinista inerente ao modelo de decisão clássico para a criação de novos negócios (Tasic, 2007). Percebe-se uma convergência no campo de estudo do empreendedorismo para a ideia de intencionalidade, em que a ação é normalmente descrita com base na elaboração sistemática de um plano de negócios, aquisição de recursos e execução deliberada do plano (Tasic, 2007). *Novas teorias, no entanto, afirmam que são os processos cognitivos e a noção de emergência estratégica (Mintzberg, 1978, Mintzberg e Waters, 1982) que melhor descrevem o modelo em que empreendedores organizam recursos sob incerteza, delimitam objetivos sob ambiguidade e finalmente agem. Esta é a essência da noção de processo empreendedor proposta por Sarasvathy (2001a, 2001b, 2008). A autora propôs um modelo de decisão que denominou de* Effectuation, *como alternativa ao modelo de decisão clássico que se baseia no princípio de causalidade* (Pelogio e Rocha, 2015).

De acordo com a lógica* Effectuation, *o empreendedor tem papel central no processo de criação das empresas e é parte de um ambiente dinâmico, envolvendo múltiplas decisões, que são interdependentes e simultâneas (Pelogio e Rocha, 2015).

Afinal, é a partir da ação do empreendedor que as aspirações genéricas começam a se cristalizar em novos negócios. Mas, como aponta Sarasvathy (2001a), esta intervenção não é planejada de modo coerente ou prescrita de maneira determinista, conforme ressaltam muitas pesquisas em empreendedorismo e estratégia. Ao contrário, a autora defende a ideia de um processo não linear, fortemente pautado pelos pressupostos do modelo *Effectuation*, na medida em que o empreendedor opta pelo controle de alguns aspectos de um futuro imprevisível, em vez de tentar prevê-los. Por essa lógica, segundo a autora, os empreendedores focam no quanto suportam perder e experimentam várias estratégias distintas e combinações de recursos usando os que já estão sob seu controle (Pelogio e Rocha, 2015). *O objetivo, na lógica* effectual, *é reduzir a incerteza de certas estratégias e combinações de recursos, e não maximizar os retornos financeiros potenciais (Sarasvathy, 2001a, 2001b, 2008).*

11.5 Macroempreendedorismo (Mc)

Este termo foi utilizado pela primeira vez por Farah, na obra de Cavalcanti (2007). A preocupação não foi teorizar a questão do empreendedorismo como segmento social, tampouco fazer um paralelismo com a macroeconomia como abrangência. O que se tem visto é uma preocupação dos governos nas várias esferas – municipal, estadual e federal –, em vários países, quanto à melhoria na sua economia na busca de um crescimento econômico autossustentável. Este conceito, se estudado em sua profundidade, pode gerar benefícios para as empresas que pretendem se instalar em polos industriais ou incubadoras, escolhendo o nicho mais adequado, como também pode auxiliar de sobremaneira gestores públicos na condução de políticas públicas autossustentáveis, característica determinante em projetos de cidades inteligentes (ver pesquisas sobre cidades inteligentes no Capítulo 12).

Se levadas a sério, as práticas de ceder uma gleba de terra e simplesmente dar ao empreendedor incentivos fiscais locais são substituídas por um plano diretor que privilegia vários aspectos. Esse plano diretor incluiria, por exemplo, local adequado, facilidade de acesso, infraestrutura necessária para expansão do parque industrial, parceiros estratégicos, como instituições de ensino e de consultoria, gestão integrada dos recursos pelos partícipes do projeto macroempresarial e governança corporativa compartilhada. Dessa forma, os parceiros gerariam lucros para as empresas, a municipalidade, os *stakeholders* e principalmente para a comunidade local, propiciando ganhos não só materiais, mas de qualidade de vida para todos os envolvidos.

Tal crescimento, segundo especialistas, só seria possível com uma sensibilização de toda a sociedade local. "Local" pode significar um pequeno lugarejo, um grande município ou uma região englobando vários municípios. Experiências desse gênero têm ocorrido na Itália, na Espanha (região da Galícia), no Brasil – em São Carlos, São José dos Campos, Campinas (Estado de São Paulo) e Itajubá (Minas Gerais).

Esse processo, de acordo com algumas investigações, ocorre de duas formas: espontânea (natural) e induzida (artificial). A primeira diz respeito a cidades com vocação para o empreendedorismo voltado a um determinado ramo de negócios, como calçados em Franca e Jaú; pisos cerâmicos em Santa Gertrudes; cerâmicas artísticas em Porto Ferreira; e a algumas cidades com vocação multissetorial, como é o caso de Sorocaba, Campinas, São Carlos, Ribeirão Preto, Londrina, Caxias e a maioria das capitais brasileiras, incluindo a região da Grande São Paulo.

A segunda forma trata da questão da indução por parte de organizações representativas da sociedade local. Na área de turismo, por exemplo, podemos citar a pequena cidade de Brotas, no interior do estado de São Paulo, que, com apenas 15 mil habitantes, descobriu a vocação para o ecoturismo e, a partir daí, em pouco menos de cinco anos, tornou-se referência nacional e passou a contar com mais de seis agências de turismo receptivo. Deve-se ressaltar que o empreendedorismo natural é muito antigo, seja aquele voltado apenas para um setor, seja aquele multissetorial. O processo de indução é recente no Brasil e, de certa forma, merece a atenção dos especialistas no assunto e de autoridades.

A questão da competência torna-se necessária, porém, não é tudo. É preciso apoio municipal ou regional e, sobretudo, a inserção da sociedade no processo.

O inverso também é verdadeiro. Iniciativas do tipo incentivos fiscais ou simplesmente doação de áreas para instalação de indústrias têm sido frustradas em muitas localidades por falta de competência e de mobilização dos atuais ou potenciais empreendedores. (Farah, in Cavalcanti, 2007)

11.6 Multiempreendedorismo (ME)

Termo criado por Farah nesta obra, tem como conceito abranger os negócios que se diversificam de forma horizontal ou vertical, antes conhecido na academia como diversificação vertical e horizontal. No caso horizontal, explorado na área de marketing como segmentação espacial, geográfica ou territorial.

Preferiu-se usar a terminologia territorial, uma vez que as organizações podem atingir uma pequena comunidade, município, estado, país ou países, pois os meios eletrônicos e a logística atual permitem. Gigantes do comércio mundial já praticam o multiempreendedorismo há muito tempo. É o caso de Mitsubishi, 3M, Protecter & Gamble, Lever Industrial, Honda, Petrobras e grandes grupos econômicos globais. Mas isso não é privilégio só de gigantes. Existem milhões de pequenos empreendedores que praticam o multiempreendedorismo.

Mozart e seu sócio são proprietários de dez estacionamentos, um lava-rápido e uma lanchonete. Donizetti, tendo uma visão abrangente das oportunidades, construiu com sua esposa, musicista, uma escola de música em São Carlos e montou também uma indústria de porte médio no segmento de sopro e injeção de embalagens plásticas. Na mesma cidade, Paulo mantém em cinco barracões uma confecção de camisetas promocionais, uma fábrica de brindes promocionais, uma fábrica de produtos plásticos e uma revenda de insumos para fabriquetas de brindes, estamparias, além de um *site* que comercializa no atacado e varejo os produtos que fabrica e revende. Paulo também é proprietário de um restaurante e de um autocenter.

Para os grandes grupos econômicos, essa estratégia permite não apenas o crescimento do seu portfólio de produtos como também o incremento no valor das ações de suas empresas. ***No caso das pequenas é, em muitos casos, uma questão de sobrevivência.*** Se uma empresa, em algum período, estiver no vermelho, poderá ter seu faturamento e lucratividade compensados por outra que estiver financeiramente melhor. ***Se uma descontinuar, a outra pode dar ao empreendedor uma sobrevida no mundo dos negócios.***

11.7 Estratégia de Domínio Territorial – EDT

Concebida por Farah (2017), com o nome de **Estratégia de Domínio Territorial – EDT**, tal estratégia foi observada em algumas pesquisas de dissertações de Mestrado sob sua orientação, na Universidade Metodista de Piracicaba. Essas pesquisas permitiram a observação de um fenômeno que vem se firmando no varejo brasileiro, principalmente em algumas cidades e em segmentos específicos. A seguir, citamos exemplos de três segmentos: farmacêutico, de supermercados e varejo de materiais para construção. No segmento farmacêutico citamos Piracicaba (Drogal), Araraquara (Droga Ven) e São Carlos (Farmácia Nossa Senhora do Rosário). Os empreendedores dessas farmácias espalharam lojas por vários bairros de suas respectivas cidades utilizando-se da conhecida segmentação de mercado, buscando o máximo de clientes em todas as partes do município, reduzindo com isso o poder das grandes drogarias. Mais ou menos no estilo da estratégia do Pão de Açúcar com seus supermercados de bairro e o grupo Carrefour com as lojas Express.

No segmento de supermercados destaque deve ser dado ao Jaú Serve, com sede na cidade de Jaú, mas presente em várias cidades, como São Carlos, onde resolveu utilizar a estratégia de domínio territorial. Contava com cinco lojas e, com a aquisição de três unidades, em apenas um ano, aumentou seu domínio para oito lojas.

O segmento de material de construção que engloba pequenas lojas optou por constituir uma central de negócios (associativismo no varejo) para domínio territorial do entorno de Ribeirão Preto, cidade de alto poder aquisitivo do Brasil e que tem gigantes do setor, como Leroy Merlin e Telhanorte.

Concentrando-se em pequenas cidades, mas com um alto poder de barganha junto aos fornecedores, e compartilhando campanhas promocionais e publicitárias em televisão local e jornais de circulação interna são ações que têm fortalecido a marca Construlider e ajudando as lojas a sobreviver e crescer individualmente (cada loja pertence a proprietários diferentes).

11.8 Ênfase no tech empreendedorismo como facilitador no processo de transferência de tecnologia

A Itália, por meio do Conselho Municipal de Faenza, elaborou o planejamento e a implementação de um programa para estimular o desenvolvimento local mediante cadeias supridoras (coordenação ao longo de linhas de integração vertical) e redes estratégicas (cooperação competitiva ao longo de linhas horizontais e verticais). No centro dessa estratégia encontra-se um processo de transferência de tecnologia das empresas existentes para as novas, fundadas por jovens empreendedores que provêm "satélites programados", o que constitui uma saída para um empreendedorismo baseado no treinamento vocacional.

Os Países Baixos têm avançado nesse campo. A *Twinning Network*, ou seja, Rede Germinada, foi considerada um projeto inovador para estimular o empreendedorismo em setores de crescimento rápido. O objetivo do projeto, que recebe o apoio do Ministério da Economia dos Países Baixos, é estimular as pessoas a se tornarem empreendedoras na indústria ICT e ajudá-las a fortalecer suas empresas, levando-as a um nível internacional. Para administrar o Centro *Twinning* de Amsterdã, o governo dos Países Baixos contratou uma empresa especialista em empreendedorismo: o Grupo Zernike, uma multinacional privada que se dedica ao desenvolvimento de negócios e à comercialização de projetos de pesquisa, inovação e *know-how*, bem como dirige parques tecnológicos e incubadoras em Amsterdã e Groningen.

11.9 Análise da mudança (Mutacional)

O empreendedor bem-sucedido é aquele que não fica passivo às mudanças que ocorrem no ecossistema organizacional, mas aquele que busca antecipá--las. Seus olhos devem, antes de tudo, voltar-se para o futuro.

Planejamento estratégico é um instrumento muito válido de antecipação de mudanças por permitir a criação de cenários que auxiliam a melhor compreensão do que poderá acontecer. Uma pesquisa realizada na região de São Carlos e Araraquara sobre sobrevivência de micro, pequenas e médias empresas, propiciou a elaboração de um modelo adaptativo que, se colocado em prática, possibilita a visualização de oportunidades e ameaças e o desenvolvimento da capacidade de previsão de mudanças, e como estas poderão ser administradas pelas organizações (Farah, 1985).

Vários são os tipos de mudanças. As empresas em fase de crescimento têm de mudar suas estruturas organizacionais e seus processos administrativos para se ajustarem ao novo tamanho, o que se consegue pela descentralização administrativa e diferenciação (criação de unidades diferenciadas, como finanças, marketing, produção, recursos humanos etc.). A estratégia de verticalização é o processo no qual os fabricantes de determinados produtos passam a fabricar suas matérias-primas básicas; por exemplo, uma construtora que cria uma unidade para fabricar blocos de concreto. (Ver "Integração vertical" no Capítulo 2.)

É comum empresas comerciais mudarem de ramo em períodos de recessão. Por exemplo, uma loja de roupas, cujo dono decide liquidar o estoque para modificar o local e o contrato social a fim de instalar ali uma lanchonete. Já uma microempresa que aumenta seu faturamento para além do limite que a enquadra na categoria deixa legalmente de ser microempresa. Ela passa a estar sujeita à diferenciação na legislação, sendo obrigada a atender ao segmento legal quanto ao recolhimento de impostos ao qual não estava sujeita anteriormente. Quanto à sobrevivência, empresas em situação desfavorável são obrigadas a reduzir drasticamente seu quadro de pessoal, "enxugar a máquina administrativa", liquidar alguns ativos para fazer caixa, desativar algumas unidades, dar férias coletivas, reduzir o nível de produção ou até mesmo desativar temporária ou definitivamente algumas de suas unidades produtivas A inovação é um componente muito forte no processo mutacional. (Ver os tipos de alternativas estratégicas no Capítulo 2.)

Christensen (2001) classifica a inovação em dois tipos: radical e incremental. Foster e Kaplan (2002) a classificam em três tipos: transformacional, substancial e incremental. Alguns autores têm chamado a inovação radical de disruptiva, enquanto outros afirmam que tal inovação é causada pela rapidez com que o processo tecnológico evolui. Os pequenos negócios, por terem uma estrutura mais enxuta, são mais ágeis que empresas com estrutura mais ampla e mais níveis hierárquicos. Muitos processos são represados por causa do excesso de informações e dos ruídos na comunicação. As pequenas empresas, apesar dos parcos recursos, gozam de uma velocidade adaptativa bem maior que as grandes. Isto faz que aquelas que sobrevivem apresentem um crescimento anual maior, em alguns casos, em relação às grandes organizações.

11.10 Mudança de conceito de negócio (MCN)

Este conceito está sendo utilizado nesta obra pela primeira vez. Trata-se da constatação de alterações não só no processo produtivo das empresas nem apenas nos processos administrativos, mas na mudança de toda a empresa a partir da mudança de filosofia, atendimento, apresentação, *layout*, dinâmica de processos, tomadas de decisões etc. Um exemplo que tem sido observado em todas as cidades é a mudança das antigas barbearias para os modernos e sofisticados *barber shops*, um novo conceito de beleza masculina. Muda-se a pintura interna e externa do prédio e se agregam novos serviços que antes eram considerados "femininos", como tratamento capilar, tingimento dos cabelos, limpeza e tratamento facial, para atender às novas exigências de seus clientes, fornecedores e demais parceiros.

Alguns estabelecimentos agregam um bar com uísque, cervejas artesanais, vinhos finos, mesa de bilhar etc. Os profissionais, por sua vez, têm que se reciclar, aprendendo a moldar barbas com *designs* à escolha do cliente.

Padarias que antes só forneciam pães, doces, leite e frios se transformam em verdadeiros pontos de encontro matinais de famílias inteiras. Casas de café e chá apresentam um conceito de extensão da área de trabalho de executivos e de jovens que querem se comunicar pela *web*.

O pulo do gato

Grigorita Ko/Shutterstock

Dez soluções inspiradoras

1. ***Atendimento reconhecido.*** *O ZAP – um dos maiores portais do país de classificados de imóveis – recebeu pelo terceiro ano consecutivo o prêmio de melhor empresa para o consumidor na categoria internet. Para obter excelência em atendimento, o ZAP trabalha da seguinte maneira: assim que o cliente faz o primeiro contato, recebe um comprovante de atendimento via* e-mail *e, em até quatro horas, um representante da empresa entra em contato por telefone.*

2. ***Agilidade em resoluções.*** *Um trabalho constante de relacionamento e atenção a críticas e sugestões dos usuários do seu* site *levaram, em 2015, a CentralAr.com –* e-commerce *em vendas de ar-condicionado – a importantes classificações de excelência em atendimento. Trata-se do selo RA 1000 do Reclame Aqui e da medalha diamante da certificação* E-bit. *"Nosso prazo é de cinco dias, no máximo, para responder ao cliente no* site, *e o primeiro contato por telefone deve ser feito em até 24 horas após a publicação da reclamação"* (Érica Alves, CentralAr.com).
3. ***Pesquisa e treinamento.*** *Com o objetivo de aprimorar o atendimento, a Mondial Assistance, especialista global em prestação de serviços de assistência 24 horas nos segmentos de viagem, automotivo, residencial, saúde e vida, investe em pesquisa de qualidade com clientes institucionais e pessoas físicas. No primeiro caso, contrata desde 2009 um instituto especializado que faz entrevistas com os clientes, utilizando a metodologia NPS (Net Promoter Score), que calcula o grau de recomendação de serviços.*
4. ***Cliente oculto.*** *Quando a Torteria Haguanaboka de São José dos Campos decidiu que era a hora de expandir, iniciou a abertura de franquias. Para mapear o nível de qualidade, a torteria implantou o sistema do cliente oculto. A matriz contratou consultores especializados para que se passassem por clientes e, depois, gerassem um relatório sobre a experiência de consumo que tiveram.*
5. ***Comunicação mais eficiente.*** *Há algum tempo, o foco do Grupo Hermes Pardini de medicina diagnóstica tem sido conquistar cada vez mais a confiança dos clientes. Para isso, tem investido em atendimento e inovação. A primeira ação foi oferecer atendimento em diferentes canais de comunicação. Além de telefone e* e-mail, *os clientes também podem obter informações pelo WhatsApp e pelo aplicativo "Hermes Pardini", desenvolvido especialmente para facilitar a interação com os pacientes. Além disso, decidiu investir em uma tecnologia para conectar todos esses canais e promover mais agilidade, flexibilidade e eficiência no atendimento.*
6. ***De olho nas tendências de consumo.*** *Com o objetivo de acompanhar os hábitos de consumo dos seus clientes, o Gendai – rede de comida japonesa que pertence ao grupo TrendFood – inaugurou em 2016 sua primeira loja dedicada exclusivamente ao serviço* delivery *por meio do seu* site.
7. ***Dois coelhos com uma cajadada só.*** *A VoxAge, especializada em soluções para atendimento e relacionamento com o cliente, conseguiu várias estrelinhas porque fez que os clientes dos seus clientes ficassem muito satisfeitos. Sua plataforma de discagem automática (VOS Dialer) e serviços na área de atendimento foram decisivos para que a operadora Oi recebesse recen-*

temente dois prêmios na área de pesquisa de atendimento.

8. ***Nascida para atender sob medida.*** *A Zipster está inovando o conceito de comida* on-line. *Fundada pelo empresário Charlie Yi, seu formato inédito no mercado não tem somente a função de aplicativo ou* site *que conecta os restaurantes físicos para a entrega de seu cardápio na casa dos clientes. A moderna plataforma tem marcas próprias de diferentes tipos de gastronomia* premium *na qual nada é terceirizado.*
9. ***Sob nova direção.*** *Antes da nova direção do Hotel Canto da Enseada, a imagem do estabelecimento não era das melhores, com péssimas avaliações de clientes nos* sites *TripAdvisor e Facebook. Foi contratada uma consultoria especializada, que aplicou o projeto Jornada da Hospitalidade, que priorizou alguns setores com os quais poderiam encantar os hóspedes e clientes, como a área de alimentos e bebidas e a marina, além de buscar a ajuda especializada da Fors & Yamaguti.*
10. ***Poder da atitude.*** *A Agemed, especializada em planos de saúde empresarial, implantou em 2016 o programa "Poder da Atitude". Com foco na excelência do atendimento e fidelização do usuário, o programa tem como objetivo manter o cliente no centro das atenções, garantindo prioridade às suas demandas. Segundo Pedro de Assis, a Agemed também investe na motivação, na qualificação e no reconhecimento dos funcionários.*

(Feltrin, 2017)

Questões

1. A inovação pode ser compreendida como a essência do empreendedorismo. Explique essa visão e seu elo de ligação com o uso dos recursos ou fatores da produção.
2. Explique com suas palavras o que é ser um empreendedor.
3. É provável que na próxima década o empreendedorismo se torne um dos principais pontos de aglutinamento das ciências humanas. Com base nessa afirmação, descreva como e por que o empreendedorismo pode se tornar real.
4. Explique como o planejamento estratégico pode se tornar uma ferramenta de extrema importância para o empreendedor bem-sucedido.
5. Analise o tema empreendedorismo com base em sua abordagem sociológica, geográfica e econômica dentro da questão da criação e/ou busca de oportunidades no mundo dos negócios.

Referências bibliográficas

BAUMOL, W. J. Entrepreneurship in economic theory. Nashville: *The American Economic Review*, n. 58, v. 58, 1968, p. 64-71.

BROEHL Jr., W. G. *The village entrepreneur:* change agents in India's rural development. Cambridge: Harvard University Press, 1978.

CANTILLON, R. *Essai sur la nature du commerce en général*. Londres: Fetcher Gyler, 1755.

CAVALCANTI, Marly. (org.) *Gestão estratégica de negócios*: evolução, cenários, diagnóstico e ação. São Paulo: Thomson, 2007.

CHERUBIN, P. F. A incerteza no processo de tomada de decisões em ambientes de alta turbulência tecnológica: o caso da indústria de softwares. Curitiba: *Revista Spei*, v. 3, n. 1, jan./jun. 2002, p. 39-47.

CHRISTENSEN, Clayton M.; VEIGA, Edna Emi Onoe (trad.). *O dilema da Inovação:* quando novas tecnologias levam empresas ao fracasso. São Paulo: Makron Books, 2001

CLARK, J. B. *The distribution of wealth:* a theory of wages, interest and profits. Nova York e Londres: MacMillan, 1899.

DORNELAS, José Carlos Assis. *Empreendedorismo:* transformando ideias em negócios. Rio de Janeiro: Campus, 2001.

FARAH, Osvaldo Elias. *Sobrevivência organizacional das micro, pequenas e médias indústrias na região de São Carlos e Araraquara, uma aplicação das teorias do nicho*. 1985. Tese (Doutorado) – Universidade de São Paulo, São Paulo, 1985.

FELTRIN, Aline. O caçador de sonhos. São Paulo: *Gestão e Negócios*, ed. 96, 2017, p. 14-17.

FILION, L. J. *Empreendedorismo*: empreendedores, proprietários, gerentes de pequenos negócios. São Paulo: RAE/FGV, v. 39, n. 4, out.dez. 1999, p. 6-20.

FOSTER, Richard N; KAPLAN Sarah; RIECHE, Adriana (trad.). *Porque as empresas feitas para durar não são bem-sucedidas*. Rio de Janeiro: Campus, 2002.

GEM. *Empreendedorismo no Brasil 2015:* Relatório Executivo. Curitiba, 2015.

HIGGINS, B. H. *Economic development:* principles, problems, and policies. Nova York: Norton, 1959.

HISRICH, R. D.; PETERS, M. P. *Entrepreneurship*. Nova York: McGraw Hill, 2002.

INNIS, H. A. *The fur-trade in Canada:* an introduction to Canadian economic history. Toronto: University of Toronto Press, 1930.

______. *Essays in Canadian economic history*. Toronto: University of Toronto Press, 1956.

KENT, C.; SEXTON, D. L.; VESPER, K. H. *Encyclopedia of entrepreneurship*. Englewood Cliffs: Prentice Hall, 1982.

KNIGHT, F. H. *Risk, uncertainty and profit*. Nova York: Houghton Mifflin, 1921.

LEFF, N. H. Industrial organization and entrepreneurship in the developing countries. The economic groups. Chicago: *Economic Development and Cultural Change*, v. 26, n. 4, 1978, p. 661-75.

______. Entrepreneurship and economic development: the problem revisited. Nashiville, TN: *Journal of Economic Literature*, n. 17 (1-2), 1979, p. 46-64.

McCLELLAND, D. C. *The achieving society*. Princeton, NJ: Van Nostrand, 1976.

MILL, J. S. *Principles of political economy with some of their applications to social philosophy.* Londres: Longmann, Green, 1848.

MINTZBERG, H. Patterns in strategy formation (in strategy formulation). Catonsville: *Management Science*, v. 24, n. 9, 1978, p. 934-948.

______; WATERS, J. A. Tracking strategy in an entrepreneurial firm. Washington: *Academy of* Management Journal, v. 25, n. 3, 1982, p. 466-99.

______ et al. *Safári de estratégia*. Porto Alegre: Bookman, p. 111, 2000.

OSWALDO, Y.; DIAS, E. A. (orgs). *Práticas de coaching e mentoring*: do autocoaching ao business. São Paulo: Life, 2016.

PELOGIO, E. A.; ROCHA, L. C. S. *Criação de empresas* à *luz do modelo de decisão effectuation:* um estudo com mulheres empreendedoras. 1. ed. Saarbrücken: Novas Edições Acadêmicas, v. 1, 2015.

SAY, J. B. *Treatise on political economicy:* on the production, distribution and consumption of wealth. Nova York: Kelley, 1964.

______. *Cours d'economie politique et autres essais*. Paris: Flammarion, 1996.

SARASVATHY, S. D. Causation and effectuation: towards a theoretical shift from economic inevitability to entrepreneurial contingency, *Academy of Management Review*, v. 26, n. 2, abril, p. 243-288, 2001a.

______. Effectual reasoning in entrepreneurial decision making: existence and bounds, Best paper proceedings, *Academy of Management Review*, Washington, agosto, p. 3-8, 2001b.

______. *Effectuation:* elements of entrepreneurial expertise. Cheltenham: Edward Elgar Publishing Limited, 2008.

SCHUMPETER, J. Managers and entrepreneurs: a useffull distinction. Nova York: *Administrative Science Quaterly*, v. 42, 1959, p. 429-51.

SCHUMPETER, Joseph Alois. *Teoria do desenvolvimento econômico*. São Paulo: Abril Cultural, 1982. Coleção Os economistas.

SMITH, A. *An inquiry into the nature and causes of the wealth of nations*. Londres: Edwin Cannan, 1776.

TASIC, I. A. B. *Estratégia e empreendedorismo*: decisão e criação sob incerteza. São Paulo, 2007. Dissertação (Mestrado) – Fundação Getúlio Vargas.

VÉRIN, H. *Entrepreneurs, entrerprises, histoire d'une idée*. Paris: Presses Universitaires de France, 1982.

VÉSPER, K. H. (org.). *Entrepreneurship education*. University of Washington: Center of Entrepreneurial Studies, Babson College, 1985.

VÉSPER, K. H. (org.). Entrepreneurship Education. Los Angeles, CA: The Anderson School University of 1993 California, 1993.

WWF Brasil. *Lobo-guará*. s.d. Disponível em: <www.wwf.org.br/natureza_brasileira/especiais/biodiversidade/especie_do_mes/dezembro_lobo_guara.cfm>. Acesso em: 4 out. 2017.

Capítulo 12 – Gestão estratégica da sustentabilidade

Oduvaldo Vendrametro
Claudio Lira Meirelles
Fabio Romeu de Carvalho

Não haverá um verdadeiro desenvolvimento econômico e social se os princípios de solidariedade não forem respeitados.
Bento XVI

SINOPSE: Formulação da estratégia como processo formal, o planejamento estratégico clássico.

SOBREVIVÊNCIA
O ANIMAL METAFÓRICO: ABELHA-JATAÍ

Tacio Philip Sansonovski/Shutterstock

Lema: Formalizar, construir cenários.
Década: 1970.
Principais nomes: Ansoff, Steiner, Goold, Campbell.
Principal contexto: Todas as estratégias precisam ser divididas em subestratégias para o sucesso da operação (Steiner, 1979).
Autor nacional homenageado: Henrique Rattner.
Liderança para uma sociedade sustentável. São Paulo: Nobel, 1999.

FORMULAÇÃO DA ESTRATÉGIA COMO DIMENSÃO AMBIENTAL

Premissas essenciais:

1. As organizações agrupam-se em nichos distintos.
2. O ambiente é o agente central de geração da estratégia.
3. A estratégia deve mapear o ambiente corretamente, ou será fracassada.
4. A estratégia busca formar uma tipologia para análise ambiental.
5. As lideranças precisam "ler" corretamente o ambiente e buscar uma adaptação adequada para a organização.

(Mintzberg, 2000)

TRILHA TROPICAL

As abelhas-jataí, também chamadas abelhas indígenas, são nativas do Brasil. Pertencem à espécie dos meliponídeos, cientificamente conhecidos como *Tetragonisca angustula*.

A palavra "jataí" é de origem indígena e vem da língua tupi "yata' i". Melipona é palavra de origem grega, *méli* = 'mel', *pónos* = 'trabalho'. As jataís são abelhas pequeninas, sem ferrão e muito cobiçadas pelos apicultores. Encontradas com frequência em altitudes acima de 500 metros, produzem mel de excepcionais qualidades: fino, suave e levemente azedinho, que o difere dos outros méis. Por suas propriedades medicinais, é indicado no tratamento de resfriado, bronquite, glaucoma e catarata, além de ser bactericida e atuar na cicatrização de feridas. Como todos os apídeos, as jataís possuem uma sociedade organizada dividida em operárias, zangões e rainha.

(Abelhas Jataí, s.d.)

CONCEITOS–CHAVE DA VISÃO AMBIENTAL

Premissas essenciais:

1. A ecologia da população de organizações é contingencial.
2. A estrutura básica e o caráter de uma organização são fixados quase desde a sua origem.
3. O ambiente consiste de interações entre fornecedores-chave, clientes, agências governamentais, não governamentais e concorrentes.
4. As definições do ambiente são abstratas e os estrategistas necessitam de sondagens fixas que forneçam descrições densas, que contêm nuances de tempo, aplicação e contexto.

5. Existe uma espécie de "imperativo" ambiental.
6. A pressão pela "seleção" cria padrões históricos na geração de estratégias.

(Mintzberg, 2000)

Lembra do selo Intel, uma vantagem comparativa nos PCs? O Brasil poderia colocar um selo de energia limpa em seus produtos.
Wilson Ferreira Jr., Ceo da Eletrobras
(Oliveira e Albuquerque, 2017)

Objetivos do capítulo

Este capítulo traz a conceituação da palavra "sustentabilidade" e como ela se relaciona às palavras "gestão" e "estratégica". A partir da década de 1970, o tema sustentabilidade tem estado em evidência nos principais fóruns mundiais e acadêmicos. Este interesse surge com o entendimento da necessidade de preservação da natureza para garantir a sobrevivência das gerações futuras.

Palavras-chave: *sustentabilidade; gestão da sustentabilidade; estratégias sustentáveis; responsabilidade social.*

12.1 Introdução

As palavras "gestão" e "estratégia" foram exaustivamente discutidas por diversas áreas do conhecimento e diferentes setores da economia. Considerando-se esse histórico, o desafio deste capítulo é entender a palavra "sustentabilidade" e como ela está atrelada às palavras "gestão" e "estratégica". A partir da década de 1970, o tema sustentabilidade tem estado em evidência nos principais fóruns mundiais e acadêmicos. Esse interesse surge com a necessidade de preservação da natureza para garantir a sobrevivência das gerações futuras.

Por essa razão, o termo sustentabilidade, que tem sua origem em disciplinas que discutem questões relacionadas ao meio ambiente, ao ser introduzido nas discussões de problemas sociais e *business* associado a informações segmentadas, provoca alguns equívocos de interpretação e uso, principalmente por exigir uma visão no nível de produto e estratégico (Egels-Zanden e Rosen, 2015).

Inicialmente, nesses encontros internacionais, governos discutiam questões como desigualdade social, ajuda de países considerados desenvolvidos a países em desenvolvimento, e dificuldade de suprir de alimentos à população mundial, que não parava de crescer. Até este momento os fatores econômico e social eram o foco dos debates. Mas, desde o encontro da *United Nations Conference on the Human Enviromental* em 1972, o fator ambiental foi introduzido diante da necessidade de ações para reduzir o nível de degradação da natureza. Assim surgiu o termo "desenvolvimento sustentável" (Klewitz e Hansen, 2014).

12.2 Conceito

Em 1987, na World Commission on Environment and Development foi apresentado o relatório final do evento, conhecido como "Relatório *Brundtland*". A definição mais usual de "desenvolvimento sustentável" nos estudos acadêmicos é aceita por diferentes vertentes: uma prática de mercado com fins de crescimento financeiro da empresa e satisfação das necessidades atuais, mas sem prejudicar as gerações futuras para satisfazer eles próprios (Baumgartner e Edner, 2010; Klewitz e Hansen, 2014; Lozano, 2008).

Na década de 1990, John Elkington criou o termo ***"Triplo Botton Line", que considera que, para que uma empresa alcance o desenvolvimento sustentável, seria necessário desenvolver uma estratégia que levasse em consideração três fatores: social, ambiental e econômico*** (Elkington, 2004).

Nestas discussões, o setor privado sempre foi considerado o principal agente no efeito negativo para o meio ambiente. Como resultado, diferentes governos firmaram acordos e vêm implantando leis e regras que garantam o equilíbrio entre a atividade do setor privado e a preservação da natureza.

12.3 Interesse das empresas pelo fator sustentabilidade

O interesse pela sustentabilidade no meio corporativo ficou evidenciado no Pacto Global das Nações Unidas em 2008, quando 7.700 empresas espalhadas por 130 países se comprometeram a adotar políticas voltadas ao benefíco social e ambiental (Lozano, 2012). Considerando que, desde as décadas de 1980 e 1990, o regime adotado nas gestões das grandes corporações nos principais mercados da Europa e Estados Unidos era o neoliberal, cujo objetivo principal é o aumento do lucro, os interesses dos diferentes *stakeholders* na atual discussão ambiental e social são antagônicos. *No caso específico do setor empresarial, o fator econômico ganha mais atenção que os fatores social e ambiental.*

Mas, após algumas tragédias ambientais, em especial no setor petroquímico e de mineração, as grandes empresas verificaram uma repercussão negativa diante do público consumidor, tendo efeito direto no seu retorno financeiro. A partir desta constatação, o setor empresarial entendeu que uma ação inversa traria um resultado financeiro positivo para a organização, e começou a investir em ações e desenvolvimento de produtos "ecologicamente corretos", passando uma imagem positiva ao público consumidor. Neste ambiente surgiu como ferramenta a "produção mais limpa", *que introduz o tema ambiental como fim, tanto no desenvolvimento dos produtos e serviços quanto nas práticas internas e externas das empresas. Como ações podem-se destacar: reciclagem de material de escritório ou resíduo da produção, desenvolvimento de produtos conhecidos como "verdes", e o uso de energia mais limpa e de forma consciente.*

Inicialmente essa estratégia foi desenvolvida e aplicada em empresas de grande porte com características adaptáveis às ações necessárias para realizar a "produção mais limpa". Entre essas ações destacam-se: planejamento de longo prazo, existência de reserva financeira, quadro funcional composto de profissionais qualificados, e acesso a linhas de crédito em instituições financeiras com taxas subsidiadas (Gomes et al., 2014; Zhang et al., 2013; Klewitz e Hansen, 2014).

Ao tratarmos do setor empresarial, somos obrigados a tratar também das empresas consideradas de pequeno e médio porte (PME) pela sua relevância na economia mundial. Atualmente, 98% das empresas do mundo são definidas como pequenas ou médias. Empresas desses portes têm características diferentes em relação às grandes; assim como há diferenças entre empresas localizadas em países considerados desenvolvidos e empresas localizadas em países em desenvolvimento.

12.4 Envolvimento das PMEs na sustentabilidade

Em países desenvolvidos, pequenas e médias empresas têm uma participação relevante no setor industrial, sendo responsáveis por 30% da emissão de poluição mundial e 67% no caso de empresas da União Europeia. O conjunto dessas empresas é considerado o motor da inovação tecnológica. Na Europa, as pequenas e médias empresas trabalham em parceria com as grandes empresas, empregam em geral uma mão de obra qualificada, têm acesso a linhas de créditos com taxas subsidiadas e apoio governamental, sendo, por isso, o motor de inovação local (Hoof e Lyon, 2013; Klewitz e Hansen, 2014; Hilmola et al., 2015).

Nesses mercados, as PMEs possuem características bem similares às das grandes empresas, com as vantagens de ter uma estrutura enxuta e de ser especializadas em determinadas atividades, conseguindo, dessa forma, flexibilidade na tomada de decisão e vantagem competitiva. Fora dessa realidade, empresas de pequeno e médio portes em países considerados em desenvolvimento, com exceção da China, mesmo tendo um significante impacto positivo no mercado de trabalho local e representando 98% das empresas em funcionamento, não possuem apoio dos governos locais e não têm acesso a linhas de crédito com taxas subsidiadas. Elas são formadas em sua maioria por uma mão de obra desqualificada, com pouca reserva financeira, planejamento de curtíssimo prazo, gestão familiar, e, por isso, geram pouca inovação. Dificilmente empresas desses portes conseguem fechar contrato para atender a grandes empresas por não se adequarem às demandas técnicas. Por essas características dificilmente conseguem crescer e se transformar em empresas de médio porte.

No Brasil, as PMEs se enquadram nessas características. Contratam mais de 51% da mão de obra ativa do setor privado, representam 99% das empresas ativas, e são constituídas praticamente por empresas do setor de serviço e comércio. Isso significa que são meros revendedores de serviços e produtos, não gerando valor agregado nem inovação (Albino et al., 2010; Sebrae, 2012). *Como o foco deste capítulo é a empresa sustentável, entender as diferentes características de mercado e da organização é necessário para definir a maneira como fazer uma gestão estratégia da sustentabilidade*. Para isso, alguns questionamentos serão o fio condutor para o desenvolvimento de uma estratégia concentrada na gestão sustentável:

Figura 12.1 Gestão estratégica da sustentabilidade.
Fonte: Elaborada pelos autores.

Responder a esses questionamentos significa para o gestor ou consultor ter uma visão ampla da empresa e do mercado atuante, e subsidiar-se de informações para uma melhor tomada de decisões.

Qual é o tamanho da empresa?

A empresa pode ser considerada de pequeno, médio ou grande porte dependendo da instituição em análise. No Brasil, o Instituto Brasileiro de Geografia e Estatística (IBGE) e o Serviço Brasileiro de Apoio às Micro e Pequenas Empresa (Sebrae) consideram o tamanho da empresa pelo número de funcionários, conforme a Tabela 12.1

Tabela 12.1 Classificação do porte das empresas

Indústria	
Microempresa	Com até 19 empregados
Pequena	De 20 a 99 empregados
Média	De 100 a 499 empregados
Grande	Mais de 500 empregados
Comércio e serviço	
Microempresa	Com até 9 empregados
Pequena	De 10 a 49 empregados
Média	De 50 a 99 empregados
Grande	Mais de 100 empregados

Fonte: Adaptado pelos autores a partir de Sebrae, 2016.

As instituições financeiras, como o BNDES e o governo, consideram o tamanho das empresas pelo faturamento mensal, conforme as tabelas a seguir:

Tabela 12.2 Classificação de empresas com base no BNDES

Tipo de empresa	**Definição**
Microempresa	Menor ou igual a R$ 2,4 milhões
Pequena empresa	Maior que R$ 2,4 milhões e menor ou igual a R$ 16 milhões
Média empresa	Maior que R$ 16 milhões e menor ou igual a R$ 90 milhões
Média/grande empresa	Maior que R$ 90 milhões e menor ou igual a R$ 300 milhões
Grande empresa	Maior que R$ 300 milhões

Fonte: Adaptado pelos autores a partir de BNDES, 2012.

Tabela 12.3 Classificação de empresas com base na legislação brasileira

Tipo	Valor máximo
Microempreendedor individual – MEI – Lei 123/06	Até R$ 60.000,00
Microempresa – ME – Lei 123/06	Até R$ 360.000,00
Empresa de Pequeno Porte – EPP – Lei 123/06	De R$ 360.000,01 até R$ 3.600.000,00

Fonte: Lei complementar n. 139 (BRASIL, 2011).

Enquadrar a empresa nessas características é fundamental para ter acesso a recursos financeiros (como linhas de crédito subsidiadas do BNDES), capacitação (como cursos de capacitação do Sebrae), isenção e flexibilização tributária (por exemplo, o Simples Nacional). Ter acesso a esses benefícios pode fazer a diferença na gestão estratégica da empresa. Uma empresa pode ter um número pequeno de funcionários e um faturamento grande, o que lhe permite ter uma margem financeira para investir em outra atividade ou em ação sustentável. Essas características podem ser determinantes na adoção de alguma estratégia de mercado.

Não levando em conta exceções, pequenas empresas no Brasil têm uma característica muito parecida: são abertas por empreendedores não qualificados, com pouquíssimo recurso financeiro, sem planejamento nem estudo de mercado, sem capital de giro, e sem acesso a linhas de crédito. Tudo isso resulta em uma mortalidade de empresas desse porte acima de 25% nos primeiros dois anos de funcionamento (Sebrae (b), 2016).

Na contramão dessa realidade, uma mão de obra especializada, com profissionais qualificados, um planejamento de longo prazo e recursos financeiros suficientes constituem a chave para a inovação. Inovação é a capacidade da empresa de desenvolver produtos e serviços diferenciados, criando vantagem competitiva e permitindo seu desenvolvimento sustentável. *Recursos financeiros suficientes passam a ser um fator relevante para criar um cenário propício à inovação. O acesso ou a existência desse recurso facilita a gestão e possibilita a adoção de diferentes estratégias de sustentabilidade, como a aquisição de máquinas com maior produtividade e menor impacto ambiental.*

12.5 Medidas adotadas para se alcançar a sustentabilidade

Algumas questões devem ser respondidas no no contexto da política da sustentabilidade. A primeira delas é:

Quais são as características internas da empresa?

Muito das possíveis ações que podem ser adotadas para realizar uma gestão estratégica da sustentabilidade passa diretamente pelas características internas da empresa. Conhecer a estrutura física interna da empresa pode ajudar na gestão dos recursos. Uma mudança estrutural pode ser direcionada ao uso de energia mais limpa e barata (por exemplo, usar lâmpadas led); ou a ajuda de uma equipe treinada na reciclagem e venda dos materiais usados na produção e/ou atividades de escritório (reciclagem de metais, plásticos e papel).

A gestão estratégica sustentável pode ser adotada em diferentes atividades da empresa, o que pode resultar em redução de custo, aumento de receita, e/ou redução do impacto ambiental. Normalmente essas ações adotadas por grandes empresas têm um retorno financeiro e/ou redução de custo considerável, decorrentes da possibilidade de escala, o que não acontece com as PMEs. *Um erro comum em alguns estudos é considerar o ganho final de uma ação voltada à preservação ambiental sem avaliar o custo do tempo e do investimento para colocá-la em prática.*

Qual é o mercado em que a empresa atua?

Esta pergunta está relacionada a uma visão macro do mercado, ou seja, o local onde a empresa se situa. Países e cidades podem ter leis e regras que facilitem ou dificultem o funcionamento da empresa no que se diz respeito à gestão estratégica da sustentabilidade. Regras que penalizam as empresas com atividades que produzam impacto ambiental podem ser fundamentais na definição estratégica comercial, pois exigem adaptações que provavelmente vão implicar custos extras.

Empresas que concorram com outras estejam localizadas em regiões com menos exigências e regras podem perder vantagem competitiva. Dependendo dessas regras e/ou leis, a gestão estratégica da sustentabilidade terá uma menor flexibilidade para se adaptar, exigindo uma maior criatividade nas ações. Essa situação pode ser observada quando se compara, por exemplo, os preços de produtos industrializados em países que têm uma forte fiscalização e regras ambientais, como na União Europeia, com os preços de produtos fabricados em países que têm poucas restrições, como é o caso da indústria chinesa. Lógico que esse não é o único fator para variação do preço final de venda, mas é preponderante ao analisar o setor industrial.

Dependendo da atividade da fábrica, em especial nos setores petroquímico e de mineração, que são compostos de empresas de grande porte, leis ambientais são ao mesmo tempo uma parte expressiva no custo dos produtos, mas necessárias para preservação da natureza e da sociedade local por causa das tragédias que essas atividades podem provocar, como ocorreu em Mariana no estado de Minas Gerais. É importante lembrar que neste caso específico, uma tragédia ambiental e social pode ser ocasionada por uma única empresa. Essa distinção é necessária para destacar a diferença entre uma grande e uma pequena empresa; a proporção e o alcance das ações e atividades adotadas são proporcionais ao seu tamanho. Isso é fundamental na definição da gestão estratégica de sustentabilidade a ser adotada.

Quais as características do público consumidor?

Quando o foco é a gestão estratégica da *sustentabilidade da empresa, e não do meio ambiente*, ***o público consumidor*** é ***quem vai ditar o rumo das decisões***. Este ponto é o menos discutido quando o assunto é sustentabilidade. No início da industrialização, as empresas definiam o produto que que queriam oferecer ao público consumidor. Com o passar dos tempos e principalmente com o avanço da tecnologia e dos meios de comunicação, o consumidor começou a definir o que queria comprar, e as empresas tiveram de se adequar a essas novas exigências.

Muitos estudos sobre o tema não consideram que o público consumidor nos diferentes países tem características próprias, seja por questões culturais, educacionais, e/ou pela demanda de produtos de seu interesse. *O consumidor europeu, por exemplo, devido à cultura, à formação educacional e ao sistema governamental, tem uma visão de preservação ambiental muito diferente do consumidor de um país da América do Sul ou da África.*

Tomando como exemplo o Brasil: Qual é a porcentagem de reciclagem do lixo produzido? Quais são as ações do governo para viabilizar a reciclagem? Quantas famílias brasileiras têm a política de separar o lixo residencial? Um país cuja população, na maior parte, é pobre e tem baixo nível educacional, vai pagar mais caro por um produto ecologicamente correto, ou vai comprar um produto que seja mais barato e caiba no seu orçamento? O consumidor brasileiro compra um produto orgânico, que é mais caro, quando vai ao supermercado?

12.6 Sustentabilidade *x* custos

Pesquisas mostram que os empresários brasileiros de empresas de pequeno e médio portes (que representam 98% das empresas no Brasil) relacionam a palavra “sustentabilidade” a “custo”. E quanto ao consumidor brasileiro, ele ainda não é tão exigente como o europeu em relação a esta questão (Meirelles,

Sacomano e Papalardo, 2014). Nesse contexto, não adianta o empresário adotar políticas ambientais na empresa que têm um custo adicional para implantação e um retorno de médio/longo prazo, ou oferecer produtos "ecologicamente corretos", se seu público consumidor não enxerga essa postura como um diferencial.

Diante dessa constatação, quando um gestor decide adotar uma gestão estratégica da sustentabilidade, ele não necessariamente direcionará as ações para a preservação do meio ambiente. Em vez disso, visará o crescimento da empresa, tendo como referência os três fatores da sustentabilidade (ambiental, social e econômico), atribuindo-lhes pesos diferentes, conforme o tamanho, o produto e o público-alvo da empresa. Em resumo, podem-se destacar três diferentes gestões estratégicas, conforme a Figura 12.2

Grande empresa	Por causa da grande exposição na mídia, o gestor tem de adotar uma gestão que tenha reflexo positivo na imagem da empresa. Estratégias que tragam retorno financeiro de médio e/ou longo prazo são adequadas às características da empresa.
PME – setores específicos	Algumas empresas trabalham com produtos direcionados a um público específico, que pode exigir produtos e/ou serviços ecologicamente corretos. Neste caso, o gestor tem de adotar uma gestão estratégica da sustentabilidade, adequando-se a essa demanda para conseguir se estabelecer no mercado. Esses são casos excessões no Brasil.
PME	No Brasil, a maioria das empresas trabalha para um público cujo fator na decisão de compra é o preço final do produto ou serviço. A gestão estratégica da sustentabilidade adotada pelo gestor tem como objetivo um resultado de curtíssimo prazo, focado em reduzir custo para ter um valor final do produto/serviço competitivo. Qualquer estratégia que aumente o custo ou que traga retorno no médio ou longo prazo é inadequada.

Figura 12.2 Gestão estratégica para diferentes empresas.

Fonte: Elaborada pelos autores.

No cenário empresarial, merece ser evidenciado que, para obter lucros, não basta apenas ganhar mais; é necessário lançar projetos empresariais sustentáveis, tanto em relação à própria empresa quanto ao meio ambiente e à aplicação consciente dos fatores de produção (terra, capital e trabalho). Projetos devem ser implantados em programas financiados por capital de terceiros (empréstimos) e capital próprio, e com rentabilidade justificável também em relação à economia gerada pela sua implementação ao longo do tempo sobre o montante de capital investido. Dessa maneira, em todo processo de avaliação de resultados e tomada de decisões estratégicas da empresa, torna-se relevante que todo empreendimento precisa captar e criar recursos suficientes para prosperar.

Como tendência, prevendo que a população brasileira vai evoluir em um processo natural, principalmente pelo maior acesso à educação, o fator ambiental vai ter um peso maior na decisão de compra, como já acontece em países que fazem parte da União Europeia. Assim, o que hoje é exceção logo vai se transformar em regra. O *time* dessa mudança pode variar muito conforme o setor ou produto, mas os empresários não podem deixar de ficar atentos às mudanças de tendências do mercado.

12.7 Cidades inteligentes e sustentabilidade

É um assunto contemporâneo no Brasil. Já existem alguns grupos de pesquisa estudando o assunto, mas ainda de forma incipiente. Existem até mesmo cursos de mestrado voltados a essa temática. Embora as cidades brasileiras, como tantas outras no mundo, não tenham sido planejadas para o crescimento a ponto de algumas terem se tornado megalópoles, como é a grande São Paulo, e, guardadas as devidas proporções, Campinas, no interior do estado de São Paulo, algumas iniciativas já vêm se tornando realidade em algumas comunidades. As iniciativas maiores estão vinculadas às políticas públicas, uma vez que o governo municipal é que deve prover a infraestrutura necessária para o desenvolvimento socioeconômico da sua população. As universidades e centros de pesquisa têm um papel fundamental nesse assunto, já que fornecem o conhecimento necessário para o avanço das tecnologias de informação, imprescindíveis para a maioria dos procedimentos que fazem parte dos planos pilotos das prefeituras.

Governo local, empresas, instituições de ensino e pesquisa e organizações sociais não podem ficar alheios às mudanças que estão ocorrendo na dinâmica econômico-social dos municípios. O crescimento desordenado de populações inteiras tem trazido grandes problemas, que, muitas vezes, são de difícil solução por escassez de recursos financeiros e má gestão do orçamento público.

Um problema vai levando a outro, e, além disso, muitas cidades brasileiras sequer possuem uma infraestrutura viária adequada. A grande maioria não possui rede de água e tratamento de esgoto para toda a população, o que traz doenças. Aliada a isso, a falta de infraestrutura na saúde tem aumentando sobremaneira os custos na área médico-hospitalar. Isto acarreta o aumento da mortalidade, tanto infantil quanto adulta. A educação também sofre o reflexo de uma administração péssima de recursos e atitudes, em alguns casos provocada pela corrupção na gestão pública.

Há de se louvar algumas iniciativas que vêm se delineando ao longo do tempo em algumas municipalidades. Essas iniciativas envolvem muitos atores da comunidade: empresas, instituições de ensino, governo municipal, organizações sem fins lucrativos etc. O conhecimento é vital para que esse processo siga de forma evolutiva gerindo empresas sustentáveis, melhorando a saúde da população, aperfeiçoando as instituições públicas e privadas, a ponto de servir ao objetivo precípuo almejado pela sociedade: melhoria na qualidade de vida e recuperação do meio ambiente, há tempo degradado pela ação nefasta do homem.

O Quadro 12.1, elaborado por Weiss, Bernardes e Consoni, (2015) apresenta algumas definições do que vem a ser cidades inteligentes.

Quadro 12.1 Definições de cidades inteligentes

Autor	Definição
Hall et al. (2000)	São aquelas que monitoram e integram as condições de operações de todas as infraestruturas críticas da cidade, atuando de forma preventiva para a continuidade de suas atividades fundamentais.
Kanter e Litow (2009)	São aquelas capazes de conectar de forma inovadora as infraestruturas físicas e de TICs, eficiente e eficazmente, convergindo aspectos organizacionais, normativos, sociais e tecnológicos a fim de melhorar as condições de sustentabilidade e de qualidade de vida da população.
Toppeta (2010)	São aquelas que combinam as facilidades das TICs e da web 2.0 com os esforços organizacionais, de *design* e planejamento, a fim de desmaterializar e acelerar os processos burocráticos, ajudando a identificar e implementar soluções inovadoras para o gerenciamento da complexidade das cidades.

(*continua*)

Quadro 12.1 Definições de cidades inteligentes (*continuação*)

Autor	Definição
Giffinger e Gudrun (2010)	São aquelas que bem realizam a visão de futuro em várias vertentes – economia, pessoas, governança, mobilidade, meio ambiente e qualidade de vida – e construídas sobre a combinação inteligente de atitudes decisivas, independentes e conscientes dos seus atores.
Washburn e Sindhu (2010)	São aquelas que usam tecnologias de *smart computing* para tornar os componentes das infraestruturas e serviços críticos – os quais incluem a administração da cidade, educação, assistência à saúde, segurança pública, edifícios, transportes e *utilities* – mais inteligentes, interconectados e eficientes.
Dutta (2011)	São aquelas que têm foco em um modelo particularizado, com visão moderna do desenvolvimento urbano e que reconhecem a crescente importância das tecnologias da informação e comunicação no direcionamento da competitividade econômica, sustentabilidade ambiental e qualidade de vida geral; esse conceito vai além dos aspectos puramente técnicos que caracterizam as cidades como digitais.
Harrison e Donnelly (2011)	São aquelas que fazem uso sistemático das TICs para promover a eficiência no planejamento, execução e manutenção dos serviços e infraestruturas urbanos no melhor interesse dos seus atores.
Nam e Pardo (2011a)	São aquelas que têm por objetivo a melhoria na qualidade dos serviços aos cidadãos e cujo estabelecimento de sistemas integrados baseados em TICs não é um fim em si, mas mecanismos por meio dos quais os serviços são fornecidos e as informações compartilhadas.

Fonte: Weiss, Bernardes e Consoni, 2015.

Há trabalhos que versam sobre cidades digitais. Atualmente, a ênfase passou do conceito de cidades digitais para o de cidades inteligentes, tema que é mais abrangente, como mostra a Figura 12.3.

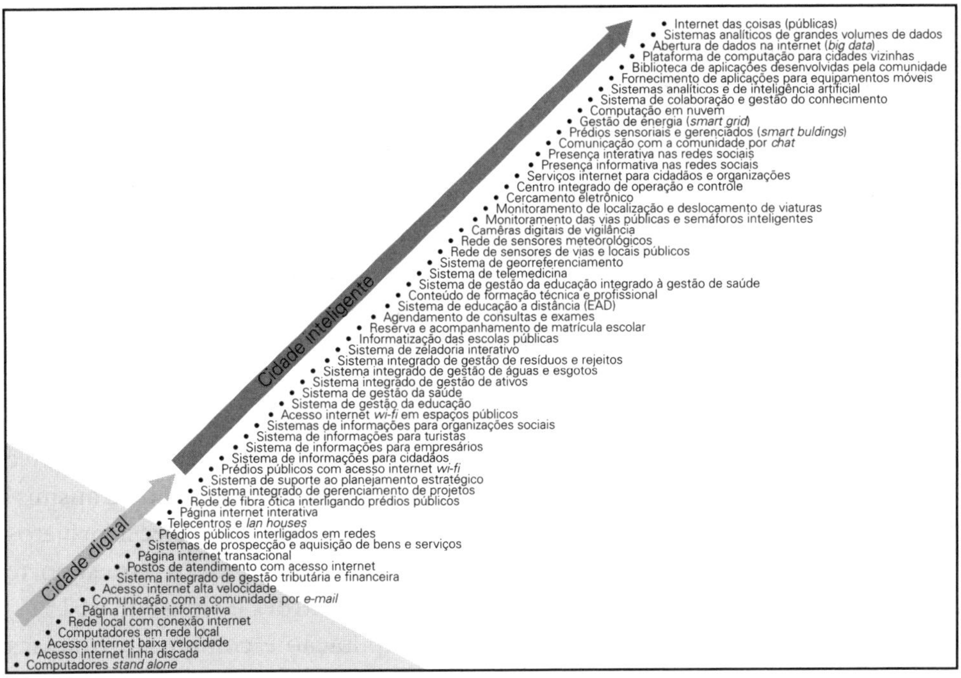

Figura 12.3 Da cidade digital à cidade inteligente: Caracterização da evolução.

Fonte: Weiss, Bernardes e Consoni, 2015.

Tal evolução na Tecnologia da Informação, porém, não pode ser vista simplesmente como solução para todos os problemas gerados nas comunidades. A TI deve ser vista só como uma ferramenta em si, como uma metodologia informacional que faz parte de um projeto maior, que engloba toda uma forma de gestão mais ágil, dinâmica e eficiente.

12.7.1 Estudo sobre cidades inteligentes: Um estudo sobre as cidades de Porto Alegre, Rio de Janeiro e Curitiba

Weiss, Bernardes e Consoni (2013) ampliam sua pesquisa ao fazer um estudo comparativo entre três cidades inteligentes: Porto Alegre, Rio de Janeiro e Curitiba, cada uma com suas peculiaridades, mas com um foco comum, qual seja: a melhoria da infraestrutura urbana, com a oferta de melhores serviços às suas populações. Alicerçadas pelas TIs e com parcerias públicas e privadas, tais cidades vão delineando novos formatos de gestão da máquina pública com vistas à melhoria da qualidade de vida de seus cidadãos. As instituições de ensino, como não poderia deixar de ser, não são meros atores coadjuvantes, mas participam com igual peso na gestão pública. São apoiadores incontestes da nova forma de administrar.

Participam também órgãos de apoio e os *stakeholders* interessados em todo o processo de gerir os recursos públicos: organizações com e sem fins lucrativos, como empresas de serviço, comércio local e indústrias (tradicionais e de alta tecnologia). Como já visto na literatura sobre o tema, todos se beneficiam quando a população também participa e colabora.

O ponto de entrada de cada uma dessas cidades no universo das cidades inteligentes difere em razão de suas características geográficas, culturais, políticas e socioeconômicas, além da busca ao atendimento às necessidades mais prementes de seus atores. Enquanto a cidade do Rio de Janeiro ingressou no mundo das cidades inteligentes pela implementação sistemática de sensores e câmeras e pela implantação de seu centro integrado de controle, Porto Alegre e Curitiba buscaram primeiro a implantação de uma infraestrutura de transmissão de dados, robusta e integrada, para, posteriormente, estabelecer projetos de desenvolvimento e disponibilização de sistemas de informação para suporte ao provimento de serviços aos cidadãos (Weiss, Bernardes e Consoni, 2013).

Para os autores, as redes e sistemas de computação e comunicação nessas cidades estão se tornando mais ativos, presentes e inteligentes, conectando os cidadãos, as empresas e o próprio governo, a despeito das restrições de ordem econômica e de convergência político institucionais encontradas nestas cidades. Estas cidades, embora tenham realizado significativos avanços na gestão das infraestruturas e serviços públicos, ainda se deparam com importantes questões sociais que exigem enfrentamento: renda, saneamento básico, educação, mobilidade, saúde e segurança. Essas questões, entretanto, podem ser encaradas como motivadores para que novas práticas de gestão e novas instituições sejam adotadas. A implementação de infraestruturas e tecnologias convergentes e integradas pode proporcionar a essas cidades maior agilidade e foco na entrega de serviços, respeitando suas características e suas aspirações de projeção e competição nos cenários local e global.

12.7.2 Cidades inteligentes: Inovação tecnológica no meio urbano

Duarte (2005) analisa como o desenvolvimento dos polos de inovação tecnológica pode ser incorporado nos processos de gestão urbana, especialmente em projetos de recuperação de áreas urbanas.

Os polos tecnológicos são comumente analisados pela inserção de processos produtivos inovadores, pela articulação de atores científicos, empresariais, financeiros e políticos, e pelos arranjos econômicos locais. Grande parte desses polos é implantada em meios urbanos que, por despreparo ou desarticulação dos organismos públicos locais, da iniciativa privada e dos centros de pesquisa, perdem oportunidades de se tornar catalisadores de requalificação de áreas urbanas. Destacam-se, nesta análise, os aspectos dos processos de inovação que trazem consequências para a gestão urbana, buscando otimizar valores de um contexto urbano central para atrair a implantação de um polo de inovação tecnológica e torná-lo, ao mesmo tempo, catalisador de requalificação urbana.

Utilizando a metodologia de estudo de caso, Duarte (2005) observou as características da cidade multimídia, desenvolvida a partir de 1998 em região central degradada de Montreal. Para isso, analisaram-se os planos de implementação tecnológica, econômica, política e urbana; foram realizadas visitas técnicas à região; entrevistaram-se responsáveis por órgãos públicos, empresas e institutos de pesquisa envolvidos e estudou-se material científico e jornalístico em que especialistas debateram o assunto. Todos os esforços se concentraram nas estratégias urbanas adotadas para a implantação do polo e nos instrumentos decisórios e de gestão envolvendo as empresas, a universidade e a cidade, resultando em uma análise dos impactos sociais, culturais e urbanos consequentes do processo de planejamento e implantação adotado.

Casos como o de brasileiros e o de outros países têm mostrado como a tecnologia, de mãos dadas com o poder público e as instituições de apoio, ensino e pesquisa, pode transformar áreas degradadas, revitalizando-as, ao mesmo tempo que empresas tradicionais buscam espaço em áreas mais afastadas dos centros urbanos. As empresas de alta tecnologia, por não poluírem, são facilmente aceitas pela população, que passa a sentir mais segurança em centros deteriorados, palco para a proliferação de assaltos constantes, levando insegurança à população com a queda nas vendas do varejo, e de bairros centrais com uma economia outrora pujante.

Demonstra-se que a articulação de políticas nacionais e provinciais com objetivos claros de desenvolvimento socioeconômico ligado a um ramo tecnológico inovador, o diagnóstico de oportunidades de mercado e o envolvimento da escala municipal na atração de determinado tipo de empresa para uma região específica da cidade e a articulação com outros atores, como investidores imobiliários e universidades, podem fazer que, mais do que apenas um receptáculo, a cidade se torne a catalisadora do desenvolvimento de um polo tecnológico inovador – tanto pela economia tecnológica quanto pela recuperação de um contexto urbano (Duarte, 2005).

O pulo do gato

Grigorita Ko/Shutterstock

Meio ambiente

"– Professor, quando mudamos a planta da Tec-Screen[1] *de São Paulo para a cidade de Sorocaba, nossa preocupação era devolver à natureza a mesma água que captaríamos. Queria que meus netos tomassem da água do rio em que desaguávamos água utilizada na produção de nossas tintas e solventes.*

Em todas as viagens que fiz para a Europa, me deram a noção do que é respeitar o ambiente em que vivemos. Trouxe da Suíça a mais alta tecnologia em produzir com qualidade e sem agredir o meio ambiente. Além dos testes dentro da fábrica, fizemos um lago onde tem aves e peixes sensíveis ao nível de pH da água. Quando o pH começa a se modificar para pior, as "aves aquáticas não conseguem nadar e os peixes estão sujeitos a morrer".

Sensibilizar as empresas sobre a preservação do meio ambiente é cuidar da sustentabilidade do planeta e preservar o futuro das novas gerações.

[1] Tec-Screen é uma indústria 100% nacional, fabricante de tintas serigráficas, industriais, artísticas, *inkjet* e especiais, fundada em 1974 em São Paulo, atualmente instalada em um moderno parque industrial, de mais de 53 mil m², em Sorocaba, interior de São Paulo. Atende a todo o mercado nacional e exporta para vários países; seu crescimento se deve ao desenvolvimento de produtos de altíssima qualidade somado à evolução tecnológica e ao excelente atendimento técnico e comercial.

O respeito ao meio ambiente pela Tec-Screen é levado a sério, pois a água que devolvem à natureza é a mesma que recebem. O tratamento de efluentes é rigoroso. Aqui, peixes de diversas espécies e aves aquáticas comprovam a qualidade da nossa água em um lago que é alimentado com água proveniente do nosso tratamento e só então é devolvida aos mananciais.

(Elaborado pelos autores)

Questões

1. Explique a relação entre sustentabilidade e gestão e estratégia.
2. Qual é a principal importância e interesse da participação das pequenas e médias empresas na sustentabilidade no mundo dos negócios?
3. Quais são as principais medidas para se alcançar a sustentabilidade? Explique.
4. Com base na visão da maioria dos empresários brasileiros – de que ao viabilizarem a sustentabilidade em suas empresas estarão se tornando mais eficientes e automaticamente reduzindo custos –, como ocorre na prática e no dia a dia o processo de implantação da sustentabilidade?

Referências bibliográficas

ABELHAS Jataí. Disponível em: <http://www.abelhasjatai.com.br/as-abelhas-jatai/>. Acesso em: 30 nov. 2017.

ALBINO, Andréia A.; LIMA, Afonso A. T. F. C.; SOUZA, Sebastião D. C.; BERH, Ricardo R.; OLIVEIRA, Ronise S. Análise sobre ação empreendedora e política públicas no APL moveleiro de Ubá, MG. Santa Maria: *Rev. Adm. UFSM*, v. 3, n. 2, maio/ago. 2010, p. 230-44.

BNDES. *Porte de empresa.* Disponível em: <www.bndes.gov.br/sitebndes/bndes/BNDES_pt/navegação_suplementar/perfil/porte>. Acesso em: 10 dez. 2012.

BRASIL, Senado Federal. Lei complementar n. 139. Brasília: Subsecretaria de Informações, 2011.

BAUMGARTNER, Rupert J.; EDNER, Daniela. Corporate sustainability strategies: sustainability profiles and maturity levels. Toronto: *Sustainable Development*, n. 18.2, 2010, p. 76-89.

DUARTE, F. Cidades inteligentes: inovação tecnológica no meio urbano. São Paulo: *Revista São Paulo em perspectiva*, v. 19, n. 1, p. 122-31, jan./mar. 2005.

EGELS-ZANDEN, Niklas; ROSEN, Magnus. Sustainable strategy formation at a Swedish industrial company: bridging the strategy-as-practice and sustainability gap. Amsterdã: *Journal of Cleaner Production*, v. 96, 1 jun. 2015, p. 139-471.

ELKINGTON, John. Enter the triple bottom line. The triple bottom line: Does it all add up. Londres: *Earthscan*, v. 11.12, 2004, p. 1-16.

GOMES, Claudia Maffini; KNEIPP, Jordana Marques; ROSA, Luciana Aparecida Barbieri; BICHUETI, Roberto Schoproni. Management for sustainability in companies of the mining sector: an analysis of the main factors related with the business performance. Amsterdã: *Journal of Cleaner Production*, v. 84, n. 1, dez. 2014, p. 84-93.

HILMOLA, Olli-Pekka; LORENTZ, Harri; HILLETOFTH, Per; MALMSTEN, Jarmo. Manufacturing strategy in SMEs and its performance implications. *Industrial Management & Data Systems*, v. 115, Iss 6, 2015, p. 1004-21.

HOOF, Bart Van; LYON, Thomar P. Cleaner production in small firms taking part in Mexico's sustainable supplier program. Amsterdã: *Journal of Cleaner Production*, v. 41, 2013, p. 270-82.

KLEWITZ, Johanna; HANSEN, Erik G. Sustainability-oriented innovation of SMEs: a systematic review. Amsterdã: *Journal of Cleaner Production*, v. 65, 2014, p. 57-75.

LOZANO, Rodrigo. Envisioning sustainability three-dimensionally. Amsterdã: *Journal of Cleaner Production*, vol. 16, 2008, p. 1838-46.

______. Towards better embedding sustainability into companies' systems: an analysis of voluntary corporate initiatives. Amsterdã: *Journal of Cleaner Production*, v. 25, 2012, p. 14-26.

MEIRELLES, Claudio L.; SACOMANO, José Benedito; PAPALARDO, Fabio. The Concept of Sustainability in View of Micro, Small and Medium Brazilian Companies. *Ifip – International Conference on Advances in Production Management Systems*. Springer Berlin Heidelberg, 2014.

MINTZBERG, Henry et al. *Safári de estratégia*. Porto Alegre: Bookman, 2000, p. 211.

OLIVEIRA, Darcio; ALBUQUERQUE, Rogério. Diz aí presidente, São Paulo: *Época Negócios*, n. 121, mar. 2017.

SEBRAE. O que pensam as micro e pequenas empresas sobre sustentabilidade. *Estudos e pesquisas Sebrae*, maio 2012.

______(a). Critérios de classificação de empresas: EI-ME-EPP. Disponível em <www.sebrae-sc.com.br/leis/default.asp?vcdtexto=4154>. Acesso em: 1º fev. 2016.

______(b). Sobrevivência das empresas no Brasil. Disponível em: <www.sebrae.com.br/Sebrae/Portal%20Sebrae/Anexos/Sobrevivencia_das_empresas_no_Brasil=2013.pdf>. Acesso em: 26 dez. 2016.

STEINER, G. *Strategic planning*. Nova York: Free Press, 1979.

WEISS, M. C.; BERNARDES, R. C.; CONSONI, F. L. Cidades inteligentes como nova prática para o gerenciamento dos serviços e infraestruturas urbanos: a experiência da cidade de Porto Alegre. Curitiba: *Revista Brasileira de Gestão Urbana* (*Brazilian Journal of Urban Management*), 7(3), set./dez. 2015, p. 310-24.

______. *Congresso Latino-Iberoamericana de Gestão e Tecnologia*. Porto: Altec, 27 a 31 out. 2013.

ZHANG, Freng; RIO, Maud; ALLAIS, Romain, ZWOLINSKI, Peggy; CARRILLO, Tatiana Reyes; ROUCOULES, Lionel; MERCIER-LAURENT, Eunika; BUCLET, Nicolas. Toward a systemic navigation framework to integrate sustainable development into the company. Amsterdã: *Journal of Cleaner Production*, v. 54, 2013, p. 199-214.

Capítulo 13 – Sonhar estrategicamente

Marly Cavalcanti
Belmiro do Nascimento João

Sonhar sem estratégia pode levar a alguma coisa.
Sonhar estrategicamente leva a tudo.
O. E. Farah

SINOPSE: Formulação da estratégia como uma rede que nos aparece como sonhos; transformação da realidade em estratégia inteligente – BIs para apoio à decisão; remodelagem da estratégia em múltiplos cenários.

IMAGINAÇÃO
O ANIMAL METAFÓRICO: PÉGASO, O CAVALO ALADO

Digital Storm/Shutterstock

Lema: Sublimação e imaginação criadora, interpretação de significados, apoio à decisão.

Décadas: 2000, 2010

Principais nomes: Luiz F. A. M. Gomes, Kaplan e Norton, C. K. Prahalad, Henry Chesbrough e Bernard Liautaud.

Autoras nacionais homenageadas: Janete Ribeiro Vaz e Sandra Soares Costa. *Empreendendo sonhos*. Rio de Janeiro: Alta Books, 2016.

FORMULAÇÃO DA ESTRATÉGIA COMO SONHOS

Premissas essenciais:

1. Criação de redes e arranjos produtivos locais.
2. Governança corporativa e *Business Intelligence*.
3. Logística globalizada.
4. Formulação de sonhos que transformam visões em estratégias.

TRILHA TROPICAL

Na Ilha Tropical, o pégaso é representado por um jegue que não desiste de sonhar em se transformar em pégaso e voar. O asno de três patas do sertão almeja o justo e o combate à corrupção porque tem seis olhos e nove bocas; é o novo unicórnio do sertão e do Cerrado brasileiro, o empreendedor das cidades, aquele que busca novos modelos de processos de negócios e significados inovadores para sua ação.

CONCEITOS-CHAVE DA VISÃO DE ESTRATÉGIA COMO REDE

1. Reconstrução da realidade.
2. Revelação de elementos que ficam sufocados por fatores dominantes.
3. Sonhos que reconstroem novas visões.
4. Identificação e reconciliação dos binários.
5. Pós-modernismo – excêntricos.
6. Foco não alinhado como realidade desenhada.
7. Significados revelados pela rede – BI (*Business Inteligence*).

(Elaborado pelos autores)

Concepção da estratégia como um sonho que constrói um novo código: um sistema que somente os "olhos da mente" do leitor podem ver ao sonhar, buscando descansar e interpretar significados ambíguos. Para tanto, utiliza cenários prospectivos e análises multiatributo e multicritério.

Os cenários prospectivos adotam técnicas de análises multicriteriais, e assim como em um sonho é possível priorizar ou reduzir fatores em consideração.

Algumas especulações acerca do que nos trará o futuro:

2010 Será possível conversar com qualquer cidadão em qualquer parte do mundo usando tradutores automáticos.

2015 O rádio e a banda larga aumentarão sua capacidade, atingindo novas formas de uso na sociedade.

2030 Serão descobertos sinais de vida extraterrestre inteligente.
2050 A computação encontrará novos limites: o calor, a latência e as baterias.
2075 Os combustíveis fósseis serão substituídos por hidrogênio.
2100 Os humanos poderão gravar e arquivar tudo o que veem, ouvem e dizem ao longo de suas vidas; a expectativa média de vida será 30 anos maior.
2150 A energia será provida pela fusão. Drogas psicotrópicas não causarão mais dependência química.
2200 Os sistemas de inteligência artificial serão franqueados.
2300 Inúmeras doenças degenerativas terão cura. Vinte bilhões de humanos trabalharão em torno de 20 horas semanais; a maioria estará acima da linha da pobreza.
2500 Um governo entre nações existirá de forma verdadeira.
2880 Haverá 1/300 possibilidades de o asteroide 1950 DA atingir a Terra em 16 de março.
3000 Engenheiros genéticos criarão espécies artificiais.
4000 Começará a nova era glacial.
5000 O alimento será líquido intravenoso.
10 K Era glacial.
100 K A Terra será atingida por um objeto vindo do espaço exterior – asteroide. A maioria dos humanos não viverá mais no planeta.
250 K O eixo magnético da Terra reverterá do norte para o sul.
250 M O Atlântico será um mar interno: América e África estarão próximas e o Mediterrâneo desaparecerá.
1 B A Terra decodificou todas as estrelas da Via Láctea.
150 B A expansão acelerada do Universo altera forças gravitacionais.
10_{14} Quase nenhuma estrela brilhará; pouca ou nenhuma vida existirá.
10_{100} O Universo, tal como o conhecemos, não existirá mais.

Sendo assim, como chegar à Ilha Tropical por meio de sonhos estratégicos? (Cavalcanti et al., 2007).

Se uma empresa não estiver pensando em inovações disruptivas para seu negócio alguém estará pensando por ela.
Paula Bellizia, Microsoft Brasil
(Pádua, 2017)

Objetivos do capítulo

Este capítulo pretende verificar como a Business Intelligence (BI) pode ser entendida como um guarda-chuva conceitual que envolve a Inteligência Competitiva (CI), a Gerência de Conhecimento (KMS) e a IBI (Internet Business Intelligence), pesquisa e análise de mercado, relacionados à nova era da economia da informação, dedicada à captura de dados, informações e conhecimentos favoráveis à competição mais eficiente entre as organizações; é um conjunto de ferramentas utilizado para manipular uma massa de dados operacionais em busca de informações essenciais para o negócio.

Palavra-chave: *Business Intelligence (BI); Método Utilidade Aditiva (UTA); Redes Neurais; Teoria da Utilidade; Analytic Hierarchi Process (AHP)*

13.1 Introdução

Business Intelligence (BI) pode ser entendida como um guarda-chuva conceitual que envolve a Inteligência Competitiva (CI), a Gerência de Conhecimento (KMS) e a IBI (*Internet Business Intelligence*), pesquisa e análise de mercado, relacionados à nova era da economia da informação, dedicada à captura de dados, informações e conhecimentos favoráveis à competição mais eficiente entre as organizações. É um conjunto de ferramentas utilizado para manipular uma massa de dados operacionais em busca de informações essenciais para o negócio.

13.2 A realidade do sonho possível na concepção da estratégia como desenho (escorpião)

Existem vários modelos matemáticos chamados métodos analíticos do Apoio Multicritério à Decisão. Talvez o mais usado seja o *Analytic Hierarchy Process (AHP)*. Existem vários outros, como os da escola francesa (*Electre I, II, III e IV, Promethee etc.*), que, embora tenham sido bastante utilizados, notadamente nos países de língua francesa, não têm uma base axiomática tão sólida como os métodos que fazem uso da Teoria da Utilidade Multiatributo. A filosofia central da Teoria da Utilidade Multiatributo é a agregação dos critérios em um critério único de síntese, por meio da construção de uma função de utilidade multiatributo. Outros métodos são o UTA, o Macbeth, o Todim e o AIM. Dos vários métodos discretos, o *software* Expert Choice, desenvolvido para o método AHP, é o mais usado internacionalmente. Todim é um método que tem elementos de Apoio Multicritério à Decisão tanto da escola americana quanto da francesa.

13.3 Concepção da estratégia como coletividade (o povo aprende a sonhar um sonho consistente)

Estruturas de preferência

As estruturas de preferência são definidas sobre o conjunto A das alternativas. São constituídas de um conjunto de relações binárias (H1, ..., HN) sobre A, que satisfazem às exigências de exaustividade e exclusão mútua, isto é, dadas duas alternativas **a** e **b** de A, existe uma só relação Hi que se aplica ao par (Dias, Almeida e Clímaco, 1996). As quatro relações fundamentais são: indiferença (representada por I), preferência estrita (P), preferência fraca (Q) e incomparabilidade (R) (Roy e Bouyssou, 1993).

Os métodos discretos são aqueles concebidos para trabalhar especificamente com um número finito de alternativas. Por sua grande utilização no nível mundial, destaca-se a Teoria da Utilidade Multiatributo, ou Maut, que é empregada para determinar a importância atribuída a um critério em relação a outro e priorizar alternativas no contexto do problema apresentado com base em uma função matemática. Assim, se determinado critério for pouco importante diante de outros, ele terá um peso atribuído menor (*trade-off*).

O decisor tipicamente defronta-se com o problema de identificação de taxa de substituição de um critério em relação ao outro em muitas situações de exercício da análise de decisões. Se não houver incerteza e conhecendo-se as consequências dos critérios de cada alternativa, a essência da questão é: "Quanto da realização do critério 1 o decisor deseja ceder a fim de melhorar a decisão do critério 2 por alguma quantidade fixa?". Um ponto importante da decisão é a objetividade, ou seja, os participantes podem divergir, mas a decisão grupal é objetiva e final. Existe uma relação entre a dimensão "espaço-peso e o espaço da função-objetiva que depende do tipo de função usada para descrever a preferência dos decisores. Essa função pode ser linear, multilinear associada a pesos ou polinominal. Em um problema multicritério, vários agentes são atuantes; é preciso notar que sua divisão é meramente didática, muitas vezes confundindo-se entre si.

13.4 O sonho de Sun Tzu acordado

Sun Tzu viveu por volta de 500 a.C. no estado de Qi, atualmente província de Shandong. O termo "tzu" corresponde a um título honorífico usado pelos chineses da dinastia Chou (do século XI até o ano 255 a.C.) para designar os filósofos, e pode ser traduzido como "professor" ou "mestre" (Cavalcante e João, 2007).

A palavra decisão é formada pelo prefixo de *(prefixo latino que significa parar, extrair, interromper) e pela palavra* caedere *(que significa cindir, cortar). Tomada ao pé da letra, a palavra decisão significa "parar de cortar" ou "deixar fluir".*

Uma decisão precisa ser tomada sempre que estamos diante de um problema com ao menos duas dimensões conflitantes e mais do que uma alternativa para sua solução. Mesmo quando, para solucionar um problema, temos uma única ação a considerar, pode-se ou não optar por tal ação. Em sua dimensão mais básica, podemos conceber um processo de tomada de decisão como resultando na eleição por parte de um centro decisor (um indivíduo ou um grupo de indivíduos) da melhor alternativa dentre as possíveis. O problema analítico está em definir o melhor e o possível em um processo de decisão (Romero, 1996). As decisões podem ser classificadas em:

- simples ou complexas;
- específicas ou estratégicas.

As consequências advindas das decisões podem apresentar-se das seguintes formas:

- imediata;
- curto prazo;
- longo prazo;
- combinação das formas anteriores (impacto multidimensional).

As decisões podem acarretar uma abrangência bem diversa. Segundo Zeleny (1994), a tomada de decisão é um esforço para tentar resolver problema(s) de objetivos conflitantes, cuja presença impede a existência da solução ótima e conduz à procura do melhor compromisso. O processo de decisão requer a existência de um conjunto de alternativas factíveis para sua composição, em que cada decisão (escolha de uma alternativa factível) é associada a um ganho e a uma perda.

Decidir pode ser definido como:

- processo de colher informações e depois fazer as escolhas entre as alternativas;
- dar solução, deliberar, tomar decisão (Gomes e Gomes, 2003).

Para Sun Tzu, harmonia significa a confluência de duas visões, uniformidade de ideias e comportamento por um lado; e por outro, a mistura de ideias, conceitos, opiniões diante de outros grupos. Cada empresa precisa buscar sua posição estratégica sustentável; desse modo, o sonho de Sun Tzu acordado depende da transparência com que se enxergue um objetivo comum que se torna fractal, feito em pedaços, e que comporte, como em um quebra-cabeças, as diferentes reações em tempo real do ambiente, do cliente, do fornecedor, da concorrência, do governo e dos mercados interno e externo. Para ser líder na guerra estratégica contemporânea, dependemos do alinhamento para atingir a harmonia preconizada.

13.5 Concepção de estratégia como visão ambiental – Sonho em cenário aberto

Método AHP (*Analytic Hierarchy Process*)

O método AHP (Saaty, 1980) é um dos mais utilizados no apoio à tomada de decisão. O problema de decisão é decomposto em níveis organizados em uma hierarquia: os objetivos finais localizam-se no topo da hierarquia; depois, vêm os subobjetivos; a seguir, os objetivos dos decisores; e, por fim, os possíveis resultados ou cenários.

A atribuição de pesos aos critérios é feita por meio de uma matriz das importâncias de cada critério e da teoria algébrica dos autovalores. Uma modificação desse método também permite resolver o problema de quantificar opiniões subjetivas. Apesar de sua popularidade, o método apresenta duas grandes desvantagens:

- Complexidade matemática, já que os algoritmos para determinação de autovalores são de complexidade não polinomial.
- Não verificação de coerência das opiniões do decisor, o que pode levar a resultados desprovidos de sentido.

Todo o setor financeiro e político pode fazer uso apropriado do método AHP, cuja metodologia abrange três etapas: a estruturação (decomposição) do problema, os julgamentos comparativos e a síntese das prioridades. A estruturação é realmente um processo de compreensão ou aprendizagem do problema, com possíveis reestruturações à medida que se têm novas informações e um melhor conhecimento são obtidos. Com a estruturação, desenha-se um modelo formal a ser aceito pelos decisores, como o esquema de representação e organização dos elementos de avaliação, em uma linguagem comum para o debate da aprendizagem sobre todos os componentes dos decisores e, por fim, os possíveis resultados ou cenários.

13.6 Planejamento estratégico clássico no século XXI – a controladoria sonha alcançar o intangível

Método MACBETH

O método Macbeth (Measuring Attractiveness by a Categorical Based Evaluation Technique), desenvolvido por Bana e Costa e Vansnick (1995; 1997), atende a duas questões essenciais (a forma natural exemplificada no custo da mercadoria e a avaliação qualitativa): para cada critério, deve-se determinar uma escala de valores, ou seja, atribuir notas a cada alternativa. Em alguns casos, existe uma forma natural de fazer essa atribuição, o custo de uma mercadoria é um exemplo clássico. Em outros casos, a avaliação é qualitativa; é necessário, então, transformá-la em quantitativa.

Tendo as notas de cada alternativa relativas a cada critério, é preciso agregá-las em uma nota única por meio de uma soma ponderada. O problema consiste na atribuição de pesos aos vários critérios, respeitando as opiniões dos decisores.

O *software* Macbeth, que implementa computacionalmente o método multicritério de mesmo nome, pode ser usado para resolver essas duas questões. Para a primeira delas, é usado o módulo Scores do programa Macbeth. Esse módulo permite atribuir notas a cada alternativa por meio de uma comparação par a par. Dadas duas alternativas, o decisor deve dizer qual é a mais atrativa (que tem maior nota) e qual é o grau dessa atratividade em uma escala semântica, que tem correspondência com uma escala ordinal (0 = indiferente, 1 = muito fraca, 2 = fraca, 3 = moderada, 4 = forte, 5 = muito forte e 6 = extrema). O próprio programa faz a análise de coerência cardinal (transitividade) e semântica (relações entre as diferenças), sugerindo, em casos de incoerência, como resolvê-la. Por meio de programação linear é sugerida uma escala de notas e intervalos em que elas podem variar sem tornar o problema inconsistente (PPL inviável). É facultado, ainda, ao decisor ajustar graficamente o valor das notas atribuídas, dentro dos intervalos permitidos. Segundo Bana e Costa e Vansnick (1997), somente após esse ajuste, com a introdução dos conhecimentos dos especialistas, é que fica caracterizada a construção da escala cardinal de valores.

Para a segunda questão apontada (atribuição de pesos e construção da função que conduz ao critério síntese), é usado o módulo Weights do programa Macbeth, que atua de maneira semelhante ao módulo Scores.

Ao contrário do método AHP, que compara a importância dos critérios diretamente, o Macbeth faz a comparação de forma indireta, considerando alternativas fictícias que representam cada um dos critérios. A alternativa fictícia aí representa o critério j quando apresenta a melhor nota em **j** e **a** pior em todos os outros critérios. É ainda introduzida uma alternativa, correspondente a um critério artificial, com a pior nota em todos os critérios. A finalidade é evitar que um critério real tenha peso nulo. A eventual atribuição de peso zero a um critério relevante violaria o axioma da exaustão. Por meio da comparação da atratividade das alternativas são atribuídos os pesos aos critérios de forma análoga ao procedimento realizado no módulo Scores.

Há uma diferença entre os dois módulos: enquanto no Scores há a restrição de que as notas ocupem todo o intervalo definido, no Weights, o peso menor ocupa o valor mais baixo da escala, mas, em vez de fixar o valor do maior peso, obriga que a soma de todos os pesos seja igual à unidade.

A aplicação do método Macbeth a casos reais pode ser encontrada, por exemplo, em Soares de Mello e Vieira (2001), Bana e Costa et al. (1994) e em Bana e Costa e Nunes da Silva (1994), entre outros. A conceituação teórica e os problemas de programação linear usados pelo método são encontrados em Soares de Mello, Gomes e Lins (2002).

Na Ilha Tropical, os sonhos são possíveis, pois, por meio de energias flutuantes e quânticas, procura-se controlar um número quase infinito de informação e uma sobrecarga de visões sem as memórias de um ser vivo. Podemos afirmar, no século XXI, que as organizações se tornam sobrecarregadas e o acesso a diferentes memórias começa a falhar. Assim, os sonhos são formados de fragmentos de memórias existentes e redes neurais, criando memórias que não permitem que as informações se percam ou se embaralhem, até porque essas memórias não são reais, mas sim compostas de fragmentos aleatórios de memórias reais.

As redes neurais

Os modelos neurais procuram aproximar o processamento dos computadores ao do cérebro. As redes neurais possuem um grau de interconexão similar à estrutura do cérebro. Em um computador convencional moderno, a informação é transferida durante um tempo específico dentro de um relacionamento com um sinal para sincronização. O Quadro 13.1 traça um comparativo entre o cérebro humano e o computador.

Quadro 13.1 Comparação entre cérebro e computador

Parâmetro	Cérebro	Computador
Material	Orgânico	Metal e plástico
Velocidade	Milissegundos	Nanossegundos
Tipo de processamento	Paralelo	Sequencial
Armazenamento	Adaptativo	Estático
Controle de processos	Distribuído	Centralizado
Número de elementos processados	10 e 11 a 10 e 14	10 e 5 a 10 e 6
Ligações entre elementos processados	10 000	<10

Fonte: Cavalcanti, 2007.

A mesma comparação pode ser feita entre o computador e as redes neurais. Para tanto, a comparação não se dará com um computador específico encontrado no mercado, mas, sim, com o paradigma predominante nos computadores atuais.

13.7 Estratégia como conhecimento (o sonho do conhecimento à sabedoria) – Mapeando a dinâmica das capacidades

Método UTA (Utilidade Aditiva)

O método UTA, desenvolvido por Jacquet-Lagrèze e Siskos (1982), avalia as funções de utilidade aditiva que agregam múltiplos critérios, utilizando uma ordenação subjetiva das ações e uma avaliação multicritério das ações. Uma análise de pós-otimização, utilizando programação linear, é empregada para avaliar o conjunto de funções de utilidade.

O método UTA, de Apoio Multicritério à Decisão (Romero, 1996), tem a vantagem de permitir a estimativa das funções de utilidade não lineares de cada critério presente na análise e a determinação do valor global de todas as alternativas. Para que esse método seja implementado, é necessário que o decisor forneça uma ordenação de um subconjunto ou do conjunto das alternativas, considerando suas preferências, além da matriz de avaliação (matriz que contempla as avaliações das alternativas em relação aos critérios). Para aplicar o Método UTA, assumem-se as bases axiomáticas da teoria de utilidade multiatributo (MAUT, do inglês *Multi-Attribute Utility Theory*).

13.8 Estratégia como processo de Negociação – o sonho partilhado

Teoria dos jogos cooperativos

A teoria dos jogos é uma teoria matemática sobre conflito e colaboração de situações nas quais se pode favorecer ou contrariar um o outro, ou ambos ao mesmo tempo. Para alguns jogos, a teoria pode indicar uma solução, isto é, a melhor maneira que uma pessoa envolvida pode proceder. No entanto, na maioria dos jogos que descrevem problemas reais, ela só nos fornece uma visão geral da situação, descartando algumas "jogadas" que não levarão a bons resultados.

Os resultados da Teoria dos Jogos podem ser aplicados tanto a simples jogos de entretenimento (pôquer, xadrez e damas, entre outros) como a aspectos significativos da vida em sociedade. Um exemplo deste último tipo de aplicação é o Dilema do Prisioneiro, popularizado pelo matemático Albert W. Tucker, que tem muitas aplicações no estudo da cooperação entre indivíduos.

Entre os modelos utilizados, existem os econômicos de barganha e os da teoria dos jogos, ambos baseados na teoria de utilidade. É possível acrescentar os modelos de agregação, os táticos e os comportamentais.

O modelo econômico de barganha

Nos modelos econômicos de barganha, a negociação é tratada como um processo de convergência de objetivos no tempo que envolve uma sequência de ofertas e contraofertas. Eles supõem que a função utilidade de cada participante é conhecida e fixa no seu conjunto de metas, existindo uma zona de compromisso a ser identificada, que permanece estável no tempo. O tempo é o principal fator de barganha, já que cada participante inicia o processo com um conjunto de expectativas a serem compreendidas na base da tentativa e experiência. A teoria de barganha tenta produzir os modelos descritos para o processo de barganha, por meio de troca de objetivos, fragmentação em submetas e novas relações.

13.9 Sonhando o agronegócio no Brasil

13.9.1 Embrapa instrumentação

Uma das maiores riquezas do Brasil é o agronegócio, que, em épocas de crise nas indústrias tradicionais, no comércio e no serviço, tem salvado a economia nacional de um colapso. O solo e o clima têm favorecido a cultura da maioria dos produtos fornecidos pela agricultura. Por outro lado, a extensão territorial permitiu o crescimento da pecuária, fazendo do Brasil o maior exportador de carne bovina do mundo.

Um centro de pesquisas que se sobressai para auxiliar o agronegócio, além das universidades e institutos de pesquisa, é a Embrapa – Empresa Brasileira de Pesquisa Agopecúaria, com suas 47 unidades espalhadas pelo país.

Pensando em dotar a Embrapa de uma unidade que aliasse o conhecimento já acumulado às novas tecnologias, agregando em pesquisas físicos, engenheiros eletrônicos, analistas e programadores de sistemas e agrônomos, entre outros profissionais ligados ao campo, surgiu a Embrapa Instrumentação.

Esse projeto teve início em 1982, em Barretos, cidade do interior de São Paulo. Lá, o pesquisador Silvio Crestana já coordenava um trabalho temático reunindo pesquisas sobre água, solo, planta e atmosfera, com o apoio do Conselho Nacional de Desenvolvimento Científico e Tecnológico (CNPq) e da Financiadora de Estudos e Projetos (Finep), orientado pelo professor Sérgio Mascarenhas.

Então, os físicos Sérgio Mascarenhas e Silvio Crestana e os engenheiros eletrônicos Paulo Estevão Cruvinel e Paulo Henrique Valim, com o aval do então presidente da Embrapa, Eliseu Alves, entenderam ser estratégica para o país a criação de um centro para se transformar em ponte permanente entre a Embrapa, as ciências básicas e as engenharias (Embrapa, s.d.).

Nascia, então, na cidade de São Carlos, a Unidade de Apoio à Pesquisa e Desenvolvimento de Instrumentação Agropecuária (UAPDIA), que, seis anos depois, passou a Núcleo de Pesquisa e Desenvolvimento de Instrumentação Agropecuária (NPDIA), por suas relevantes contribuições científicas e tecnológicas. Em 1993, foi consolidada como Centro Nacional.

Atualmente é uma das 47 unidades da Embrapa, atuando como centro de pesquisa de temas básicos, com uma equipe multidisciplinar composta de engenheiros eletrônicos, agrônomos, mecânicos e de materiais, físicos, bioquímicos e químicos, que auxiliam na formação anual de cerca de 200 estagiários e bolsistas de Pós-doutorado, Doutorado, Mestrado e Graduação, conforme informações disponíveis em www.embrapa.br/instrumentação.

13.9.2 Romeu Corsini, o visionário da sustentabilidade

Da cabeça prodigiosa de um pesquisador da Escola de Engenharia de São Carlos nasceu um projeto de sustentabilidade na área de energia. O professor Romeu Corsini, ex-pesquisador do IPT de São Paulo, participou inicialmente de um grupo de pesquisa que estudava soluções para o problema do desabastecimento de petróleo provocado pela Segunda Guerra. Nesse ínterim, já se trabalhava com a possibilidade de o álcool vir a se tornar uma fonte alternativa à gasolina. Nascia o primeiro Próalcool, ainda incipiente.

Posteriormente, na crise do petróleo da Opep, participou do segundo Próalcool. E foi nessa época que, estudando o processo produtivo de uma grande usina de álcool, teve a ideia de fazer um projeto denominado Miniusina Integrada. Corsini não se preocupava apenas com a produção do álcool, mas com a sustentabilidade desse projeto.

Assim, na entressafra do álcool, o agricultor plantaria o sorgo, que também fornece combustível. Pensou-se em instalar essa miniusina em pequenas propriedades. O descarte do material do sorgo daria para alimentar porcos, que, por sua vez, produziriam esterco a ser aproveitado em pequenas culturas familiares. No seu projeto, a moagem da cana seria feita de forma diferenciada para aproveitar ao máximo o suco extraído. Os testes revelaram que seria possível ter um aproveitamento de quase 97% do caldo.

Infelizmente, Corsini veio a falecer sem ter visto seu sonho ser realizado, mas com certeza deixou um forte legado para as novas gerações.

13.10 O sonho de ser dono do próprio negócio concebendo o empreendimento em redes de empresas

O sonho de empreender nasceu com o primeiro homem

Não existiam ferramentas ou métodos. O homem teve de criá-los e desenvolvê-los. No início, o aprendizado se dava verbalmente, até o aparecimento dos primeiros escritos. Porém, nem todos tinham o dom da gestão, ou seja, não conseguiam passar determinado trabalho aos demais e cobrar pelo serviço finalizado. Uns nasceram para ser conduzidos e outros com o dom de conduzir uma tarefa com várias pessoas exercendo as funções administrativas: planejamento, organização, direção, coordenação e controle. Alguns que não nasceram "gestores" aprenderam e assimilaram, outros, não.

Para conseguir que tais atividades fossem feitas coletivamente, havia várias formas: a escravidão, o paternalismo, a remuneração, enfim, várias eram as formas de motivação para o trabalho e a se sujeitar a obedecer a um chefe ou líder.

O desemprego tem forçado um contingente grande de pessoas a montar seu próprio negócio. Porém, algumas perguntas inquietam os novos empreendedores:

Montar o quê? Quais produtos fabricar? Quais serviços oferecer? Para quem? Onde?

Que preços praticar? Qual é o capital inicial necessário? Trabalhar sozinho ou em sociedade? Quais são os conhecimentos necessários? Que profissionais devo empregar? Quanto de imposto vou pagar? Em quanto tempo terei o retorno do capital empregado? Quanto poderei retirar, como pagamento, pelo meu trabalho?

Estas e outras mais de 20 questões passam pela cabeça de quem quer empreender um negócio.

O que muitos desconhecem é ***que errar é possível, mas, dependendo do erro, o sonho estará comprometido e poderá se tornar um pesadelo.***

Quantos têm perdido uma reserva financeira acumulada durante toda uma vida, fruto de muito trabalho, dedicação e suor? O pior que pode acontecer será, depois não ter mais capital, recomeçar em outro segmento ou voltar ao mercado de trabalho, cada vez menos empregador. Docentes, consultores, entidades de apoio ao pequeno empresário e empresas juniores têm se dedicado a auxiliar esses novos empreendedores. Porém, deve-se fazer um alerta:

Você tem procurado profissionais ou entidades que, em vez de simplesmente orientá-lo a abrir um negócio, avaliam com maior acurácia se o negócio pretendido pode ter alguma chance de sucesso?

O fato de a pessoa ter o capital necessário não é o suficiente. O de ter trabalhado no segmento tampouco. O simples fato de ter um vizinho ou um amigo bem-sucedido não indica que entrar naquele segmento fará que ele seja também bem-sucedido. *As condições de um empreendedor nunca são as mesmas de outro. O tempo de dedicação, o apoio dos familiares e até a maneira como gerencia seu orçamento doméstico fazem a diferença.*

Farah, Cavalcanti e Marcondes (2017), com a colaboração de mais de 30 mestres e doutores em gestão, muitos com vários anos experiência em pesquisa e consultoria, procuraram sintetizar, além da teoria sobre empreendedorismo, dicas úteis, observadas em empresas cujos empreendedores têm conseguido crescer até em momentos de crise. Os autores, além da criação e gestão desses pequenos negócios, levantaram estratégias que permitem conhecer melhor a sobrevivência empresarial. Ainda nessa obra foram analisadas as estratégias que têm feito que pequenos negócios não apenas sobrevivam, mas cresçam, tornando-se médios ou grandes empreendimentos.

A maioria dos autores concorda que, em geral, todo empreendedor segue uma linha padrão de comportamento, que o leva a realizar seus sonhos e alcançar seus objetivos (Farah, Cavalcanti e Marcondes 2017). Porém, não basta apenas sonhar.

Os autores, afirmam ainda que há uma tendência de novos empresários abrirem seus negócios sem realizar qualquer pesquisa anterior à abertura e à implantação destes – o fazem com base somente na intuição. Tal precipitação, muitas vezes, é a causa da mortalidade precoce dessas organizações que poderiam ser bem-sucedidas.

Para que o sonho de empreender não se torne um pesadelo *(Ver dica do consultor em Farah, Cavalcanti e Marcondes, 2017, Capítulo 1)* e recursos não sejam perdidos, dando uma sensação de derrota, sugere-se:

- Munir-se de todas as informações sobre o ramo no qual pretende ingressar.
- Conversar com empresários já estabelecidos há pelo menos dez anos no mercado. A dificuldade de alguns é encontrar empresários dispostos a falar sobre sua trajetória a futuros concorrentes. Esse problema pode ser minimizado ou até evitado se o empreendedor buscar informações com empresários residentes em cidades distantes da sua, o que demonstra que não serão concorrentes diretos.
- Conversar com profissionais qualificados das instituições de ensino, como seus atuais ou ex-docentes, pode auxiliá-lo sem quaisquer custos. Buscar auxílio em empresas juniores é interessante, desde que sejam assistidos por docentes e ou consultores credenciados pelas instituições de ensino. Informações obtidas na academia e no mercado de trabalho com empresários de empresas já consolidadas, além de apresentar maior confiabilidade, dão ao futuro empresário maior segurança. Um erro que deve ser evitado é espelhar-se pura e simplesmente em negócios de amigos e parentes bem-sucedidos por uma "análise rasteira" de que... "se o fulano, que não tem a minha escolaridade e iniciou com poucos recursos vai bem... por que eu não?".
- Analisar várias formas de considerar o nascimento da futura empresa, isoladamente ou dentro de um nicho específico: polos industriais, de serviços ou mistos; em centros comerciais, como *shoppings* ou galerias, no caso do comércio; em incubadoras tecnológicas ou mistas; em parques industriais; dentro de uma rede de franquias; em um arranjo produtivo local; dentro de uma rede associativista do varejo. Tirando a forma individual de nascimento, todas essas formas de nascimento denominamos redes de empresas, no caso brasileiro, ou *clusters,* em alguns outros países.

A cooperação produtiva, tecnológica ou de serviços entre micro, pequenas e médias empresas representa uma alternativa para a obtenção de ganhos coletivos entre os atores. As alianças estratégicas, redes de empresas, **clusters*****, organizações virtuais, incubadoras, arranjos produtivos locais, condomínios e consórcios representam algumas formas alternativas de coordenação e gestão de recursos complementares*** (Farah, Cavalcanti e Marcondes, 2017).

Vale a pena conhecer todas essas formas de gerar uma empresa. Conhecimento a mais nunca é perdido. Nessas redes informações, isto é o que não falta. O contato com empresários faz que novas ideias surjam, e, melhor, os contatos permitem que negócios ocorram naturalmente. Alguma empresa de mesmo segmento dedica-se a produzir apenas parte dos componentes de um equipamento, terceirizando outros componentes à concorrente. Independentemente da forma de nascimento, é aconselhável a todos os empreendedores participarem de eventos setoriais, feiras, exposições, eventos etc.

A moeda forte do pequeno empreendedor é o conhecimento, seja adquirido pela incessante busca por informação, onde quer que se encontre, ou através de capacitação constante.

Arranjos Produtivos Locais (APLs)

Os **aglomerados**, ou **Arranjos Produtivos Locais**, são definidos, segundo Lastres e Cassiolato (2003), como aglomerações territoriais de agentes econômicos, políticos e sociais – com foco em um conjunto específico de atividades econômicas que apresentam vínculos, mesmo que incipientes. Geralmente envolvem a participação e a interação de empresas que podem ser desde produtoras de bens e serviços finais até fornecedoras de insumos e equipamentos, prestadores de consultoria e serviços, comercializadoras e clientes, entre outros, e suas variadas formas de representação e associação. Incluem também diversas instituições públicas e privadas voltadas a: formação e capacitação de recursos humanos, como escolas técnicas e universidades; pesquisa, desenvolvimento e engenharia; e política, promoção e financiamento (Güerrini, Galeano e Sacomano Neto, 2017).

A formação e o desenvolvimento de redes acontecem não só para os países industrializados, como Itália, Japão e Alemanha, mas também para os países emergentes, como México, Chile, Argentina e Brasil (Amato Neto, 2000). Para Lastres, Cassiolato e Maciel (2002), nos países industrializados, os sistemas produtivos locais de pequenas e médias empresas incorporaram tecnologias de ponta, estruturas organizacionais modernas e novos vínculos com o entorno socioeconômico.

A inserção nos APLs não se dá ao acaso, ou seja, pura e simplesmente pelo desenvolvimento natural de um arranjo do ponto de vista da sua dinâmica de crescimento, como é o caso de vários arranjos que se constituíram ao longo do tempo (APL de cerâmica de Santa Gertrudes, de calçados de Franca e Jaú, de móveis de Mirassol) sem uma preocupação maior de políticas públicas voltadas a um desenvolvimento sustentável. Talvez isto possa ser explicado pela baixa tradição exportadora do país, ou seja, preocupados com o mercado interno, muitos arranjos tiveram um crescimento tímido (Güerrini, Galeano e Sacomano Neto, 2017). Os autores observam que países com vocação mais exportadora ficaram sempre guiados pelo leme da conjuntura externa, ou seja, sujeitos a variáveis, como flutuação cambial, em alguns anos exportando a contento e, em outros períodos, amargando baixa considerável, fato que levou muitos negócios à falência.

Assim, o APL é uma ótima oportunidade para que as micro, pequenas e médias empresas consigam se manter no mercado.

Os APLs são um exemplo do casamento feliz entre teoria e prática. Muitos deles nascidos de forma espontânea têm fornecido riquíssimos dados para inúmeras pesquisas de mestrandos e doutorandos que, como via de mão de dupla, têm fomentado os empresários de setor com conhecimentos imprescindíveis para inovação nas empresas inseridas nos arranjos.

Gerando um novo negócio em Incubadoras de Empresas

Para Farah, Cavalcanti e Perussi Filho (2017), as incubadoras de empresas são ambientes construídos ou adaptados com o fim específico de acomodar empresas em fase inicial de operação. Nessas incubadoras, os empreendedores encontrarão uma série de facilidades físicas e serviços de apoio que propiciam um processo muito mais rápido de inserção da empresa no ambiente competitivo empresarial. No Brasil, as primeiras incubadoras de empresas surgiram no ano de 1984, como resultado de uma ação do CNPq para o fortalecimento dos mecanismos de apoio ao desenvolvimento da inovação no Brasil. A primeira incubadora de empresas localizada em instalações adaptadas foi a da Fundação Parque de Alta Tecnologia de São Carlos, no estado de São Paulo, cuja operação iniciou-se no ano de 1985 (Farah, Cavalcanti e Perussi Filho, 2017).

Além dessas vantagens às empresas, os benefícios comunitários são interessantes, pois as incubadoras transformam a economia local, fomentando novos negócios, aumentando a riqueza com a criação de mais empregos, e criam um ambiente propício à inovação.

Ao decidir montar seu negócio em uma incubadora de empresas, o empreendedor terá mais tempo para se dedicar com mais determinação a atividades que exigem mais sua atenção: planejamento, direção, coordenação e controle da própria empresa.

Os tipos mais comuns de incubadoras são as de empresas tradicionais, de alta tecnologia ou tecnologias emergentes, e as mistas. Algumas são criadas pelo poder público, prefeituras e estados; outras pelas instituições de ensino. Há casos de iniciativa privada, como a Incubadora do Parque Dhama, na cidade de São Carlos e o Campus São Paulo da Google (Farah, Cavalcanti e Marcondes, 2017).

Franquia, uma opção de nascimento empresarial

Alguns autores destacam que é inegável, porém nada surpreendente a velocidade com que o *franchising* está se incorporando ao sistema de distribuição brasileiro. Afinal, em um país onde o capital é escasso e, portanto, caro, foi descoberto um modelo que fascina o empresário ambicioso ou futuro empreendedor ávido por crescer rapidamente e sem precisar investir muito. Por outro lado, atrai aquele que sonha em um dia ter seu próprio negócio independente e, ainda, com a proteção e o charme de uma empresa conhecida. É um sistema eficaz, que possibilita alcançar diferentes consumidores em potencial, com diferentes perfis e expectativas.

Pode-se considerar que o sistema de franquias está se tornando uma estratégia alternativa de distribuição de produtos e serviços para as empresas que desejam iniciar um empreendimento ou ampliar suas operações apoiando-se na experiência do franqueador. Para este, também é uma boa forma de, praticamente, contar com um sócio, não no sentido formal da palavra, pois ambos são empreendedores individuais. Fala-se em sócio porque o franqueado tem todo o empenho em investir na aceitação dos produtos da marca franqueada, que representa, pois ela constitui seu próprio negócio e meio de vida (Farah, Santos e Chiari, in Farah, 2018).

Redes associativistas no varejo

Associativismo pode ser definido como uma forma de cooperativismo em que a sociedade se organiza por meio de auxílio mútuo, objetivando a resolução de problemas que individualmente não conseguiriam. Segundo a política nacional de cooperativismo, as pessoas de uma sociedade cooperativista se obrigam reciprocamente a contribuir com bens ou serviços para o exercício de uma atividade econômica, de proveito comum, sem objetivo de lucro. A diferença significativa entre o associativismo e o cooperativismo não reside na conceituação, mas na maneira como as associações e cooperativas são estruturadas do ponto de vista legal.

O pulo do gato

Grigorita Ko/Shutterstock

O caçador de sonhos

Mário Gazin foi um menino sonhador. Queria ser patrão quando se tornasse adulto, e seu desejo se realizou. Hoje, pouco mais de cinco décadas, é dono do bilionário Grupo Gazin, quarta maior rede de varejo do país.

Gazin prefere o valor ao sucesso. Para ele, o sucesso acaba, mas o valor é eterno.

"Meu maior orgulho foi ter dado condição de vida melhor para meus funcionários. Esse é o meu maior legado. E a minha felicidade é chegar em um dia de chuva à minha empresa e ver que praticamente todos os meus funcionários têm um bom carro e uma boa qualidade de vida. E que sentem orgulho de trabalhar em minha empresa. Sempre brinco que, no dia que eu deixar este mundo, não quero que ninguém chore. Quero uma festa com foguetes, pois o meu valor eu já conquistei."

Para Gazin, administrar centralizando é o maior erro de um empreendedor, por vários motivos. O primeiro é que a empresa chega a um certo tamanho em que só a confiança total em uma pessoa desempenhar o seu papel, sem que a maioria das decisões passe pelo nível mais alto da empresa, faz que ela cresça. Isso também faz que a decisão fique mais próxima da realidade e seja mais rápida.

O segundo é que a centralização diminui o tempo do empreendedor e acaba tirando o seu poder de pensar em estratégias para que a empresa cresça, acompanhe as mudanças e se perpetue no mercado.

(Feltrin, 2017)

Questões

1. Comente sobre a importância da Tecnologia da Informação (TI) para o planejamento de todas as estratégias empresariais.
2. Diferencie análise multiatributo de otimização multicritério.
3. A teoria dos jogos é uma teoria matemática sobre conflito e colaboração de situações. Essa teoria desdobra-se em múltiplas situações entre interesses competitivos para a maximização de ganhos. Descreva, com suas palavras e de acordo com o seu entendimento, como todo empreendedor deve e pode fazer uso dessa teoria em seu empreendimento e aponte os conceitos e demais modelos econômicos conectados entre si e a teoria dos jogos.
4. Descreva os componentes básicos de um problema multicritério e identifique sua relevância na solução de problemas em relação ao método clássico.
5. A atual concepção da estratégia é de um novo código de um sistema que busca a otimização na aplicação de recursos, cada vez mais escassos, por meio de cenários e análises multiatributo, multicritério, redes neurais, entre outras. Pode-se dizer que haverá o rompimento de hierarquias nacionais e internacionais, e a cooperação entre empresas, pessoas e ideias, que impulsionarão o compartilhamento de visões estratégicas para ações globais, transformando o mundo em uma grande cidade. Em sua opinião, esse "novo" mundo trará consigo concepções de uma raça superior? Explique.

Referências bibliográficas

AMATO NETO, João. *Redes de cooperação produtiva e clusters regionais*. São Paulo: Atlas, 2000.

BANA E COSTA, C.; NUNES DA SILVA, F. Concepção de uma boa alternativa de ligação ferroviária ao Porto de Lisboa: uma aplicação da metodologia multicritério de apoio à decisão e à negociação. Lisboa: *Investigação Operacional*, v. 14, 1994, p. 115-31.

_____; FERREIRA, J. A. A.; VANSNICK, J. C. *Avaliação multicritério de proposta:* o caso de uma nova linha do metropolitano de Lisboa. Florianópolis: ENE/UFSC, ago. 1995.

_____; STEWART, T. J.; VANSNICK, J. C. *Multicriteria decision analysis*: some thoughts on the tutorial and discussions sessions of the ESIGMA meetings. Florianópolis, ENE/UFSC, ago. 1995.

CAVALCANTI, Marly; JOÃO, Belmiro. Explorando a trilha tropical na ilha tropical. In: CAVALCANTI, Marly et al. *Gestão estratégica de negócios*. 2. ed. São Paulo: Thomson Learning, 2007.

_____. Thoughts on a theoretical framework for measuring attractiveness by categorical based evaluation technique (MACBETH). In: CLÍMACO, J. C. N. (org.). *Multicriteria Analysis*. Berlim: Springer-Verlag, 1997.

BARBA-ROMERO, S.; POMEROL, J. C. *Decisiones multicritério:* fundamentos teóricos e utilización práctica. Madri: Universidad de Alcalá, 1997.

CAVALCANTI, Marly et al. *Gestão estratégica de negócios*. 2. ed. São Paulo: Thomson Learning, 2007.

DIAS, L. M. C.; ALMEIDA, L. M. A. T.; CLÍMACO, J. C. N. *Apoio multicritério à decisão*. Coimbra: Universidade de Economia – Universidade de Coimbra, 1996.

EMBRAPA. Nossa história. Disponível em: <www.embrapa.br/instrumentacao>. Acesso em: 25 ago. 2017.

FARAH, O. E.; CAVALCANTI, M.; MARCONDES. L. P. *Empreendedorismo estratégico:* criação e gestão de pequenas empresas. São Paulo: Cengage, 2017.

_____. *Empreendedorismo:* estratégia de sobrevivência para pequenas empresas. São Paulo: Somos, 2012.

FARAH, O. E.; CAVALCANTI, M.; PERUSSI FILHO, S. Incubadoras de empresas, polos tecnológicos e parques tecnológicos e arranjos produtivos locais. In: FARAH, O. E.; CAVALCANTI, M.; MARCONDES, L. P. *Empreendedorismo:* estratégia de sobrevivência para pequenas empresas. São Paulo: Somos, 2018.

FELTRIN, Aline. O caçador de sonhos. São Paulo: *Gestão e Negócios*, ed. 96, 2017, p. 14-17.

GOMES, Carlos Francisco Simões; GOMES, Luiz Flávio Autran Monteiro. A função de decisão multicritério. Parte I: dos conceitos básicos à modelagem multicritério. Centro de Análise de Sistemas Navais – CASNAV, RJ; Faculdades IBMEC: *Revista ADM-MADE*, ano 2, n. 3, 2003.

GÜERRINI, F. M.; GALEANO, R.; SACOMANO NETO, M. Convivendo em redes de empresas. In: FARAH, O. E.; CAVALCANTI, M.; MARCONDES, L. P. *Empreendedorismo:* estratégia de sobrevivência para pequenas empresas. São Paulo: Somos, 2012.

JACQUET-LAGRÉZE, E.; SISKOS, J. Assessing a set of additive utility functions for multicriteria decision – making, the UTA method. *European Journal of Operational Research*, v. 10, 1982, p. 151-64.

LASTRES, Helena M. M.; CASSIOLATO, José E.; MACIEL, Maria L. *Pequena empresa*. Rio de Janeiro: Relume Dumará, 2002.

LASTRES, HELENA M. M; CASSIOLATO, JOSÉ E. Políticas para promoção de arranjos produtivos e inovativos locais de micro e pequenas empresas: conceito, vantagens e restrições do equívoco usuais. In: RedeSist, Rio de Janeiro, 2003. Disponível em: <www.ie.ufrj.br/redesist/Artigos/LasCas%20seminario%20pol%EDtica%20Sebrae.pdf>. Acesso em: 30 nov. 2017.

PÁDUA, Luciano. Mudar para viver. São Paulo: *Exame*, ed. 1134, ano 51, n. 6, mar. 2017, p. 70.

ROMERO, Carlos. *Análises de las decisiones multicriterios*. Espanha: Isdefe, 1996.

ROY, B.; BOUYSSOU, D. Comparison of a multi-attribute utility and outranking model applied to a nuclear power plant siting example-decision making with multiple objectives. *Lecture Notes in Economics and Mathematical Systems*, n. 242, Springer Verlag, 1993.

SAATY, T. L. The analytic hierarchy processos. Nova York: McGraw-Hill, 1980.

SACOMANO, J. B.; MEIRELLES, C. L.; SILVA, E. C. S. Sustentabilidade como alavanca para o crescimento. In: FARAH, O. E.; CAVALCANTI, M.; MARCONDES, L. P. *Empreendedorismo*: estratégia de sobrevivência para pequenas empresas. São Paulo: Somos, 2012.

______; VIEIRA, L. A. M. Um caso de estudo da integração SIG-DEA-MCDA: a influência de uma instituição de ensino superior em vários municípios do Estado do Rio de Janeiro. Lisboa: *Investigação Operacional*, v. 21, n. 2, 2001, p. 171-90.

SOARES DE MELLO, J. C. C. B.; GOMES, E. G.; LINS, M. P. E. Análise multicritério da presença da Universidade Federal Fluminense com o uso do Método MACBETH. São Paulo: *Revista Produção*, v. 2, n. 2, 2002, p. 53-67.

ZELENY, Milan. Six concepts of optimality. In: *TIMS/ORSA Joint Meeting*, Boston, 1994.

Este livro foi impresso na
LIS GRÁFICA E EDITORA LTDA.
Rua Felício Antônio Alves, 370 – Bonsucesso
CEP 07175-450 – Guarulhos – SP
Fone: (11) 3382-0777 – Fax: (11) 3382-0778
lisgrafica@lisgrafica.com.br – www.lisgrafica.com.br